# 龍瑛宗傳

周芬伶／著

劉文甫／修訂・劉知甫／口述

# 夢見愛與死——《龍瑛宗傳》序

陳芳明

未完的愛，未遂的死，貫穿龍瑛宗的一生。青春時期所夢想的初戀，即使未曾開花結果，卻永恆地保留在靈魂深處。結婚後的龍瑛宗過著不快樂的日子，一直到六十歲之前，他常常有著自殺的意念。求愛未成，求死不得，構成了龍瑛宗文學最迷人之處。生命的完成總是以殘缺的形式呈現，他有許多話想說，卻從來沒有完整表達的機會；他有許多願望想要實現，卻都最後找不到破土的機會。他的一生，就是一首未完成的長詩。跨越兩個時代，他從未輝煌過，就像詩那樣充滿了象徵、隱喻、暗示，具體的內容卻都隱藏起來。

周芬伶的《龍瑛宗傳》，把跨越兩個時代的台灣作家，相當生動地描寫出來。到目前為止，似乎沒有一本精彩的作家傳記，可以寫得如此動人。她寫了二十年，斷斷續續，終於沒有擱筆。在漫長的歲月裡，周芬伶的散文與小說日益精進，卻從來沒有忘懷她要為龍瑛宗立傳。這部作品如果完成於十年前，恐怕無法臻於完美的形式。遲到與延宕的書寫，本身就是一種折磨，但也是一種等待。二十年後，周芬伶的散文技藝已經到了不容失誤的地步，只要她一出手，就是令人擊節讚嘆的文字。恰恰就是她在文學最成熟的階段，她適時完成這部傳記的書寫，果然就是出手不凡。從第一章描寫劉家從唐山渡台的故事，便緊緊扣住讀者的心。劉氏家族的傳承，經歷太多的夭折與死亡，那樣坎坷的命運竟然孕育了一個傑出的文學靈魂，簡直是近乎傳奇。

龍瑛宗最精彩的文學生涯，其實相當短暫。一九三七年，他所發表的〈植有木瓜樹的小鎮〉，讓他獲得日本《改造》雜誌的文學獎。那年他二十六歲，這個獎項燃燒了他的生命。身為銀行的職員，總是在數字裡討生活，他卻在文字中找到心靈的寄託。經歷太平洋戰爭，他慢慢覺悟文學並不是純粹的藝術生活，在很大程度上，往往受到政治權力的干涉。如此早熟的台灣作家，也預告了他日後早夭的文學生命。他從未預知舊的時代很快就要消失，新的時代則又匆匆到來。在兩個時代交錯而過之際，並不僅僅是政治權力的轉移而已，其中還有相當惱人的語言轉換。

《龍瑛宗傳》無論就結構或文字而言，都可視為周芬伶書寫的高峰。書中所承載的藝術價值，完全不亞於她的小說與散文。或者更確切而言，如果沒有小說與散文的藝術造詣，也許不可能使這本傳記到達一定的高度。開篇的序曲，出手就頗不尋常。她優先從青年龍瑛宗的愛書歲月寫起，然後分成兩頭敘述，追蹤劉家祖先如何渡台、開拓，並且也開始建構獲獎之後龍瑛宗的文學生涯。她穩定掌控著作家的生命節奏，探索戰爭時代的文學心靈，如何被當時各種不明的政治挑戰所覆蓋。

全書的序曲「愛看站書的年輕行員」，便是描述一九三〇年代初入銀行的年輕人，如何在當時台北銀座的書店站著看書。彷彿是一場黑白影片的開端，顏色恰到好處，準確掌握了那個時代的光與影。這位年輕人不僅僅是看書而已，內心裡還暗藏著一個文學夢。這位殖民地青年，對於遠在東京的中央文壇懷抱著一定的願望，希望有一天他的作品能夠被看見。一九三七年，他寫出〈植有木瓜樹的小鎮〉，雖然是推薦佳作，卻是在八百餘位投稿的作者中脫穎而出。在日本雜誌入圍，等於也宣告一個殖民地作家的誕生，他的生活與思考從此有了巨大的改變。但是他自己不知道，身為作家，其實比同時代的知識分子還要受到矚目。這樣的身分帶來的不是祝福，而是詛咒。

一九四五年日本投降，國民政府來台接收。龍瑛宗以為一個更為美好的時代就要到來，他甚至南下去擔任《中華日報》日文版的編輯，以為可以延續他年少的未遂之夢。他未曾預料，台灣行政長官公署在一九四六年十月宣布，從此禁用日文。作家所能憑藉的思考武器，無非就是語言。當日文使用受到禁止時，對他而言，中文反而是一種折磨。在傳記中，周芬伶對語言問題的描述用功甚深，從而也反襯了龍瑛宗所承受失語症的痛苦。龍瑛宗在日語禁用的前夕，寫了一篇〈台北的表情〉，深深感嘆為什麼戰爭結束之初，台北市民的笑容處處可見，一年之後，所有的表情都化為苦悶。龍瑛宗寫的是城市的表情，無疑也是在寫他自己的心情。殖民地知識分子的悲哀，莫此為甚。

這本傳記最為精彩之處，便是觸及龍瑛宗的文學過從。她寫戰爭時期的文壇時，以「這些與那些文人們」為題，點出龍瑛宗分別與日本作家、台籍作家的往來經過。這是書中最迷人的一章，藉由龍瑛宗所處的位置，可以窺探當時活躍文壇的作家身影。在考察友情時，周芬伶特別彰顯龍瑛宗與台籍作家呂赫若、張文環是如何親近，對日籍作家西川滿、濱田隼雄是何等厭惡。在檢查作家之間的親與疏，周芬伶還特別閱讀雙方的文字記載。凡是熟悉日治時期的台灣文學史者，都知道台籍、日籍作家之間的緊張關係，表面是虛與委蛇，背後則是頗多微詞。很少有人如此生動寫出作家之間的感情升降，周芬伶為我們鋪陳了一個較為完整的面貌。雖然描寫的是友情問題，卻也精確掌握了戰爭時期文壇的生態。

這樣的筆法，也延伸到戰後時期。戰後新時代的誕生，竟是以悲劇的二二八事件作為歷史的開幕。龍瑛宗目睹自己的朋輩一個一個開始停筆，強烈感受恐怖氣氛從四面籠罩起來。一九五〇年代初期，他聽聞呂赫若死亡，楊逵、葉石濤入獄，終於不能不承認他所期盼的和平時代，永遠不再到來。但是更為痛苦的是，他無法使用流利的中文，而且也見證了許多文友一個一個開始封筆。他年少時期的文學夢，終於宣告破滅。他能夠寫出日文作品的機會甚少，只有在向日本發行《今日之中國》的宣傳刊物上，能夠發表幾篇短文，除此之外，龍瑛宗徹底變成一個被遺忘的名字。

書中有一段非常生動的畫面，便是龍瑛宗在合作金庫工作時，參加了棒球隊的活動。其中有一段敘述，重建了台灣的棒球史，從嘉農隊參加日本甲子園的比賽寫起，一直到戰後棒球成為台灣體育史上的主流，都有著相當生動的記載。棒球是殖民地時期遺留下來的體育活動，這可能也暗示了龍瑛宗在心靈上的某種寄託。身為銀行員，他一直沒有放棄追逐文學的夢想，他與吳濁流、張我軍、郭水潭、楊雲萍、王白淵、王詩琅、吳新榮始終保持密切的聯繫，在內心他非常羨慕鍾肇政能夠以中文書寫小說，那是他永遠無法企及的夢。

周芬伶在傳記裡，對於龍瑛宗的家庭生活描述得尤為清晰。龍瑛宗與他的妻子李耐，一直處在緊張的狀態，往往為了瑣事細故而造成語言上的衝突。曾經有很長的一段時間，龍瑛宗常常想要自殺，那種死亡的陰影甚至他的兒子也能感受。正因如此，他常常想念初戀的日本情人兵藤晴子。這位女性是他永恆的嚮往，沒有完成的戀愛總是完整而美好地保留在心靈深處。懷抱著這份感情，他反而在現實的家庭生活中感到殘缺。周芬伶曾經出版過一冊《憤怒的白鴿》，其中第一篇便是〈作家的妻子：李耐的婚姻故事〉，寫的正是龍瑛宗的婚姻生活。這篇記錄並沒有直接描寫龍瑛宗，卻讓他的妻子李耐、他的媳婦郭淑惠、他的兒子劉知甫發出聲音。這篇文字是一種反白式的紀錄，也就是作家本人沒有發言，卻由他的家族成員從旁描述，終於浮現了作家的生命歷程。這篇訪談的篇幅甚短，卻相當深刻描述了龍瑛宗不為人知的生活。

二十年前，周芬伶便已發願要寫出一部《龍瑛宗傳》，當時我也答應要寫《楊逵傳》。經過這麼多年之後，她始終沒有放棄，反而意志更加堅強。能夠使傳記順利完成，應該歸功於《龍瑛宗全集》的出版。而更重要的是，龍瑛宗的兒子劉文甫與劉知甫都樂於接受訪談，他們都說出不為人知的龍瑛宗。置身於龐雜的史料、作品、訪談之間，周芬伶可以有條不紊理出一條記憶的線索，那樣清楚，又那樣起落有致。我曾經去拜訪過龍瑛宗，那時他已經無法言語，整個晚上我與這位可敬的老人對坐，整個客廳特別安靜，只見到他不停微笑頷首，那是我僅有的一次見面，也是最後一次見面。如今捧讀《龍瑛宗傳》時，他的影像宛然在眼前，反而特別生動，其中所表達出來的感情，更是強烈衝擊著我。

二〇一五年十一月二日　政大台文所

# 目錄

序曲

# 愛看站書的年輕行員

一九三〇年代，在台北市的書店街，即重慶南路與衡陽路，這一帶在日據時代稱為「本町」，衡陽路為「榮町」。本町與榮町的路口，正好位於新公園西入口出來的第一個十字路口，是當年本町通與榮町通兩條繁華街道的交會點，是所謂的黃金路段。這個十字路口也成為日據時期台北街道風景明信片最經常出現的街景之一，這裡有台北最高建築物菊元百貨店，還有三軒書店、新高堂、文明堂與杉田書店。緊臨著總督府的台灣銀行，高大的巴洛可建築走出一個行員，每天他幾乎都到附近的書店街中報到，這個瘦小青年常流連在這裡立讀，最常光顧的是新高堂，其次是杉田書店，站書看久了，他摸出一個要領，只要小心不要弄髒新書刊，那麼老闆就不在意；因此他翻書的動作非常小心，以撫摸輕觸的方式進行。他的臉孔瘦而外凸，有小暴牙，身高約一六〇左右，體重也才四十多，在日本人中不算矮小，在本島人中算是小的，因此常被誤為日本人。

他看書的時間極長而且非常專注，常常把一本小說讀完才捨得離開，這種站讀習慣從他來台北讀書即開始，一直到老還不罷休。書籍對他來說是寶庫，也是心靈的寄託所。除了讀，他更想寫，他對自己的寫作極有自信，在工商學校念書時的國文老師，常讚美他的日文寫作比日本人好，還常在課堂上念給同學聽，讓他感到得意又害羞。三十歲，他把時間定在三十歲，那時一定要在文壇上佔有一席之地。一邊想著，拚命翻動書冊的他，眼睛閃著精光，他的內心有著如黑夜般的伏流湧動著。

有個晚上到西門町散步，在路邊買到一些二手舊雜誌，如《中央公論》、《改造》、《新潮》、《文藝春秋》等，回家仔細翻閱，看到《改造》舉辦懸賞小說活動。當時張文環已以《父親的臉面》入選過新人賞，選外佳作，也就是說台灣人有機會得獎，還沒真正入選。

那是一九三六年，他已二十六歲，距離三十歲很近了，這令他有點焦急。有一天他翻著新出的《改造》雜誌，讀到朝鮮作家張赫宙的作品〈餓鬼道〉入選懸賞，這對他來說無疑是一道曙光，原來殖民地的作家也是可以跟日本人相比肩，他心想著：「朝鮮人既已進出日本文壇，台灣人怎麼不可以呢？」當時《改造》雜誌與《中央公論》、《文藝春秋》並稱為日本三大雜誌，它們對政治經濟有一定的影響力，尤其是在文藝上的表現可謂百花齊放，其中《中央公論》的立場是中間偏左；《改造》是較為激進的左派；《文藝春秋》則是十分保守的右派。《改造》的文藝獎精神是為底層的階級伸張，有時與殖民政策站在相反的立場，這次入選的張赫宙，一九〇五年生於韓國慶尚北道。以〈餓鬼道〉一作進入日本文壇，作品被評為「對日本帝國主義之榨取殖民地韓國農民之正面告發的憤怒文學」，成名之後前往東京定居，後提倡「內鮮一體」之論，戰後的一九五二年，娶日本人為妻改名野口赫宙，歸化日本籍。張赫宙與另一位韓國作家金史良被認為「在日韓國人文學」的嚆矢。

張赫宙的成功，讓龍瑛宗十分振奮，小商家出身的他，靠著優異的成績，得以在日本人銀行中佔有一席之地，但作為殖民地的子民，他懷著抑鬱不得志與不滿，雖然在令人歆羨的金融機構台灣銀行工作，薪水只有三十圓，與日本人相差甚多，他的職務是辦理儲金、匯兌、日台翻譯。由於他是客家人，不懂閩南語，故常受日人斥責。前幾年還被發配到南投分行，那個中部山區小鎮，那被上司與同事欺壓，有志難伸的痛苦令他難以忘懷。連祖母死亡也不能奔喪，唯一談得來的女友兵藤晴子，也被分行副理干涉警告。南投那四年，不僅毀了他的情夢，還讓他的文學夢延宕四年。要寫就寫那個植有木瓜樹的小鎮，那充滿水果腐朽氣息的空間，他對空間與景物具有異常的靈敏感覺，能將它化為小說氛圍與象徵。

午後，陳有三來到這小鎮。

雖說是九月底，但還是很熱。被製糖會社經營的五分仔車搖晃了將近兩個小時，步出小車站，便被赫赫的陽光刺得眼睛都要發痛似地暈眩。街道靜悄悄地，不見人影。

走在乾裂的馬路上，汗水熱熱地爬在臉上。

街道汙穢而陰暗，亭仔腳〔騎廊〕的柱子燻得黑黑，被白蟻蛀蝕得即將傾倒。為了遮蔽強烈的日曬，每間房子都張著上面書寫粗大店號——老合成、金泰和——的布篷。

走進巷裡，並排的房子更顯得髒兮兮地，因風雨而剝落的土角牆壁，狹窄地壓迫胸口；小路似乎因為曬不到太陽，濕濕地，孩子們隨處大小便的臭氣，與蒸發的熱氣，混合而升起。

通過街道，馬上就看到M製糖會社。一片青青而高高的甘蔗園，動也不動；高聳著煙囪的工廠的巨體，閃閃映著白色。

一下筆幾乎不能自休，從一九三六年八月開始，每天利用上班前短短的一兩個鐘頭寫一兩頁，持續四個月。那時銀行工作很忙，忙到許多人得肺癆喪生，晚上還得加班，加完班夜色已深，也只有早起偷寫一點算一點。如此四個月寫出〈植有木瓜樹的小鎮〉，年底將一百多頁稿子寄到東京，他想如果今年不入選，明年再參加，一直投到三十歲，如果失敗，就斷絕文學之路。

一九三七年四月這篇小說得到《改造》雜誌懸賞小說「佳作推薦」，獎金五百圓，是筆大數目。按「佳作推薦」在一九三五年的第八回懸賞創作入選發表以前，沒有用過這個名目或獎項。一九三六年曾停辦，一九三七年的第九回懸賞創作入選發表以後，才用這個新名詞。當時好像夠水準的作品相對地減少，因此沒達到一等以及二等的作品就用新詞「佳作推薦」。

文章刊出時，龍氏的得獎引起一些討論，大家都好奇這是哪號人物？

當時的徵文比賽，共有八百多篇參加，沒有入選作品，只取佳作兩篇。龍的〈植有木瓜樹的小鎮〉及渡邊涉君的〈晨霧〉，佳作推薦不記名次，但先刊登龍瑛宗的〈植有木瓜樹的小鎮〉①，他的作品發表於一九三七年四月號、渡邊的作品發表於一九三七年七月號。當時之所以沒取入選，也許正如三輪健太郎所言：「從現在文壇的水準來看〈植有木瓜樹的小鎮〉，雖然不是難看，但一點也不屬於優異的作品」②，但是本島人「龍君的出現確實也給我國現代文學增加了另一個領土吧」，因此他被視為台灣的張赫宙，三輪也是《改造》的得獎作家，說的話也許過激，但也顯示主編者與日人的優越感與偏見。這個消息也讓日人引起討論，慶應

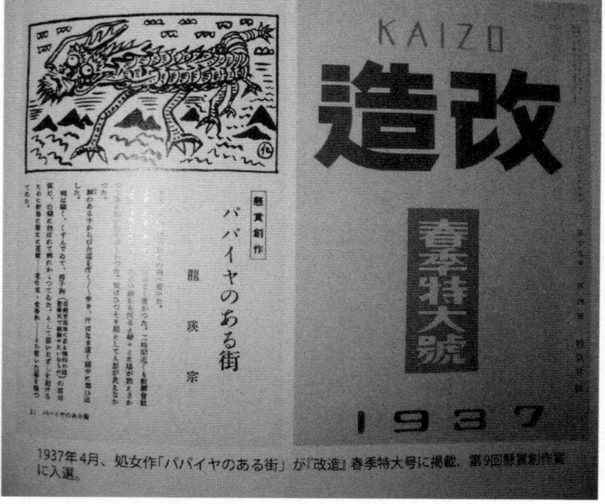

KAIZO
改造
春季特大號
1937
懸賞創作
パパイヤのある街
龍瑛宗
1937年4月、処女作「パパイヤのある街」が『改造』春季特大号に掲載、第9回懸賞創作賞に入選。

1937年〈植有木瓜樹的小鎮〉獲《改造》「佳作推薦」

大學出身的作家持質疑的態度，早稻田大學的作家則十分激賞，早大是日本自然主義的大本營，對他富於風土人情的書寫自然投以好感。文藝評論家杉山平助於《朝日新聞》，評論他的小說，並打八十分，以日本嚴苛的標準，算是高的。作家葉山嘉樹評曰：「這不是唱著台灣人的悲哀，是唱著這個地球上被虐待階級的悲哀。這種精神共通於普希金，共通於高爾基，共通於魯迅，也共通於日本的普羅作家。這篇小說作為充分具體地內含了最高文學精神的作品，我在此推崇其入獎。」③也有質疑其創作態度的「把黑暗當作黑暗予以某種程度上肯定著的作者態度，在質樸中奇妙地意識著小說的構成之點，含著叫人難以贊成的因素。透過題材存在於其背後的作者之眼並不十分澄澈，是比什麼都讓人對這位作為一個現實主義的新進作家今後之成長感到擔心」④。更有譏嘲其「文章拙劣」、「描寫笨拙，人物的說明也不夠」；「沒有賣弄小聰明這點是很好的，但這位作家令人覺得他在說謊」；這其中較為中肯的意見當屬出生於台北的中山侑：

可是開頭那種拙劣的文筆，後來描寫故事中心「植有木瓜樹的小鎮」內部，以及描寫居住在那兒「受教育的年輕本島青年」的煩惱時，就渾然達到靈魂與肉體一致的境地，會很快吸引讀者，在這裡處理的題材十分強烈，這一點要給予較高的評價吧！……

①劉知甫增訂。
②〈《改造》第九屆有獎徵文創作發表和其推薦作品〉，《懸賞界》，一九三七年六月一日。收錄於《龍瑛宗全集》第八冊，頁二一一。
③刊載於《帝國大學新聞》，一九三七年三月三十一日，陳千武譯。收錄於《龍瑛宗全集》第八冊，頁二〇一—二〇二。
④刊載於《台灣新文學》第二卷第四期，一九三七，葉笛譯。收錄於《龍瑛宗全集》第八冊，頁一九六。

而且在這個小鎮（島）上，煩悶不僅是常見的社會憂悶，而是在每一個人所依靠的家庭生活上，這才是真正受台灣家族制度的折磨，他們都無法避免有雙重的痛苦。受到社會和家庭雙重的壓迫，他們才真正是世紀的精神上的孤兒了。不必聽到戴秋湖、蘇德芳的體驗，聘金制度帶給本島青年的煩惱，就切切實實打動我們的心。作者龍瑛宗氏是把「受過教育的本島青年」知識分子的悲哀，以及舊家族制度的幽靈，在〈植有木瓜樹的小鎮〉裡，以寫實的筆致，切實描繪下來。而且現在加上某種偏見，苛酷地投給他們三重痛苦（這或許他不懂，他才沒有寫）。

這不僅限定於一個部落的情形而已，也不是一個部落普遍有的情形。

從這一點來，我才對這一篇作品，給予較高的評價。⑤

中山侑是活躍於台灣文壇的作家，作品追求現代主義精神，有詩〈招待至熱帶〉、小說〈透視鼓浪嶼〉，也許從台灣人的眼光更能透視作品的深層內涵。也許是巧合，這篇文章說明了作者對自己嚴苛的反省，及對作品嚴酷的要求，這幾乎是他一生的縮影。他一生受到三重痛苦，社會的、家庭的、自己的。也就是對於殖民地青年的心靈分裂、身分分裂的高度自省。其中，描寫最著力的是經濟問題，薪水、階級、聘金皆緊扣著「金錢」，這裡有一個學商行員的現實觀察。很顯然的，裡面的地景與人物跟他在南投四年的「下鄉」觀察有關。

得了這個獎意味著他已正式踏入文壇，為了買書，也為了踏入那夢想中的現代與文學之都，他決定前往東京，一九三七年六月向銀行請假一個月，第一次遠度重洋，對一切事物都感到十分新鮮，六月六日他抵達神戶港，搭「燕」號快車到東京，可惜經過富士山已暮色蒼茫，讓他沒達成眺望富士山的願望。他對東京的第一個印象，是「街上的霓虹燈裝飾，像孔雀展出絢爛的翅膀那麼美麗」；六月七日，午後訪問改造社，他與多位文藝界人士見面，包括作家阿部知二、評論家青野季吉等知名人士。在上野的喫茶店，會晤《改造》編輯水島治男（水島治男著有《改造社的時代〈戰前編〉》以及《改造社的時代〈戰中編〉》，兩本都在一九七六年，由日本的圖書出版社出版）。明治大學的教授與作家阿部知二（一九〇三—一九七三，岡山縣人，東京帝國大學英文學科畢業，小說家、英文學者、翻譯家）也來信希望能晤談，他到阿部家訪問，阿部聊著中國故都的風光如何美好，空氣非常乾燥，不像日本濕氣太重，兩人相談十分愉快，阿部的代表作品《冬天客棧》於一九三六年問世，名震一時。龍氏也拜訪了文藝評論家青野季吉，他談了一些文學問題，讓龍氏覺得獲益匪淺；在鬧區新宿有名的中村屋附近，一家鮮果店裡，會晤作家芹澤光良，他也是《改造》入選作家，龍向他請教許多文學問題。

《改造》第一屆入選者保高德藏（一八八九—一九七一，大阪人，早稻田大學英文科畢業，小說家），對他關懷備至，保高也是早大畢業，並主編《文藝首都》雜誌，邀龍氏成為《文藝首都》（一九三三年創刊）的會員。他拜訪《改造》雜誌那天，保高以溫柔的態度請他入內，然後對他說：「原本預定和張赫宙聚會後再和你見，但那之前你能夠來拜訪我，真令我高興。」

龍看了這個他想像已久的編輯部，放置了許多讀者的來稿，桌上攤著丹羽文雄的信，以及宇野浩二的原稿，跟他想像的差不多，如果他也能做同樣的工作多好！編輯工作對他來說具有莫大的吸引力，他既能看到許多稿子，也能發揮文學的影響力，尤其在二三〇年代，文學刊物的讀者眾多，

---

⑤刊載於《大阪朝日新聞》，一九三七年四月二十五日，陳千武譯。收錄於《龍瑛宗全集》第八冊，頁二〇八—二〇九。

文學雜誌編輯通常是資深作家，像保高，長期為文學效命，默默耕耘，在龍的腦海裡烙下深刻的印象，保高是他夢想的引領者，他的心跟手因興奮而顫抖，久久說不出話來，還好住過台北的社長山本實彥先生助理頻頻問他台北的情形，令他原本緊張的情緒放鬆下來。

他們走出辦公大樓，穿過芝公園來到增上寺，一路談論文學：直木三十五、坪田讓治、宇野浩二等幾位作家的事，搭上計程車來到銀座，巧遇石川達三、高見順、田村泰次郎，都是當紅的作家。高見正為興建「日本近代文學館」努力（位於東京目黑區駒場，一九六七年開館），石川寫《活著兵隊》（一九三八年發表，描寫日軍在中國戰場的自由創作性小說）。龍當時對那乾枯的噪音與狂躁所籠罩的銀座暮色，印象十分深刻。

保高可說是他的文學知音，他在《改造》第一回懸賞中以〈孤獨結婚〉（一九三六年）入選而成為作家。沉寂一段時間，再以長篇《勝者敗者》（一九三九年）轟動文壇。對於他的作品風格，川端康成評曰：「受到自然主義形式甚多的影響，作品予人略微陰暗的印象。但是，就傳統日本小說於人物的描寫而論，畢竟有新進作家無法企及之處。」⑥保高對於拔擢新人十分用力，幾乎把時間都傾注在《文藝首都》上，他與龍的文風相近，有英雄惜英雄之感。

六月十一日，龍逛淺草電影街，看了一場電影《騰空的戀》，是沒什麼內容的娛樂片，感到失落極了。走過各條街道，蒼白的丸之內、沒特別興趣的銀座、充滿新興活氣的新宿、後街的咖啡館，感覺東京樹木很多，相較之下，台北比較具有都市體系⑦。當時的龍認為台北比東京更具都市體系，令人驚訝，細想之下，也許台北因日本殖民政府當作美麗新世界來改造，在三四〇年呈現異樣的繁華，從研究老台北歷史的資料來看，無論建築、都市規劃都比我們想像好，而關東大地震之後與戰爭前夕的東京蕭條一些是正常的，那是都市的外在，在內涵而言，具有科學與知性的優越感，文學活動相當活躍；六月十三日，看東寶劇場，對他來說是鮮豔的刺激，票價也很昂貴，對輕鬆歌舞劇一向不喜歡的他，只眩惑於絢爛的衣裳，還有女明星的反串表演；六月十九日，逛神田舊書店，買了一些書，對於買書他一向最捨得花錢，就貧窮的讀書人來說，東京的書相對多樣而便宜，台北人口三十萬，書店只有三家，他為十錢買到《德田秋聲集》感到憤怒，應該說是寂寞，一生的寶貴著作，用這麼少錢就可買到？六月二十日，到橫濱，是個西洋風味很重的港口，港口白色的外國船隻彷彿燃燒著鄉愁，沿著山坡有許多美國殖民時期的建築，也有外國人墓地，碼頭的汽笛聲聲聲催促，浪漫的港口曾被許多作家寫入作品中，這裡充滿異國風味，有洋人當眾親吻，還有穿黃袍的阿拉伯人或印度人，而南京街的中國戲曲正要上演；六月二十一日寫〈東京的烏鴉〉隨筆，因為烏鴉的聲音太突兀，可說是對東京最強烈的印象，東京為什麼那麼多烏鴉？他寫著：「我堆積著滿滿的旅愁來到東京，卻為了烏鴉的啼叫聲而感到煩惱．走在被梅雨淋濕的東京的人行道，或倚靠在旅社的窗邊時，突然，烏鴉發出惡魔性的叫聲，飛過挾在屋頂與屋頂中間的樹木上而去。那個時候，我就會被封閉在非常悲哀的鄉愁裡了。」在鄉下，人們相信烏鴉啼就會有人死，那是個凶兆，他的心因此充滿不安；六月二十三日，逛日本橋兜町交易所與濱園町貧民窟，貧與富的對比，讓他思考經濟的問題，這也算是業務考察；六月二十五日，在咖啡館思索著東京之所以偉大，是富於科學性精神的知性造就的。日本在世界史上能完成驚人的發展，根據的是科學主義吧？

---

⑥龍瑛宗，〈芥川獎之〈雞騷動〉——《文藝首都》與保高先生〉，《龍瑛宗全集》第五冊，頁一三。

⑦文甫按：京都仿效中國長安的都市，街道就像棋盤似的，井井有條。但是，江戶時代為了保衛幕府的江戶城，不讓敵人輕易進攻，修建街道時，設計拐彎抹角的道路比較多。相對於殖民地時代的台灣，被稱為「近代都市計畫之父」的後藤新平，構思台北近代都市化的計畫，家父認為東京比不上台北吧。

東京經驗對他而言是精神的沖刷，這些過程他以鄉巴佬的自謙寫成〈東京鄉下佬〉、〈東京的烏鴉〉刊於八月號的《文藝首都》，描寫在東京的街頭突然聽到烏鴉發出惡魔般的叫聲，讓人封閉在濃濃的鄉愁裡。在知性的科學精神之都，他靈敏的直覺卻讓他感到不吉與不安。

還好有H做他的嚮導，他在台灣住過，中學畢業回日本念大學，帶他走上野公園或淺草的電影街，戶山原流浪者居住的洞穴，新宿遊樂場，還有不知名的貧窮後街的巷弄。在橫濱則去欣賞山下公園與南京街，一直到半個月後，龍可獨自到神田的舊書店或去銀座，他學會搭電車走山手線，原來沒那麼困難，他開始感到悠哉悠哉晃蕩的愉悅。

S曾是他銀行的同事，帶他到新宿體驗一下東京夜生活，像有些不正派的咖啡屋或黑輪店。在一家法國風裝潢的咖啡店裡，S說：

「在台北一起的時候，真不知道你是一位文學家。唉，在台北的生活，真是悠悠閒閒啊！」

「在東京，確實會神經疲勞，但是必須某種程度浸染東京的生活、氣氛啦。東京的每件事情會激勵鞭打我們。尤其東京是西洋文化和日本文化交錯的特異都市，我想日本的知性大都集大成在這裡。」⑧龍回答，他認為鄉下人有必要常常來東京看一下，只是下回不知是何時？

這一次東京之行，可說是與日本文壇第一次接觸，同時也與台灣的作家做海外對談。

他與楊逵在東京會面談台灣文學，這次見面可謂台灣文學兩位大將的會談，地點是在早稻田大學附近，牛込區鶴卷町（戰後新編為新宿區）租給台灣留學生住宿的民家，會晤時楊逵以一個作者的角度問他對〈植有木瓜樹的小鎮〉裡的主角的看法如何，以及一些創作問題，後來，楊逵把這份對談整理後發表在《日本學藝新聞》，也開始了他們長久的友誼。他們在一起談的都是嚴肅的文學與政治問題，龍好學深思，謹小慎微，楊快人快語，身體力行，一靜一動，一快一慢，成為明顯對比。他們以台灣文學的責任互相期許；

龍：我想幫您點忙，但低級領薪人沒有空。並不是沒有想背負著台灣文學來幹的心情，我想既然要寫就得寫出有益的。

楊：不，要背負著台灣文學是大家的任務，這要清楚說出來才好。實際上有沒有背上去，是屬於第三者的判斷，用不著由自己來主張，可是要背上去的這股勁兒，誰都應該要有。

龍：今後我想好好學習，鍛鍊技巧，所以買了各種書。可是一說到技巧，大家都會輕蔑。

楊：我不瞭解要輕蔑技術的人之心情。技巧是為了要學好思想及題材，把它表現得更完美。它網羅著對社會及人生的看法，處理方法以及其表現方法，並非只是雕蟲小技呀。所以希望您在這一點上大大加油。

龍：那麼在台灣再見吧……⑨

在東京的一個月，對他來說是文學的繁華夢，一切太像夢了，在回程的「富士輪」上，大約是七月七日或八日早晨，船行至沖繩島附近，各個客艙頒布了油印號外，以大字書寫著：「盧溝橋畔，不法之徒，竟敢向皇軍發砲了，日本帝國為了世界和平，馬上還擊矣。」一頓時人心大亂，作家也心亂如麻，這也是夢吧！時間這麼恰巧，他的文學與戰爭同時發生，就像海上掀起的巨浪，令人

⑧《龍瑛宗全集》第六冊，頁一一七。
⑨刊載《日本學藝新聞》第三十五號，一九三七年七月十日，葉笛譯。收錄於《龍瑛宗全集》第八冊，頁一一七。

憂也令人慌。他望著起伏的波濤，陷入沉思，這意味著什麼？大海請告訴我吧！我的人生也會是海上的繁華夢嗎？

如果早生幾年或晚生幾年，命運會是截然不同吧！

第一章

# 劉家的家族悲劇

不前不後，不多不少，龍瑛宗誕生於民國前一年，也就是一九一一年八月二十五日（農曆七月初二）亥時，新竹州竹東郡北埔莊。北埔在當時是樟腦與茶葉的出產地，龍家在山上有樟腦寮，家中開著雜貨店，還兼賣鴉片。北埔是河洛人出資客家人出力合力開拓的小鎮，一八三三年（道光十三年），北埔的姜氏與新竹的周氏集資成立了「金廣福」墾號，「金」代表政府資金，「廣」代表粵人，「福」代表閩人，他們合力開發北埔、寶山、峨眉三鄉，龍家的地點就在慈天宮前的三角窗，地處最繁華地帶，沿著宮門有一條主街，路上鋪著青石，一整條主街都是商號，龍家的雜貨店就在廟門口不遠處，廟旁有條窄到只能容身的小路，一路蜿蜒到廟後幾里，那裡密密麻麻擠著黑暗的煙花間或鴉片間，廟裡供著媽祖，廟後是神女，神聖與狂魔，光明與黑暗並生，一個廟口長大的商家孩子特別早熟，因為他對這對比性衝突早已視為必然，才不過一兩歲的龍瑛宗，常爬至慈天宮門檻，全身躺著跨越過去，令母親稱奇。慈天宮就在秀巒山下，這裡的景色有著世外桃源般的清幽，茶園遍布，乳白色的山嵐像白蛇般環繞著山路。在〈黃家〉中，他描寫的慈雲宮應該是慈天宮的樣貌：

沿著慈雲宮有一條細小的窄巷路。濕潤而臭尿味的土牆，好像會碰到鼻子，勉強走過了，就能看到枇杷莊最悲哀的街景。

那是貧弱的令人感覺到像一個小迷宮的街。

慈雲宮的正後面有巨樹，老樹的暗綠色蓋上了的森林像懸崖般矗立著。但是在其間有傾斜的地方。在那地面上有數百戶的家屋各有各的形式並排擁擠著。

肩膀會碰到土牆的凹凸小路，紐結似地彎曲再彎曲，有的是死胡同，有的是緩慢的坡道，也有陡急的上坡。而像被破壞了羽翼的台灣瓦屋頂，破爛的草茸屋頂，浸染風雨的土牆，黝黑了的竹柱，有些地方土牆崩塌了，黑暗的廚房看起來像內臟。

若彰在這裡看到鼻子潰爛，以羅圈腿走路的賣淫女落魄的情形。歪皺了的臉比用舊了的雜布還可憐。也遇到了披著破破爛爛的像是朱紅外套的衣服，像木乃伊、眼窩凹下去的鴉片耽溺者。也看過披上黑色頭巾，嘴巴不知念著什麼，像烏鴉般的老太婆。

這個山村，看來與世隔絕，卻代表著彼時台灣小鄉鎮的樣貌。如今北埔已成為日治時期城鄉研究的重要標本，聚集許多相關學者長駐，大城是艋舺，小鎮是北埔，村里是木柵。這個典型的閩客小鎮孕育了善於捕捉世俗風情的作家，光與黑，神與魔的對比早映現在他的心靈中。

如果早十年出生，也許碰得上國民革命與白話文運動，起碼受一點漢文教育，或革命意識啟迪，晚十年就與葉石濤、鍾肇政一樣可快速學會中文寫作，他恰恰生在尷尬的民國前一年，新舊都不搭。或許是行商出身，與土地農民早無太大關係，總之他的意識型態與他的出身與年代有密不可分的關係。

龍瑛宗本名劉榮宗，劉家的歷史可說是移民血淚史的典型悲劇，祖籍廣東省潮州府饒平縣石井鄉，曾祖父劉萬助生於嘉慶丙寅年（一八〇六年），他從廣東潮州府饒平縣石井鄉帶六個外甥和姪子渡海來台拓墾，從三芝淡水上岸，走到有聚落的新莊，可惜福佬人早了一百年佔住，無處安身，只有一路往南行，劉萬助彈著三弦琴，靠乞討維生。龍氏的兒子劉知甫說：「如果真要追溯，我們的文藝細胞也許來自他。」劉萬助來到新竹，越走越靠近山區，就在深山搭建竹棚房屋暫時棲身，附近就是泰雅族的村落，有一天，劉萬助出外辦事，回家時發現六個外甥和姪子，變成沒有腦袋的屍體躺在地上，面對這滅門慘劇差點崩潰，他含淚把他們草草埋在一個洞穴裡，連個墓碑也沒有。這裡太危險了，他只有往南另找住所，將妻兒留在新竹，獨身往南投石問路，卻在半路一病不起，但他存著「要死也要死在親人身旁才好」的念頭，撐著一口氣回到妻兒身邊，不久抱憾而亡。祖父劉世覺，生於道光戊申年（一八四八年），原名劉阿角，年紀輕輕就挑起一家生計，以種茶與橘子維生，結果在茶園耕作時又被泰雅族馘首，時年才三十四歲，留下三個幼子。劉家先祖代代被出草，多人因此喪生，反映了客籍人來台的艱辛與心酸。

龍每憶及先人的悲慘命運，往往義憤填膺，常說要殺番仔，一直到念書懂事才不講，但這些悲苦變成他生命的基調，他覺得人生是悲苦的，對一切只能忍耐。

早死的祖父，留下一門孤老婦孺，還好曾祖母范盡妹與祖母彭桂妹憑著女性的堅毅，撫養僅存的命根，生活是無法想像的艱苦，所以父親劉源興（生於同治己巳年一八六九，卒於昭和九年一九三四，得年六十五），十歲暫時寄養於新竹九芎林莊郊外的外婆家，外婆疼惜這聰明伶俐的外孫，將他送進私塾念了三年漢文，這是劉家第一個受漢文教育的，也是他啟發龍瑛宗對文學的愛好與想像。十三歲，劉源興在遠親家當藥童，製作藥材，學習看處方箋抓藥，因為他的勤奮好學，人又機靈，被雜貨商老闆相中而招贅，十七歲入贅彭蘭妹（生於同治戊辰年一八六八，歿於光緒庚寅年一八九〇），如果是有能力栽培的家庭，怎捨得入贅？如此確定女性當家的格局，男性氣勢自然減弱，沒多久，彭蘭妹卒，父親又娶其妹彭足妹（龍瑛宗之母）為妻（生於同治甲戌年一八七四，歿於昭和十四年一九三九，得年六十六），生五男五女，龍瑛宗排行第八，是五個兒子中最小的，長子劉榮輝十四歲因吞梅子噎死夭折，次子劉榮殿（生於明治三十二年一八九九，卒於民國四十一年一九五二），念完公學校當巡查，常酗酒，五十四歲病故。三子劉榮瑞（生於明治三十五年一九〇二，卒於昭和十一年一九三六），台北師範音樂科畢業，為公學校教員，很有音樂天分，四子出生後不久夭折，五子即為劉榮宗，父親生他時已四十二歲。大姐劉義妹，二姐劉五妹，被送到彰化二林當童養媳。三姐劉六妹，四妹劉尾妹。小妹劉尫妹（戶政事務所上登記為「劉滿妹」），生於大正三年（一九一四年）十二月底，卒於民國一〇四年（二〇〇五年）七月一日，出生兩個月即被送至花蓮壽豐人家當童養媳。

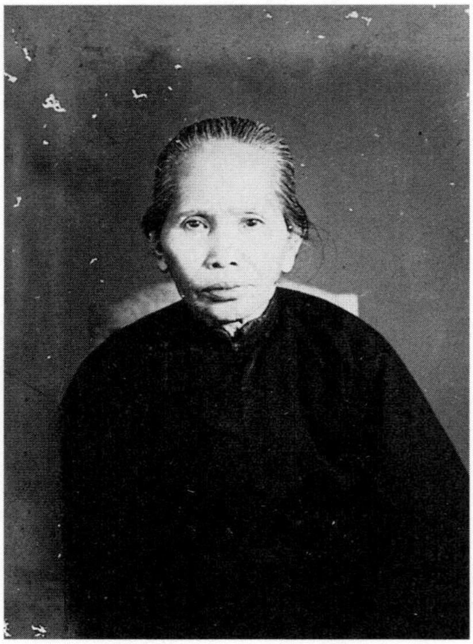

龍瑛宗母親

婚後的劉源興繼承岳父的雜貨店，與叔父一起多角化經營，除去雜貨還看中醫，兼營腦寮製造樟腦，如此才家境轉好，全盛期在山上有大片腦寮，位於神木之旁，招募許多工人，這些腦丁或者喝酒鬧事，或者侵犯原住民婦女，結果遭原住民出草，趁夜襲擊腦寮，將腦丁全數斬首，叔父也被波及喪生，最後以一把火將腦寮燒光。一九九六年，筆者來到腦寮舊址，現場只看到一點也不雄偉的神木，以及樹旁的土地公廟，似乎守護著亡靈，悲傷的細雨不停下著，訴說著百年哀戚。

這件慘案幾乎讓劉源興破產，光是腦丁的葬喪費與撫恤金，以及種種業務損失就難以周轉。這時劉源興只有走險路，在雜貨店裡賣起鴉片，取得鴉片專賣權，店中常聚集一些鴉片仙，命運坎坷的劉源興，自學占卜，偶爾幫人算命，閒時讀古典小說，晚上鄰居的阿公阿婆聚集於店裡要聽劉源興講古，他慢慢地「往昔、往昔，在大陸什麼地方……」講起故事，什麼求道的唐僧、七十二變的孫悟空、好色的豬八戒、老實的劉備、義氣的關公、粗魯的張飛、聰明的孔明。年幼的龍想著為什麼所有的故事都是「往昔、往昔」，這許多的「往昔」緊緊抓住他幼小的心。

龍家有一部上海印刻的《石頭記》，為什麼父親總不講呢？因著生活坎坷窮困，劉源興對富貴人家的男女情愛已不再感興趣，這也影響龍對貧苦人家的關懷多一些，對富貴者總帶著諷刺意味。

那時女兒不受重視，大都送人，姐妹們的不幸命運，讓幼小的龍十分難過，男尊女卑的

1934年家族合影

傳統觀念害苦了女性，他對這些被送養的姐妹十分同情與疼惜，一直保持聯繫，這是他對女性同情的原因。

細數劉家來台的歷史，代代皆死於馘首，或者慘死，這種家族陰影讓年幼的龍瑛宗陷入驚恐與死亡的想像，掛在樹上的死人頭、吊死鬼，或者鬼魂做著死亡之舞。體弱多病的他，有氣喘、口吃及色盲，氣喘發作時常喘不過氣來，然後就有種種鬼魂的幻象向他襲來，夜裡常在夢遊中驚醒「那教人藐視的支那人的面貌，留著辮子的姑娘長臉的人。蒼白顏色誠然為了生活憔悴極了的面容」①，「女靈們排了圓形陣，對於這個薄倖的少年屍體灑了一掬之淚」②。這個么子著實讓老父擔心會不會夭折，每當冬天的寒風吹起，龍時時覺得呼吸困難急促，四十多歲的老父常終日以焦急的眼神緊緊盯著與死神搏鬥的孩子。瘦小的他，有著女性般的纖細神經與多愁善感，長久以來的女性當家，客家男性該有的硬頸氣魄也很難擁有，個性上偏陰柔，大家對這么子的疼愛，就像對一個永遠長不大的小男孩或小女孩。他對家人的依賴與信任也是五體投地，從他寫給父親與哥哥的信可知，是個極孝順且聽話的孩子。

劉源興的長子與四子皆夭亡，十四歲驟亡的長子劉榮輝帶給家人莫大的傷痛，早年喪父，中年喪子的劉源興只有以占卜與算命聊以安慰自己，生下劉榮宗時已四十二歲，父老子幼，對於孩子的教育十分重視，次子劉榮殿是巡查，三子劉榮瑞為公學校教員，劉榮瑞很有文藝音樂天分，喜歡畫畫，很想到日本留學，惜未能如願，後來常以酒澆愁。

幼年的龍瑛宗最喜歡過年，因為「我們的心胸因新年的即將來到而充滿著希望。接近大人世界的欣喜，使我們全身顫抖不已」③。倒數著天數。過了十二月二十，家家戶戶忙著張羅年菜，家家戶戶的碾臼嘰嘰嘎嘎轉個不停，甜年糕、發糕、柿糕、菜頭糕……做糕是大工程，小小的龍看著母親做糕十分快活且心急：

「阿母！還沒好嗎？」

「要到天亮才會好。你是乖孩子！先去睡吧！」

當鞭炮聲劈哩啪啦響起，除夕的夜晚，飯桌上擺滿年菜，香噴噴的長年菜、扣肉、鹹水雞、菜頭粿、甜粿，他跟一般孩子一樣最期待的是壓歲錢，母親用紅毛線穿著紅包，讓孩子掛在頸上。有一回拿了個兩個二十錢的大紅包，得意洋洋地到廟口看小孩賭博，竟讓紅包掉了，挨了父親一頓打罵：「這小孩長大後一定會變成呆子！」他不斷哭泣，祖母抱著他愛撫一陣，他還是哭個不停，這是新年啊被打是不吉利的，然而哭過又開心地穿新鞋穿新衣，含著冬瓜糖逛街去了。平日幽靜的山村到過年特別熱鬧，整個部落煥然一新，籠罩在爆竹的煙霧中，盛裝的善男善女滿臉喜色，尤其是廟口，擁擠著攤販與香客，也有那賭博的想博個好彩頭。有一年，平日不賭的父親一時湊熱鬧與家人賭一桌，不想巡查大人剛好經過，把他抓進派出所，罰他跪在辦公桌邊，還好，公學校的安部校長來派出所，看見父親被囚，便與警察說了幾句，警察大人才說：「汝啊，可以回去了。」父親從此再也不敢賭了。

從這件事，讓龍感到悲哀，那是十歲左右吧，他第一次感到作為殖民地人民的悲哀。

年幼的他常赤足扛起鐵鍬或提著菜籃，跟著母親到菜園種菜。在那裡，第二期農作收穫完畢後，接著會再種些蔬菜，不只是農家，連非農家也要種菜。劉家雖非農家，也向別人借一小塊菜圃

---

①龍瑛宗，《夜流》（台北：地球，一九九三），頁五〇。
②同上。
③龍瑛宗，〈山居故鄉之記〉，《龍瑛宗全集》第六冊，頁二四六。

來種些蔬菜。

劉源興腦筋靈活，又念過幾年書，除去醫書、命算書，也看一些小說，得空時就給孩子們講古，《三國志》、《西遊記》、《今古奇觀》……讓小小的龍瑛宗聽得入迷。

這個么子特別得到疼愛，祖母、母親、父親都喜歡帶在身邊，每當天氣晴朗的日子，父親帶著他爬上秀鑾山上的森林，從老楓樹的枝葉間眺望整個村子，村道蜿蜒有如一條白色帶子，河流如銀蛇般迴繞著山村，青翠的中央山脈聳立，對面的山腰即是村落的公墓，那裡墓石雜立。山頂上有個北埔受難紀念碑，父親登高望遠似乎在瞭望美麗的故鄉河山。當滿月圓圓高掛天際，繁星點點燦若鑽石，他幻想著繁星的盡頭會是什麼？他愛幻想，對世界充滿好奇，便不斷問父親：「為什麼？」「為什麼？」父親說：「尋求解答只有靠讀書。」讀書在他心中是如何神聖的事！日後他養成讀書的習慣，而且極為規律，每天讀到深夜兩點，清晨六點起床，數十年如一日，他覺得：「不能浪費生命中的每一時刻，直到生命的終點。」

五、六歲的他有夢遊的困擾，睡夢中起床一直往外走，或者打開抽屜收拾東西，爸媽因此很擔心，一直帶在身邊睡。夢遊症好發於四至十二歲的幼童，在國際睡眠障礙分類中屬覺醒障礙之一，也就是想要醒卻醒不過來的睡眠疾病；症狀是患者在深度睡眠中會不自覺的自床上坐起、離床四處走動，通常夢遊者的眼睛是張開的，面部表情呆滯或茫然，行走良好，但在警覺度和反應性上會較差，可能因此導致意外事故的發生。

這也許是龍較晚入學的原因，體弱多病加上夢遊，這個么子委實讓人擔心。

在未識字前，龍對書本中的圖畫書很入迷：

小時候我喜歡看書本裡的插畫。圖中的人物，有的嘻嘻哈哈在笑，有的淚汪汪在哭。他們為什麼高興得笑起來，抑或為什麼難過使得涕淚沾襟？那個時候，我還不識字。

我想，文字一定會交代清楚，說個明白。可是，奇形怪狀的象形文字，只是一大堆羅列而已。我竟已對文字發生了濃厚的興趣，識識文字是多麼好啊。④

還未識字的龍瑛宗對文字十分好奇，九歲才進小學的他，只有靠圖畫書或自己塗鴉，滿足自己的求知欲，所以他對繪畫也有興趣。至於為何這麼晚入學，可能是正逢家變，經濟有困難：也可能是父親希望他先受漢文教育，哥哥都受不錯的漢文教育和正規教育，對幼子的教育自然也很費心，或許是身體多病，捨不得讓他太早入學。

一直到八歲才進彭家祠堂按古禮拜師學習漢文，上沒幾天，日本警察來取締，還沒開始，已然結束。他跟漢文的關係就此活生生被切斷，連讀漢詩與杜甫都得透過日文。只要他有一點漢文基礎，日後學習現代中文應該很容易，然而他卻無此福分。

他接受的是完全的日文教育，而且在語文上的表現極為優異。一年級，在學藝會時，龍畫老鼠，同學彭瑞卓畫貓，後來兩個人打起來，彭的個子腕力大，龍的個子力氣小，就像兇貓抓老鼠，被打得好慘。二年級的導師是李梅山先生，管教非常嚴格，有一次竟以同學虐待校長的愛犬為由，用藤條打那些同學的屁股，大家逃到校園隱蔽的地方，看看誰的傷勢嚴重，誰的屁股紅。從他的成績單顯示⑤，小學三年級學習成績以圖畫、書寫、算術為甲，說話、閱讀、唱歌、體育為乙，因他

---

④龍瑛宗，〈一個望鄉族的告白——我的寫作生活〉，《龍瑛宗全集》第七冊，頁二八。
⑤成績單影本為劉知甫先生提供。

有口吃及色盲的困擾，在演說、歌唱與繪畫的表現較吃力，身體瘦弱的他，體育項目也吃虧，因還不識字，閱讀也較無表現；這時他身高三尺八九，體重五貫零零八，一貫為三點七五公斤，換算為十八點七八公斤。成績單雖標示體格中等，但以十一歲的孩童來說算是非常瘦小，他晚讀，夾在小兩三歲的同學中，並不顯矮小。這一年，學校要製作新聞，由導師官有梅寫文章龍畫圖，當時他的畫圖表現很不錯，常受到誇獎，自己也感到得意。小學四年級，導師為何禮紅先生，十分注重聽寫，讓他的學習力提升不少。這時開始閱讀日本童話，閱讀成績提升為甲，其餘與三年級略同。身高四尺零五，體重五貫一五零，換算是十九點三公斤，身高長了，體重只多一點點，可能是生病的關係。體格中等，老師特別標示他有支氣管炎症，想必常發作。五年級，遇文學啟蒙師成松先生，開始教授《萬葉集》，龍因此於十三、十四歲間，不間斷地閱讀《萬葉集》，並開始寫些短歌與短故事。成松老師是相當熱心的和歌詩人，常投稿《璞玉》短歌雜誌，他引導龍進入短歌的世界，要他學作短歌，幫他修改，可說是文學啟蒙老師，小時候學過的和歌一直記憶深刻：

傍晚微風輕吹過我家的小竹林，發出析希娑聲。
燦爛的春日普照，雲雀飛上天，此情此景令人不禁傷悲、倍感孤寂。
更深露重，但聞雁聲飛渡月夜星空。

之後，他一直喜歡短歌，經常創作與閱讀，還讀了金子薰園的《短歌的作法》、佐佐木信綱的《短歌入門》。

因此五年級的習作〈暴風雨〉被收入《全島學童作文集》，應該不令人意外。他已開始走向創作之路了，也向東京少年雜誌投稿。這一年學業成績大都為甲，圖畫、歌唱、說話為乙。身高四尺二二，體重五貫七二零，約二十一點三公斤，體格中等，成績單標示扁桃腺肥大。六年級校長為田中秀正，任期三年。日籍老師須藤見到他寫給朋友的信，誇讚其日語程度。為了升學的學生，特別於課後講解日本小學教科書，義務為大家補習。學業成績皆為甲，手工、唱歌、體操為乙。身高四尺四寸，體重六貫五百，約二十四點四公斤。體格中等。公學校畢業，為第二十二屆畢業生，以一等賞卒業。在學時期，較要好的是蕭瑞榮、何禮杞、塗金漢……等人，蕭與他的交情一直延續到老；何禮杞則在他苦悶的南投時期探訪他，並共眠於宿舍，兩人還到酒店喝酒、唱歌、跳舞；塗金漢是木匠之子，當他要負笈北上時，送他一雙木屐和五角，讓他永生難忘。

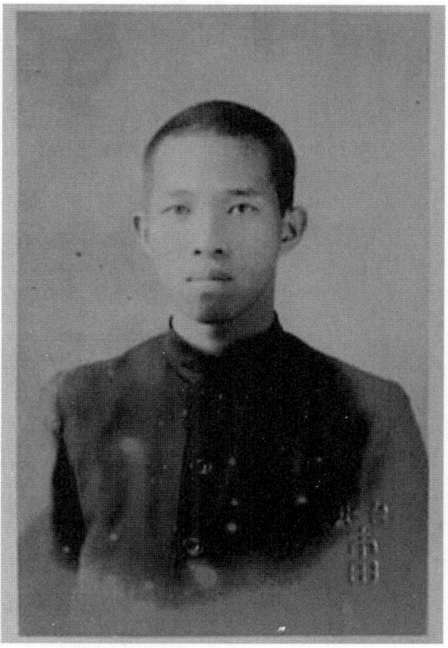
1930年20歲的龍瑛宗

在山村的讀書歲月，他常到一個叫「木鐸會」的私人圖書館看書，藏書都是村裡讀書人捐贈的，其中大部分來自大地主姜家，全是日文書。沒錢買書的龍，得空就待在那裡，也是在這讀到片山伸識譯的《唐吉訶德傳》，這是他第一次讀到的世界名著。

畢業之後，報考台北師範學校，筆試合格，但口試因口吃和色盲不合格，落榜，只好進入北埔公學校高等科（二年制）就讀，導師為山際茂。有一次至好友彭瑞鷺家中讀吉田絃二郎的散文集，並購買第一本影響日本現代兒童文學甚鉅的兒童雜誌《赤い鳥》⑥，對他的影響頗大，他這時已成書迷。學業成績皆為甲，圖畫、商業、手工為乙。身高四米七，體重八貫五零，二十五點六五五公斤。體重身高跳升，他已是十六歲的少年，身量還像孩童，一百五十公分未滿。二年級，導師為田中左右，學業成績皆為甲，以優異成績畢業。身高一點五米，體重三十五點八。十七歲的體格，以現在的標準來看非常瘦小。

這一年，鄭明祿來北埔做文化演講，下楊劉家對面宋金聲家二樓，每日清晨於宋家樓專心看書的神情，深深影響龍氏。鄭為台灣商工學校畢業，後入北京大學。鄭明祿手不釋卷的精神深深烙印在他的腦中，原來讀商工學校也能成就大材，於是決定報考台灣商工學校。

1927年17歲的龍瑛宗

公學校高等科畢業時，以一等賞畢業。報考台灣商工學校，以最高分錄取，同級生還有劉發甲（為台中東勢客家人）。四月入學台灣商工學校，由二哥劉榮瑞陪同負笈北上，此時常至書店站讀。假日整天站著閱讀免費書刊，書店的店員見這勤奮的小夥子一早就來報到，並不以為怪，只要不破壞書本就任由他看。他常看到忘了時間，直到書店打烊，店員提醒他，他回以感激的微笑，滿足地回到校舍。成績除了珠算、體操為乙，其餘皆為甲，為全級一百四十人中的第三名。

台灣商工學校的設立目的很清楚：

台灣商工學校創立於一九一七年，是東洋協會台灣支部附屬的台灣第一所台灣人和日本人同校的私立實業學校。雖然是私立學校，跟台灣總督府的官方有密切的關係。為了配合日本政府南進政策的國策，需要培養開發人才，一九三九年改制為開南商業學校以及開南工業學校兩所，開南的含義是指開發南方或是南洋。戰後，兩所學校合併成為私立開南商工學校。⑦

就學時的作文常受老師誇獎，並將作文讀給全班聽。成績除了珠算，皆為甲，全級第二名。受到國文老師加藤的器重，讚美其日文寫作程度比日本人好，讓龍既得意又害羞。有一天上國文課，老師上和歌，這時龍的和歌已作得相當好，加藤說：

和歌的好處是不能用言語說明的，它是屬於直覺的。恐怕諸位都無法瞭解，不過，龍君應該瞭解吧！

被老師誇獎的龍，添加寫作的自信，在短歌上勤下工夫，初期創作風格受加藤影響。這一年成績在前三名，有一學期為第一名，三月十五日台灣商工學校畢業，畢業成績第三名，而劉發甲得第一名。畢業時剛好二十歲，在畢業照上寫下感言「校園枯葉紛飄然，已近黃昏離別時，願把我的感

---

⑥一九一八年的創刊號，刊登芥川龍之介、有島武郎、北原白秋等有名作家表明贊同出刊的祝詞，雜誌專門介紹童話以及童謠。以後，菊池寬、谷崎潤一郎、西條八十等也相繼投稿。

⑦劉文甫參考東京的拓殖大學二〇一〇年所出版的《拓殖大學百年史：大正編》頁七五至七九整理得來。

傷獻給你。」照片中年少的龍面目清秀，兩眼炯炯有神。

佐藤為台灣商工的主事，主講經濟學原論，常要龍氏抄寫講綱，分發給同學。佐藤格外賞識龍瑛宗，因佐藤位高權重，有他的介紹得以進入台灣銀行。當時能進台銀的大都為日人，台生只有三人，當龍被分發到南投時，佐藤還去看過他，酒過三巡時，低聲對學生說：「日本對你們有差別，實在不應該哪！」當時龍也吃驚看著他的眼鏡底流了一絲眼淚。

1930年3月畢業照

昭和初年，一九二三年（大正十二年）的關東大地震後，日本社會經濟蕭條，出版界也受其影響，快要倒閉的改造社於一九二六年，首先推出一本一圓的廉價叢書《現代日本文學全集》六十三冊，其他的出版社也群起效尤，如新潮社的《世界文學全集》五十七冊，春秋社的《世界大思想全集》一百二十六冊，春陽堂的《明治大正文學全集》六十冊、平凡社的《現代大眾文學全集》四十冊等，每種全集定價一冊一圓，每月出版一冊，掀起昭和初期的「圓本熱潮」。當時的一圓大約相當於大學畢業生剛上班，領第一次薪水的百分之二，書價很便宜。不是很富裕的龍適逢良機，在舊書店買了一些一圓全集，有機會大量閱讀名作，這些書成為他文學的底子⑧。

一九三〇年三月十七日獲得佐藤主事的推薦，入台灣銀行台北本行服務，口試時因為北埔抗日事變（一九〇七年，領導者蔡清琳等人襲擊北埔支廳眉庄，現在的峨眉鄉）被盤問一小時以上。月俸金二十五圓，台人日人薪水不同，竟不自知，薪水幾乎全數寄給老母。在台北本行不到一個月，四月，上級就要調他到南投分行，到底是制度使然，還是南投分行需要一個會講台語的行員？他原以為南投在北投南邊不遠之處，心想這大概是一個山明水秀的地方，結果翻開地圖尋找，是在台灣中部深山裡，那裡應該沒有書店與圖書館罷！這下子他的夢想碎滅，害怕著是否就這樣把青春葬送在窮鄉僻壤的地方？原本對文學的愛好也要斷送在沙漠中，想著想著，眼淚如泉湧。

他的生活中最重要的就是書，只要有書店、圖書館他就感到滿足。沒有書店、圖書館他簡直無法生活。

滿懷失落到南投的分行報到，因推著光頭，穿著銅鈕扣的學生制服，連來接他的工友都認為不可能是他，台北來的行員不都該是頭髮油亮，西裝筆挺？因沒人接他，他把行李放在車站的板凳上，自己走到銀行報到。他的前輩同學後藤看到他說：「你來了！可是你的行李呢？」龍說：「放在車站的板凳上。」他變了臉色說：「那可不得了，馬上不去取回來可要丟掉的。」於是叫工友拿回來，後藤笑著對他說：「你真是馬虎得可以！」

這分行，除龍瑛宗外，其餘皆是日本人。其職務是辦理儲金、匯兌、日台翻譯。由於他是客家人，不懂閩南語，故常受日人斥責。原來派他來是要一個會講閩南語的，沒想到幫不上，所以常受到刁難。有一天來了一個本地老阿伯，急需用錢，想把自己的田產做抵押品，申請貸款。經龍翻譯給主辦放款的日本人聽，主辦的日本人說：「問這一位歐吉桑，抵押品是幾則田呢？」聽到幾則田一句話，他著慌了，從來沒聽過這句日本話，更不知如何翻譯，他愣在那裡，結果被痛罵一頓。

⑧劉文甫增補。

有一次總行的調查課長兼稽核課長井原純策來南投稽核事務，順便要他做一個農業倉庫的調查報告，那時候的龍幾乎不看經濟方面的書，只讀西歐的文學書。他的膽子小，不敢一個人去，便帶著姓大吉的工友同去。沒想到合作社的職員以外觀取人，以為大吉是調查員，待以上賓之禮，把龍當服務生呼來喚去的。只因為大吉是日本人，又威風凜凜戴著眼鏡，而他穿著學生制服，卻問東問西的，讓那些職員莫名其妙。

因為當時台灣的合作社附設農倉的寥寥無幾，為了防止農村的青田交易，他力倡普及農倉的設立。這個報告讓總行很滿意，還打字印刷分送各分行，並對他獎勵幾句好話。一九三一年十二月，〈動靜二三〉發表於《開南》。一九三二年九月二十日，〈週期性景氣變化的崩壞以及影響〉刊載於台灣商工學校創校十五週年《開南紀念號》，這些經濟報告，讓他發現自己也有做研究的能力。

因為要做這報告，他踏入南投鄉間，也參考了一些經濟著作，對台灣農村與經濟問題，有了進一步的瞭解，也為他回總行之路增添希望。從一九三〇年四月到一九三四年年底，待在南投計四年半，在精神上十分苦悶，生活條件不好，他是一個不太會照顧自己的么子，生活能力很差，在家飽受父母兄長的照顧，他不會自己買生活用品，也不會做家事，只會去兩個地方，書店和郵局。每天只要有文學書可看就開心，他更不想當銀行員，內心有一個未完成的文學夢。但在這窮鄉僻壤，沒有書店可逛，也沒人可談論文學。這段期間他寫了很多信回家，也想過請調，家人建議他找佐藤老師幫忙，他解釋不願再麻煩老師的原因：

要把活動委託給佐藤老師，這是穩當而又有益的方法。可是，必須反過來為老師的立場設想。第一，我想，老師為了要替畢業生尋找職業費著九牛二虎之力，在這種情況下，要再請他擔任這樣的工作，是否太為難他？並且老師時常在學校裡說著這樣的話：「本校學生時常調轉，令人厭煩，所以受到非難。那樣是不行的。」也就是說，我不可以說自以為是的事情來影響所有的畢業生。我想要轉調時，曾在台北和老師商量過，可是老師當下就說：「不行。」我，現在再拿這種事情去跟老師談是不合邏輯的。而且讀書用功是純屬自己的問題，既然靠銀行吃飯，當然銀行的工作就是第一，我想，讀書用功完全不該成為問題的。對老師來說，既然比個人問題更重視學校全體，那麼我想要拜託老師是不妥當的，是會給老師添麻煩的。⑨

說是這麼說，他的狀況很差，老是頭暈，不明原因的出血，語言不通，一九三〇年也就是剛到南投那年八月，他寫了一封長信給父親，報告自己的生活狀況，說南投的物價比台北貴，一個月三十圓不夠用；為了學閩南語佔去許多時間，沒有人願意教他，很想調職到新竹或台北，怕現在提出會有反效果，也怕服務成績不好；本省人調動比日本人難，恐怕得等八九年。可見他對現狀的不滿，對未來充滿悲觀。給哥哥的信則說在南投的生活不好，主要是語言溝通不良，住的地方不妥，讀書環境不理想，運動設備不足。自己很想讀書更充實自己，老師勸他以工作為重，個人問題擺第二。雖然處處不如意，他自己勉勵自己「我相信人生絕不是幸福的，人不是因為幸福才生下來的。人生像是痛苦鎖鍊的枷鎖，因此我也盡可能地忍耐著」⑩，一再忍耐的結果是生病了，到台中看病，嚴重到住院。父親在十二月五日給他的回信說：

---

⑨《龍瑛宗全集》第八冊，頁四二—四三。

⑩龍瑛宗書信影本，劉知甫提供。

收到來信，亦瞭解了其後的經過。

會頭暈是因為至今的大量失血跟還未完全康復的緣故吧！總之這段時間先好好靜養，至於銀行的事務，先處理些必要的事務，至於其他就放在後面再說吧！由於你這次的住院，店長有沒有說些什麼？你有沒有記得送店長年節禮物呢？四日去台中看病的結果也要讓我知道。

這幾年可說是有生以來最難熬的幾年，好不容易認識一個可以談文論藝的女友，日籍女牙醫兵藤晴子，卻遭到分行副理干涉警告，這件事剛開始是兵藤向他借書，兩個人很談得來，女方後來較主動，常到他宿舍來，兵藤是鹿兒島人，畢業於仙台醫事學校，長得黑黑瘦瘦，身材中等，但氣質甚佳。她的年紀比龍大兩三歲，兩人興趣相投，日久生情，兵藤偶爾也會做日本料理，邀請龍到她住處一起用餐，那時她與擔任診所技工的一對夫妻同租一間日式房子，沒有宿舍可住，龍把日式宿舍讓給她住，龍看她的書櫃滿滿是書，文學書尤其多，就有好印象，終於有人可以談文學，兩人興趣相投，有聊不完的話題，於是開始往來。有時晴子準備盛筵請他當座上客，他則常把文學作品借她，如林芙美子的《放浪記》和石川啄木的短歌。每到週日，他們到南投郊外的田野、龍眼林踏青，一起走在路上談談笑笑，在平靜的山城，一個日本女子與台灣客籍男子公開往來，不僅鎮民看不慣，日人上司更看不順眼，事情傳到副理耳中，有一天把他叫來警告他：

「劉榮宗你過來！聽說你和牙科醫師來往，真的有這麼回事嗎？我警告你，不得與日本女人來往！」

「是，遵命了。」

表面上服從，心中卻有許多牢騷，私底下仍偷偷往來，但他確認到要以結婚為目的的交往是不可能的，只能是知識分子的交往。

龍瑛宗常思索著男女之間是否存在著純友誼？經過長久的時間考驗，確認世間真的存在純潔的愛。不以性愛或結婚為目的的心靈交流存在龍瑛宗與晴子之間，在晴子少女時期，龍瑛宗把晴子當作心靈知己。不久晴子和某位男人訂婚了之後，龍瑛宗非常訝異地說：「那麼，今後我們就不能再交往了。」而晴子卻搖頭說：「不！即使我結婚後，仍想繼續跟你交往。」龍瑛宗始終把晴子當作是一位知己，而非單單是一位女性朋友，付出關愛與忠誠，保持著純潔的友誼。雖然晴子戰後回到自己的家鄉鹿兒島，二人仍希望藉此作為人生中清白的回憶，永遠存留在記憶中。這份情感隨著時間越來越成了他心靈的寄託，他們之間書信往來不曾斷絕，連龍也低估這段感情，在日後婚姻不幸的痛苦中，深深懊悔與懷念，一方面他又珍惜這不被塵世汙染的感情。

這次的挫折讓他體認台灣男子是不能跟日本女子匹配的，連交朋友也不行。這時他的婚事也在家人催促下積極進行，一向孝順聽話的龍是完全信任老父長兄的安排：

已確實收到二十圓，請放心。

相親的事在你的贊成下開始進行。基於本島人的舊習，相親還是要在好日子才行。因為這樣，所以相親的日子要看你何時方便而來讓我們決定。之前通知你的十月二十八日吉日，請確定那天方不方便。我們會通知女方，若沒有關係，就決定十月二十八日。如果不方便，在七八日前讓我們知道。還有，加薪後，增加的薪水你把它存起來了嗎？或是用掉了呢？若是你確定了二十八日可以，那麼前一天二十七日（週五）就必須請假。請和支店長好好談談。二十七日（週五）二十八日台灣寺廟慶典「相親的絕妙日子」二十九日（週日）。

父筆

精於占卜的劉源興，對於看日子非常在意，這日子討論有一段時間。

不料一九三三年三月十二日家裡打來緊急電報：「祖母去世速歸」，龍向分行請假遭拒，日人店長說：「如果是母親，我准；但是祖母無需奔喪。」他心中十分憤慨，只有到食堂飲泣默默哀悼疼愛他的老祖母。這時日人前輩後藤走過來安慰他：「你的心情我曉得，忍耐吧！」原來日本人有好人也有壞人，不能一概而論，他如此想著。挨到四月，上級才給假從南投回北埔觀看新竹大隘開闢一百週年紀念，最重要的是祭拜祖母。七月一日，由見習生升為正式行員，月俸金為三十圓。

沒想到更不幸的在後頭，一九三四年一月二十八日家中又傳來電報：「父親病危速歸」，去年九月才寫信談婚事的父親在一九三四年一月底棄世，距離祖母過世不滿一年，彭桂妹與劉源興這對寡母兒子相依為命一輩子，母親的死亡想必對他的打擊很大，母親死後不久隨之棄世，對龍是雙重的打擊，敬愛的祖母與慈父死了，他心中的悲哀無人傾訴，每天鬱鬱寡歡，還好哥哥劉榮瑞長兄如父，在悲傷中安排他的婚事：

榮宗弟：

根據前些日子的來信，請媒人要來照片，收入信封裡送給你，請看一看。

據說對方獨自這樣拍照這回是第一次，並且是應你的要求，兩三天前沖印出來的。當然，你的信是寫著「如果有的話」，但父親覺得還是要讓最重要的你（結婚是很重要的），根據相片知道她的樣子，因之請她照相。不過，據說相片和本人有點不相似。看過本人的人（母親和劉氏大妹等）都說本人比照片漂亮。希望看過照片，聽你說說你的意見。照上回的信，說是目前沒有意見，但能夠的話，請確定可不可以。我想這樣對交涉較方便。

龍瑛宗雖個性木訥保守，但受日本教育影響，難免有點大男人，而他的思想開放唯美，想必也嚮往愛好文藝心靈契合的伴侶，或者自由戀愛，但他跟日本女牙醫的交往，受到嚴重警告，讓他放棄了浪漫愛，而選擇媒妁之言。但晴子在他心中的地位無可取代，兩個人之間有約定，即使結婚也要做心靈上的朋友，晴子選擇丈夫，前提就是要讓她與龍繼續往來。之後他們常以書信聯絡，晴子在文學上也鼓勵他向日本文壇進攻。晴子除了是文學知音，也是永遠的貝德麗采。

穿高女水手服的李耐

龍細細端詳照片，李耐為了龍的要求拍了一張穿高女水手學生服的照片，她原來一頭溜溜的長髮特地剪短為學生頭，也許因為聽說龍是讀書人，特別穿深色學生服，衣服是她親手裁製，她的手巧，自己的衣服都是自己設計，款式都很別致。這個長相秀麗、圓臉白淨有著迷人笑容的女孩，手上挽著皮包，腕上戴著手錶，腳上是有絆扣的馬麗珍鞋。身高約一六〇出頭，穠纖合度，端的是麗人兒，能娶到這樣的美女，龍覺得有點不真實感，他不是一個重視外貌的人，但作為一個男子怎能拒絕得了一個美人呢。

她是芎林茶商的女兒，芎林也是龍母親的故鄉，家庭背景相似，個性卻大不同，這個婚事是龍母透過娘家那邊的人安排。李家開茶行，李耐的父親娶兩個老婆，她是小老婆的么女，父親快六十才生她，特別受寵，因家裡都是女兒，大女兒送給人當養女，剩下的兩個女兒，從小被當男孩子養，把家中生意與金錢都交給她管理，姐妹們也要幫忙出貨批貨，十分能幹。李耐是小么女特別受寵，可說是「女孩子王」，從小爸媽叫她「耐啊！耐啊」，說她臉圓圓的，命好，將來會嫁好丈夫。她上過二年制的手藝專修學校，學的是日文、算盤，沒有數學，她很喜歡做手工藝，很會繡花縫製衣服。很愛漂亮，喜歡自己設計服飾。看起來是內外皆美的女子。

但她的個性十分剛烈，心直口快，講話處處要佔上風。發起脾氣來六親不認，什麼話都講得出來。她的母親曾說：「你知道嗎？把你的一切都給她，她還不滿意。」⑪

這兩個人的教育、個性、興趣相差太遠，但李耐長得實在太美了，連家人都讚不絕口，龍也漸漸被說動了。

李耐的衣服都是自己設計

龍的兩個哥哥年紀都大他甚多，三哥榮瑞跟龍最合得來，他是台北師範音樂科畢業，在小學教書，非常有音樂天分，卻被埋沒在寒村而鬱鬱不得志，他想到東瀛深造，家中經濟卻不許可，因此常藉酒澆愁，不料在他結婚後一年一九三六年四月二十二日因胃病而死，得年三十四歲。〈黃家中的若麗就有他的影子。

二哥劉榮殿先是當巡查，後來在鄉公所上班，父親死後，兩兄弟因鬧分家而互不往來，這件事在一九三四年九月二十六日的信上說得很清楚：

……我也體念亡父的遺志，考慮著將近的事情，計畫著我們家族的繁榮，想不到本月二十日，你二哥喝醉酒回家就亂來，打破家具。當時我正在睡，聽到這件事，馬上從二樓下來，要加以制止，萬沒料想到這回竟對我大喊：「劉榮瑞你這傢伙，今晚立刻分家，如果不分家，拖得越久，我蒙受的損失就會越大。」聽他說出這種狂妄的話，我按捺不住自己，便以手掌摑你二哥的臉頰。因為他酩酊大醉，怎麼理論也沒用，我就上樓睡覺了。⑫

龍瑛宗的三哥劉榮瑞全家福

經過分家的吵吵嚷嚷，家沒分成，兄弟還在同一屋簷下，但分炊分食，一個家面臨瓦解。龍的

⑪周芬伶，〈作家的妻子——李耐的婚姻故事〉，《憤怒的白鴿》（台北：元尊，一九九八），頁一九一三五。
⑫《龍瑛宗全集》第八冊，頁四八。

婚事也就被耽擱下來。

媒人說媒之後，兩人相親過後訂婚，龍常自己一個人到李耐家，那時男才女貌，頗有戀愛的感覺，龍看著美麗的李耐，心想這將是他的妻子嗎？是仙女下凡吧？聽說她脾氣不好，那是缺乏教育的關係，好好地教她讀書，如此才能一起談文論藝。李耐說到第一次見面的心情是：「古早人啦，就是那樣，不好意思說。」⑬看來雙方印象是不錯的。李耐覺得這瘦小男人很有學問，每次來都跟她談文學，她一點也聽不懂，龍雖然覺得失望，但覺得可以教她，改造她，他嚮往的還是能談文論藝的心靈伴侶。

訂婚一段時間，原本預定在南投迎娶妻子，沒想到調查課長竟在這時命令他到南投調查農村實況，並做了一份調查報告，這份報告得到課長的賞識，因此才由南投調回台北本行。

一直到一九三五年三月二十日，在母親的主婚下，龍終於與李耐結婚。結婚那天的新娘禮服是李耐自己設計的，西洋式的白色婚紗，胸前有三朵紅色和粉紅的玫瑰花，手上戴著銀手鐲，沒有捧花也沒穿高跟鞋，因為她比丈夫高很多，那天她坐著花轎，記得自己好像哭了，因為女兒出嫁不哭是不行的。結婚時沒發紅帖，婚禮很簡單，只有邀請同鄉前輩敘敘講幾句賀詞，新人在北埔住六天，就北上台北，租屋在樺山町二十一番地，在日本人開的「市田」照相館，拍了一張結婚紀念照。一對年輕的新人過起小家庭的生活，剛開始他抱著滿懷希望，正如他小說描寫的：

在故鄉逗留了幾天後，沈茂亭帶著新娘上台北去。兩人並坐著，火車窗外的風景疾驅而去。從此將變成只有兩個人的世界。年輕的男人和女人將要建築沒人知曉的祕密。沈茂亭暗地裡看了一下女人的側臉，而女人就依偎沈茂亭身邊，輕輕拍掉他肩上的塵埃。沈茂亭感到新的幸福。⑭

沒想到這幸福的美夢不久就破碎，李耐在婚後就聽說丈夫婚前有要好的日本牙醫女友，丈夫對她還念念不忘，這件事讓她對這婚姻失去憧憬與信心，原來丈夫心中早有人了，而且是知識分子，那她算什麼？從小被捧在手心養的嬌嬌女怎能吞下這口氣？每當丈夫教她念書時，心中馬上浮現那女子的影像，一把怒火讓她大發脾氣，龍每心急就說不出話來，面對李耐的怒吼：「你還想著她對不對，你想把我改造成跟她一樣的人對不對？那你去找她啊，為什麼要娶我……」她生氣時講話劈哩啪啦一長串，龍只能瞪著眼睛看她。新婚沒多久，龍問大姑媽說：「可不可以退婚？」那時他已覺得不對，但也沒辦法。他認為她沒有生活能力，所以不能跟她離婚。剛開始，他還教她讀書，也會要她幫他抄寫文章。但不久就會吵起來，李耐一出口都很傷人，木訥的龍說不過她，她罵人總是一長串一長串。兩人經常在爭吵中度過，好幾度龍跑到兒子的房間說：「活不下去了！」龍很少表現他的痛苦，可見這婚姻讓他如何，一直到六十歲他才對孩子說：「不會再自殺

龍瑛宗結婚照

⑬周芬伶，〈作家的妻子——李耐的婚姻故事〉，《憤怒的白鴿》，頁一九—三五。
⑭龍瑛宗，〈故園秋色〉，《龍瑛宗全集》第二冊，頁二二四—二二五。

了！」

年輕時龍曾想過到日本，躲避這個婚姻，那時他三十二歲，李耐二十七歲，長男文甫五歲，次子知甫兩歲，長女淑惠未滿一歲。關於孩子，龍的觀念是生一個就好，但李耐堅持要生女兒，所以連生三個，兩人的教養觀念也差很多，為此常爭吵不休。

根據李耐的說法，那是一九四二年，龍要往日本出席大東亞會議，這次他鐵了心，要走之前就對李耐說：「說不一定就不回來了！我會寄錢回家。」然後就走了。這次嚇到她了，她想她不會賺錢，孩子還這麼小怎麼生活？她想著以後也許可以辦一個「學寮」，將空房間租給學生，幫他們煮飯、洗衣服。這樣一方面可以照顧自己的孩子，一方面可以賺到一些生活費。雖是這樣想，還是很害怕，「那時台灣一共有四個人去日本，我看到報紙，只有三個回來，沒有我先生的名字。難道他真的不回來了？不管我們了？我丟下孩子，洗到一半的碗也擱著，跑到另外那三個人那裡問他們，我先生怎麼沒回來？」⑮

龍曾在日本找工作，無奈沒找到，而且他擔心孩子、想念孩子，最後還是回來，當李耐看到他突然坐三輪車回來，她不敢罵他，但一直哭一直哭。

龍的兒子劉知甫的看法是父親想先到日本找工作，等一切安頓好才接家小過去，以他父親的責任感是不會丟下他們不管的。

龍瑛宗全家福

對於這段婚姻，龍以「托爾斯泰也是這樣，蘇格拉底也是這樣」自我安慰。托爾斯泰說過：「幸福的家庭都是相似的，而不幸的婚姻卻有不同的不幸。」當創作行為介入婚姻生活時，常使婚姻的不幸多出好幾種。

筆者在做訪談時，發現作家的妻子，不停訴說婚姻帶來的勞苦與孤獨，而回憶作為女兒時是甜美的，作為作家的妻子是孤獨的；而作家的家人卻同情龍的痛苦，指出李耐的個性異於常人。我們能確定的只是，這是一樁痛苦的婚姻，同時也波及了後代。

根據大兒子文甫的說法，母親與父親的婚姻不全然是痛苦的，李耐對丈夫與兒女的照顧無微不至，沒有母親做後盾，父親可能連生活都有問題。夫妻間也有融洽的時刻，如父親下班回家時，跟正在做晚餐的母親閒話家常，談天說笑，父親也努力妥協夫妻的關係，不能全面否定母親對家庭的付出，看來是還好的婚姻。

為何兩兄弟出現不同的說法，這讓寫傳者陷入兩難，文甫本來非常排斥知甫的說法，後來心性寬厚的他包容了弟弟也包容了筆者，主要是文甫備受母親寵愛，而知甫沒感受過母親的愛，只感受到恨，他的個性最像李耐，直來直往，經過他的眼光看到的是部分真實，非全部真實。在家人中對家人的描述，受情感左右是不能避免的，筆者採取的是同時並列，讓讀者自己判讀。

李耐手巧，家務操持沒話說，孩子的衣服都是自己做，持家非常節省，知甫說母親從不給孩子零用錢或壓歲錢，過中秋節只買一個月餅，全家各切一點。夫妻吵架經常都在進行，吵完吃飯通常大家不敢出聲，不過文甫說吃飯不交談是當時許多人的家風，他自己的家在吃飯時也不交談，龍本

---

⑮周芬伶，〈作家的妻子——李耐的婚姻故事〉，《憤怒的白鴿》，頁二一九。

來就不愛講話，更怕一講引起吵架，於是乾脆都不出聲，龍家裡連鐘也沒買，因只要一出嘴就意見不合。家中的氣氛很悶，孩子們也習慣不出聲，內向的文甫只有拚命念書，外向的知甫則拚命往外跑，因此常被打[16]。

長子劉文甫，名字是為紀念杜甫，個性與脾氣像龍，龍也認為這個兒子最瞭解他，當有人想採訪他時，他都會說：「我有個兒子在日本，你們可以寫信給他，他知道我的事。」[17]本希望他能繼承衣缽，走文藝評論的路子。後來覺得文學路難以養家，於是念商，政大國貿系畢業後，留學日本，成為出色的經濟學者，娶日籍女子典子為妻，因白色恐怖年代不敢回台灣。

次子劉知甫，長相、個性較像母親，因此母子衝突更多，小時候貪吃，曾偷吃一口砂糖，把他打得腫起來。青春期到初結婚時，母子的衝突最為激烈，母親罵他時，他受不了會咆哮，他覺得母親強勢，他只有更強勢才能壓住她。年紀較長後，他再也不跟她對話，雖然同在一個屋簷下，但他跟母親不說話，不接觸。結婚後，本來與妻子住家裡，因兩人同心同性，都是直來直往的個性，硬碰硬，後來母親說：「你們出去！不要住我家。」別居之後甚少講話。後來再搬回家住，這種沉默一直維持著，關係冰冷，筆者採訪時，正是關係惡劣之時，故而出現不同的觀點。父親過世後，李耐堅持要一個人住，便搬到泰順街老家公寓，年過九十還過著獨居生活。一直到母親倒下來，知甫也生病，對母親的看法才有了轉變。

女兒淑惠，長相像父親，略微暴牙，講話也口吃，跟父親一樣不愛說話，為人憨直，跟兩個哥哥比，成績不是很好，從龍安國小畢業後，讀完泰北中學，就被安排進銀行工作，一直是雇員，升遷考試不太順利，龍知道這女兒較退縮，故而特別愛護，到適婚年齡經同鄉介紹，嫁給北一女中老師徐義瑞，很受呵護，生活平順。龍特別維護這個女兒，淑惠出嫁時，龍把隔壁房子買下，送給女兒當嫁妝。後來泰順街老家改建成四樓公寓，與建商平分，龍家分到二、三樓，龍買下有院子的第一層連地下室送給女兒，他疼愛女兒的心跟疼愛妹妹是一樣的。知甫分到三樓，算是較差的，但他覺得越會賺錢的分越少，有能力的人不需太依靠父母，這是他的想法。龍曾經寫信給住在日本暫時不能回國的文甫，二樓將來會過戶給他。龍對孩子公正，只是不同個性有不同教法，從劉知甫的訪談中可大略知悉他們的親子關係：

周：從小他會不會想把你們栽培成接他的棒子？

劉：他是希望我哥哥接他的棒子啊，所以他曾經希望他做一個文學評論家嘛，可是後來我父親講是說，那個時候學文學是沒有飯吃啦，沒有什麼收入嘛，就是吃不飽啦。所以後來他到日本去留學的時候啊，他就改學經濟嘛，那我哥哥也是。其實我哥哥的分數台大都有啊，可是他不念，他是念第一屆政大國際貿易系，他說你不會做生意，你去念那個幹什麼，去念國際貿易啊，那是到日本去的時候，他是改學經濟，就是要走學術路線嘛，他走學術路線喔，就是不要走文學啦，就是寫經濟，所以他後來進入亞洲，亞細亞經濟研究所嘛，當客座研究員，當了滿久喔！他經常在寫台灣、大陸的一些經濟的、還有社會、政治的評論嘛，所以他走這條路，但是我父

⑯文甫按：⑴父親的收入不是很高，個性也是很節儉的人，母親配合家庭情況而已。⑵父母親經常吵架，不可能是每天。⑶吃飯時大家不敢說話，那只是因為父親是不太愛講話的人而已。我在日本的家，我的孩子也跟朋友說，我家吃飯的時候是靜靜悄悄的，那是作為父親的我也不太愛講話而已。

⑰王惠珍主編，〈龍瑛宗的戰後——劉文甫先生訪問記〉，《戰鼓中的歌者——龍瑛宗及其同時代東亞作家論文集》（新竹：國立清華大學台灣文學所，二〇一一），頁四七二。

親是希望他走文學評論這方面的，可是後來是想一想說吃不飽啦，不好啦，就是不要走這條路啦。現在比較好了喔，那個時候還是文化沙漠的時代啊。

周：那對你的期望呢？

劉：對我喔，我是比較調皮啦，所以他不寄望我。

周：是嗎？他不會這樣子吧。

劉：沒有啦，因為我小時候比較喜歡玩，就，你看我，小學四年級我就當選手，棒球選手了，就是像剛才，我剛才那個男孩子啊，那個時候我就可以當選手啦，我比較好動，比較喜歡運動，我的興趣比較多啦，就是讀書不喜歡啦，我的音樂、畫圖，我很會畫圖，音樂，我從小就是合唱團的，到了大學就是那個什麼國樂社的、口琴社的，還有高中我還是樂隊的，我比較喜歡這些啦，叫我念書，我較不行。

分析龍與李耐的婚姻，龍的個性溫文木訥，好學深思，又喜歡能談文學愛看書的對象，較適合娶知識程度高的知性女子。而李耐愛美，很有設計天分，從小被寵愛，樣樣都要爭上風，個性強悍，如果晚生幾十年，足可當商場女強人或設計師，她的手藝很好也有設計天分。個性軟弱的文弱書生娶了個強勢的妻子，口語表達不佳，吵架一定是被轟的那個，其痛苦可以想見。

這是為什麼他的作品鮮少提到妻子或愛情，總是帶著濃濃的抑鬱與悲觀色彩，不幸福的婚姻讓他更加逃入寫作與書堆中。

第二章

# 站上舞台的文學新星

以處女作〈植有木瓜樹的小鎮〉躍上文壇的龍瑛宗，台灣的反應起初並不熱烈。得獎後連續發表幾篇作品，一九三七年六月十五日，〈為了年輕的台灣文學〉刊於《台灣新文學》第二卷第五期。八月一日，〈東京鄉下佬〉、〈東京的烏鴉〉刊於《文藝首都》第五卷第八期。八月，〈夕影〉刊於《大阪朝日新聞》第十九卷第四期。九月，〈詩的鑑賞〉脫稿，後載於《孤獨的蠹魚》。二月十六日，〈台灣與南支那〉刊於《改造》南方支那號，文中說明台灣與南支那在文化與經濟曾有的密切關係，但台灣具有不同於日本，也不同於南支那的氣候風土，因此會朝更合理的方向發展。這篇對於台灣的介紹文，具有很強的分析性與前瞻性。這些文章大都在日本的報刊雜誌，台灣這邊甚少發表作品。

這一年年底大兒子出世，一九三七年十一月十二日長子劉文甫出生於台北市下奎府町，今南京西路與重慶北路圓環附近。一出生身體就虛弱，不久罹患肺炎，醫生一度宣告有生命危險。龍一直用毛毯緊緊地包裹他的身體，日夜不停地照顧他，把兒子從鬼門關救回來。這孩子的體質像他，小時候父親也曾經這樣緊緊保護他的生命。自己的體質不好，太太的個性又難相處，令他想到孩子只要一個就夠了，以免生下不快樂健康的孩子。這一點他很理性，遵照優生學思考。

一九三八年新春，與台銀同事至東部太魯閣一帶旅遊。他們住在巴達幹番社的晚上，招來兩個番童要他們唱歌，然而十三四歲的孩童唱一兩句便害羞地跑開，最後他們唱了〈露營之歌〉。龍聽著他們以準確的日文唱最流行的歌，覺得他們已跟漢人無異，因此寫下〈番人〉一文刊於《東洋大學新聞》，這是他第一篇有關原住民風土的雜文：

> 商人利用他們的單純和無智而賺了許多錢。譬如他們的喜歡火柴的程度超乎我們想像，商人都用一盒火柴，就換了很多他們手織的番布或番產品。那個時候還是以物易物的經濟時代嘛。

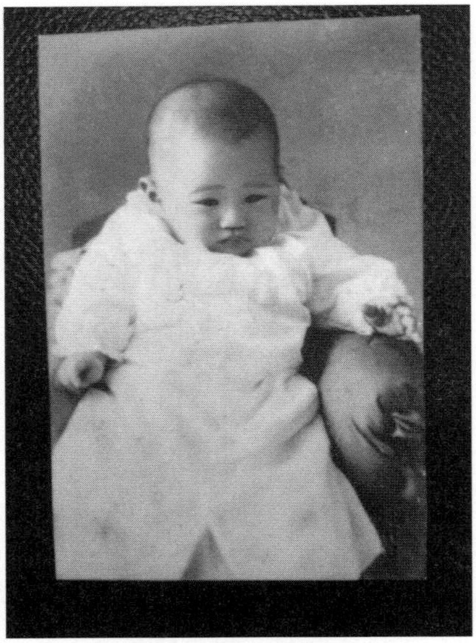

劉文甫攝於滿四月（劉文甫提供）

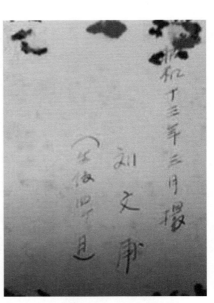

照片後有龍瑛宗的題字（劉文甫提供）

他們高興痛快地發響著番刀的聲音，大聲叫喊著要回到山裡去的情形，看起來令人毛骨悚然。因為害怕他們藉著酒勢露出本性，揮起番刀砍我們的頭殼也說不定。因此，我們看到醉步蹣跚的他們，就躲在草叢裡屏著氣，等著他們遠離而去。不過，最近在我們的村子差不多看不到番人了。①

生活在「番界」的龍，從小偶爾看他們來村裡，經過一百年的漢番衝突，原住民已隱居高山，成為高山族。這些狀況是日本所沒有的，想必對這樣的報導感到興趣。

得獎之後的龍回到他行員的生活，吃完午餐後，到銀行屋頂散步約十分鐘，從有冷氣的房間乍然被盛夏的太陽直射，頭感到發暈。他看著總督府的紅磚塔、蔥黃的帝國生命大廈、法院、第一高女學校等建築物，在短短的十分鐘裡，從數字的生活逃了出來，思考的還是文學的事，下一步要怎麼走好呢？他想到保高在編輯台認真工作的樣子，如果可以，他願放棄銀行的高薪，做一個文學編輯，但要怎麼開始呢？他雖然得了獎，台灣這邊並沒多大報導，表現得比日本還冷淡，看來他離台灣文壇還遠著呢。

他把當時的台銀比喻為「性格的巢」，裡面近兩百名行員，有從紐約帶回美式時髦的銀行員，也有從離島澎湖或台東番社調回本店，還有從印度或爪哇被陽光曬黑臉回來的；更有那從汕頭、廈門等被排日運動毆打成傷包帶著繃帶回來的。他們的學歷從東京帝大到小樽高商、東京外語學校到上海同文書院，也有普通的商業學校，他們的臉孔初來時都是新鮮、刺激的……但只要過一兩年，

---

①《龍瑛宗全集》第六冊，頁一二八。

就會變得相同，那是台灣的顏色，連方言腔調也同化了，可以說它容納各式各樣的人，但銀行體系會把他們的性格與樣貌打造成同一個樣子。

在這個巨大的蜂巢裡，只有他不時做著文學夢，構思著文章，在〈我的秋風帖〉裡，他寫著讀孟德斯鳩的《波斯的信》，他驚訝於一個法學家擁有那麼多健全的知性，他的書信體小說給了他許多靈感。

一九三九年他跟同事去烏來，在丹比亞社，正逢秋陽最強烈的午後，兩三個五六歲的裸體女童在水槽邊玩，看有人來，害羞地躲到水槽邊緣，發出美麗可愛的聲音，他覺得充滿畫意，也為台灣的溪谷之美感到心醉神迷。

因為得獎後初期的文章，大都發表在日本雜誌，因此以介紹台灣風土民情的文章為主，意外地保留作家當時所處的時代與環境。

在〈南方通信〉一文裡，他介紹台北有三個胃囊，也就是鬧區、大稻埕、萬華，鬧區在西門市場附近有幽靜的三層樓商店街、美麗的官廳公司建築物，穿著白色文官服的官員們走在街道，或在茶館喝咖啡、聽音樂，這裡比較像日本。門簾有壽司、天婦羅、禽鳥料理、關東料理、關西料理、冷飴、咖啡、檸檬、草莓、可爾必思。旁邊是熱鬧的夜攤、撈金魚攤，新鮮水果店，路上滿是穿浴衣的人。

在圓環附近，也就是大稻埕，夜燈亮時，裸胸穿短褲的人像蝗蟲般圍過來，夜市裡賣豬腦、肺臟、心臟、胃袋、大腸、小腸、臘腸、烤小鳥、雞肉、鵝肉、鴨肉，還有鴨蹠，冰啤酒——大玻璃杯一杯二十五錢，一錢兩錢切開來賣的蘋果、西瓜、鳳梨。

萬華龍山寺附近，跟圓環差不多，差別在走進黑暗小巷，立刻會被年輕女人強拉進去。

這篇文章勾勒三〇年代的台北，西門是日人集中地，大稻埕與萬華是台人集中地，涇渭分明，善於描寫風土的龍，刻畫著日治時期的台北樣貌。

這年十一月一日，龍的母親彭足妹過世，享年六十六歲，在四年間他連續失去了祖母、父親、二哥、母親，心情想必十分悲傷，令他又產生死亡的幻想，他們都死了，我大概也活不過三十歲吧？兩個哥哥的早死，以及先祖都活不過三十，讓他想到自己也有早死的可能，陰慘的心情維持好一段時間，一直到十二月二十二日，至台北鐵道飯店聽郁達夫演講才好一些，得獎的喜悅很快被家人的死亡悲戚沖淡，下一個就是我吧，幻想不斷縈繞不去，已經拿到大獎了，應該沒有遺憾了，從一九三七年的得獎到一九三九年元月，他幾乎沒什麼活動，除了上班，他都在憂鬱中度過。

關於這次演講，龍在〈崎嶇的文學路——抗戰文壇的回顧〉中，提到「郁達夫來台灣」一節，他描述那時日本報紙大事宣傳，龍趕到時，有不少台灣人和日本人靜靜等候，當時參加的還有穿著台北帝大制服的黃得時。演講前，《台灣日日新報》的主筆大澤先為郁做介紹，龍形容他的長相「是個身材較高，清瘦的體格而穿著淺色的西裝結濃彩領帶」，以一口流暢的日語演講，這是龍第一次看見來自祖國的作家。

郁來去匆匆（一九三六年十二月），此行的目的也備受猜測，有人說他是因失戀而浪遊，又有人說是受日人誘引，而走上政治路線。日軍侵入新加坡之前，他在印尼開酒廠，日本佔領印尼，逼他做翻譯，日軍投降，他就下落不明了。郁達夫代表戰時文人被日本人迫害的命運，讓龍感到悲傷又同情。

一九三三到一九三八年對他來說是悲欣交加的日子，一九三三年祖母去世、一九三四父親去世，一九三五結婚，一九三六三哥過世，一九三七大兒子出生，同年得改造徵文獎，連續失去三個親人，自己結婚、得獎、生子一起來，感覺上是從少不經事的小孩變成大人。家人一直把他當小孩呵護，結婚生子後的龍在悲痛之際，發憤寫作〈植有木瓜樹的小鎮〉，可說是有血有淚的作品，裡面充滿著死亡陰影，也有希望的種子。

一九三七年得的獎直到一九三九年一月一日台灣這邊才有像樣的報導，一般人好奇但似乎不懷好意，在新城行弘的《台灣藝術報》〈留話題在台北的人們——新人小說家劉榮宗之卷〉中有一段描寫：

> 不管怎樣，他是在改造社徵文就漂亮地射中金鵠的新作家劉榮宗先生，所以我就想，他可能會打著所謂小說家喜歡的華美的紅領帶，很酷地把白手帕插在胸上氣概軒昂地出現，因而很留心地等待著幾個經過門外的腳步聲，不一會兒厚重的門打開，本篇的主角劉榮宗先生便出現了。
>
> 地點是俯瞰榮町於眼下的××喫茶店，由於太過樸素，起初我張皇失措，只呆呆地凝視著劉榮宗的臉。②

他描述他是小個子，上班族類型，說話謹嚴，他卻輕浮地問他獎金多少，「不是令人羨慕的嗎？三百圓，一圓鈔票，三百張」，又說「你們很好嗎？你有錢，小說又當選」，文中又一再強調難以置信，「說到台灣商工學校，應該是要出商業專門的實業家或工程師的學校，卻出了這麼有名的新作家，因而是件諷刺。」訪談的語氣中充滿了諷刺。

在台的日人是這樣，台灣本地人則持觀望的態度。

台灣新民報社文藝部黃得時算是第一個賞識他的文壇前輩，一九三九年元旦期間他邀請龍同遊台灣一周，他們在除夕夜一起搭乘十點半往南部的夜快車，隔天早上七點才到台南，總共搭了八個半鐘頭。當時台南火車站號稱全島最現代化，他們參觀赤崁樓、孔廟、五妃廟、熱蘭遮城，下午四點搭車到高雄，逛了一下西子灣便往屏東，在夜市買到的木瓜與西瓜非常甜，留在舌尖久久難忘，隔天到恆春，這裡的女人穿的是藍色布料用黑或白厚線裝飾邊緣的長衣服，東西頂在頭上走，臉的皮膚很黑，咬著檳榔，龍認為她們是廣東人，其實有可能是平埔族，這一帶平埔族與排灣族最多。他們去鵝鑾鼻看燈塔、到四重溪泡溫泉，並到石門鼓戰跡，在車城，黃以海為背景拚命給龍拍照，可惜一張也沒拍成，在恆春的一家飯館二樓吃飯，在流瀉的光流裡，看曬台上番布翩翩飛舞，感到無以言喻的詩情。隔天往台東走，在馬蘭番社看番女跳舞，隔天到花蓮，當時此地有許多日本人，並建有吉野、豐田、林田等移民村，連咖啡店酒家都不輸大都市，隔天走太魯閣、清水斷崖、宜蘭回到台北。他們用六天環島一周，行程雖緊湊，印象卻深刻，他愛旅行，想往更南方去，無奈貧窮的他，只能夢想。因此他對南方的想像是充滿誘惑且是鄉愁的，跟西川滿華麗的空想是不同的：

藍海、綠色的島嶼，以及滿溢的陽光，南方是人類的故鄉，是鄉愁拍擊岸邊的地方。③

他將此行寫成〈台灣一周旅行〉，發表在《大陸》雜誌，這是他跟黃得時深交的開始，也開啟了他在本地刊物的寫作。一月一日年初的作品還在日本發表，〈我的秋風帖〉刊於《文藝首都》第

---

②新城行弘，〈留話題在台北的人們——新人小說家劉榮宗之卷〉，收錄於《龍瑛宗全集》第八冊，頁三二一。

③〈南方的誘惑〉，《龍瑛宗全集》第六冊，頁一七七。

七卷第一期。二月，小說隨筆〈黑妞〉，刊於《海を越えて》第二卷第二期。三月十一日，隨筆〈風俗〉刊於《台灣日日新報》，算是在台灣的首發。四月再受黃得時之邀，開始為《台灣新民報》撰寫隨筆、中篇小說。此後他的作品密集發表，隨筆、散文、小說並行，四月八日，隨筆〈熟人之死〉刊於《台灣新民報》。五月一日，隨筆〈台灣一周旅行〉刊於《大陸》第二卷第五期。五月，隨筆〈地方文化通信——台北市〉刊於《文藝》第七卷第五期。七月，小說〈白鬼〉刊於《台灣日日新報》，受到讀者熱烈回響。八月三日，詩作〈歡鬧河邊的女子們〉、〈在南方的夜晚〉刊於《台灣日日新報》，後收入《望鄉》。八月，隨筆〈芥川獎之〈雞騷動〉——《文藝首都》與保高先生〉刊於《台灣新民報》。九月十三日，隨筆〈台灣詩人協會——兩三個希望〉刊於《台灣新民報》。九月二十四日，隨筆〈戰爭〉、〈年輕士兵之歌——歡送出征軍人〉刊於《台灣日日新報》。九月二十三日至十月十五日，小說〈趙夫人的戲畫〉刊於《台灣新民報》。十一月二十三日，小說〈在火車裡〉刊於《台灣鐵道》第三二九號。十二月一日，〈花與痰盂〉刊於《華麗島》創刊號，後收入《望鄉》。在一年之間，他的作品散見日台各大報刊雜誌，十分受到矚目。

這時他的交際漸多，有時與黃得時到「山水亭」，有時與朋友到「波麗路」吃飯，喝咖啡則到「哥倫比亞」，他也愛看電影，並參加台灣電影會社創立會，創社那天晚上與張文環、藤野氏、黃得時、張健次郎到「波麗露」吃飯，一個禮拜兩次到西餐廳吃飯，算是頻繁。飯後則到永樂町的後街散步，這段時間他都在讀紀德的作品。在繁忙的工作與社交之餘，他利用一個下午就把〈台灣一週旅行〉長文寫完，算是快筆。

一九四〇年的〈私函〉仿紀德以書信體描寫他這一年的生活與內心所感：

×兄：

我在月夜出去航海。是太平洋哦。很棒吧！海豚在游泳。和年輕的畫家促膝長談。有人說過：「看過那不勒斯，死而無憾。」我想說的是：「看過今晚的月夜，死而無憾。」

翌日夜晚和年輕畫家在G咖啡廳喝啤酒。負責我們這桌的女侍之臉上露出草鞋般陳舊、悲戚的神情。不過，本人卻是精神抖擻：約莫七十五公斤重的魁梧女人走了過來，雖然我們沒有拜託她，她還是說了一段淫猥的故事，我邊聽邊回答哼、哼，她的故事一完，立刻就快步走出去了。這次換成一個邋遢、醉酒的年長女人走了進來。沒想到她哭著，女人們興高采烈地唱著流行歌。好像是〈熱砂的誓言〉。可悲的是我不會唱流行歌。

〈熱砂的誓言〉喚起我的回憶，在一個叫銅門的深山裡，阿美族的少女唱著〈熱砂的誓言〉，經過我的面前，噗嗤笑了出來。果真是閒雅的山中風景。④

他對原住民始終有著關切，還學會兩三句原民語「rarapa」，生活是由旅遊、聽演講、逛夜市、看電影、讀梵谷傳、坐咖啡廳……構成，偶爾到海邊眺望起伏的波濤，像個哲人思索天體的運行。他就像一般年輕的作家，浪漫而勇於接受新的事物與挑戰。

他會寫出〈山上下雪日〉那樣富於實驗性的散文詩：「我嘗試逃亡，一邊追逐著北方的神話。把莫丘有翼的鋼盔丟出去。而白色環圈朝向雅典……台北的屋頂與屋頂上面，北方透明的風飄流過去。檸檬色的翦影，台北被健壯抱著，心蕩神馳地沉靜下來。看看吧，榮町後面有家三樓的曬衣

④《龍瑛宗全集》第八冊，頁一一一—一一四。

場。皮鞋店四、五個員工，染著美麗的陽光在曬太陽，讓那憩息的一群得到神的祝福吧！」龍雖是以小說得獎出發，在台灣最早被定位為詩人與雜文家。

這一年他的照片首度在台灣雜誌出現，距離得獎已快三年，他在照片旁寫著：「我的照片在雜誌出現，這是第二次。這一次是在本地台灣出版的雜誌，因此覺得特別親切。還不知道會成海或成山的、不成氣候的作家，卻堂皇地被刊載於雜誌，擺出了不起的樣子，內心感到相當扭捏哩。這裡是我的書房，卻兼作客廳、寢室，什麼都兼用。攝影的日子是個星期日，十分暖和的午後。」這時他住在建成町圓環附近，房子很小，一家四口擠在租來的小房子裡，那時的他身穿全套深色西裝，坐在書架旁的藤椅上，臉清瘦，膚色有點黑，雙手相抵放在大腿上，有點拘謹，看來比實際年齡成熟。

1937年入選東京《改造》留念

初婚時龍認真地教李耐讀書，剛開始她試過一段時間，孩子降生後，初為人母的李耐整天把孩子抱在懷中搖來搖去，文甫三天兩頭生病，小夫妻日夜輪班照顧，為了孩子，龍放過李耐，這時他寫過一篇〈關於女性的讀書〉幫女性讀者開書單，這也有可能是龍開給李耐的功課：《生命的初夜》、《年輕人》、《源氏物語》、《小島之春》、《病院船》、《結婚的生態》、《淪落的詩集》、《大地》、《居禮夫人傳》、《女人的一生》、《未完的告白》、《女校》、《飄》等。這些書大多數為非文學書，然生活與實用性高，難讀的文學書也有，一般男性讀者不太會讀的書他特別挑出來，可見他的用心。他對講文學很有耐心，很有老師的樣子，偏偏李耐不愛讀，能逃則逃，她的個性又是講不得，夫妻的口角就從這裡爆發。龍認為「不管女性喜不喜歡，女性邁向社會的機會越來越多，女性一定要培養比男性一點也不差的知性訓練」⑤。喜歡知性女性的龍碰到不愛讀書的李耐，也只有徒呼負負。

十一月十三日，龍與姐姐回到北埔，為母親逝世一週年作忌，同時為祖母、父親、二哥撿骨，結果他搭乘的巴士輾死一個同鄉女孩，在墳地撿骨時看到那女孩的出葬隊伍，讓他想起寫過的〈村姑娘逝矣〉，覺得創作之神祕。一年前母親過世送葬時，發現一村姑的墳墓，故而寫下那篇小說，沒想到類似的事情又再發生，天氣雖然炎熱，龍在墓地待了半天，想到以後死去，將葬在父母的身邊，因而感到安慰。

現在他的生活是忙碌而緊湊，白天上班常加班到晚上七點，回家後累得早睡，不加班的日子就去買書，晚上讀到深夜，有時待在銀行趕稿，這時黃得時常向他邀書評，黃可說是發現龍批評能力的伯樂，假日不是補眠，就是親友來訪，朋友來時，他帶他們去大稻埕看電影，坐咖啡屋。

在此時期的作品以〈趙夫人的戲畫〉這篇小說為代表，它以諷刺的筆法，描寫有錢人虛假的愛情與婚姻關係，對照貧窮的長工與被賣的小婢之間的真實愛情。在形式上使用套中套的方式，也就是主角趙夫人正在看龍瑛宗寫的〈趙夫人的戲畫〉，開頭就是對作者的嘲笑：

---

⑤《龍瑛宗全集》第六冊，頁一六九。

「我昨天突然遇見那個叫龍瑛宗的小說家。真是難得！怎麼樣？還在寫小說嗎？那傢伙被我這麼一問，笑著說，沒有用的，還一臉難為的頻搖頭呢！」

趙俊馬把斟滿了酒的酒杯往嘴裡一送，一口見底，臉上浮著微微的笑意接著說：

「所以我就說啦！你是把空想用筆虛構成小說，我則是身體力行的小說實踐者，也就是說我的生活本身就是一部小說，而我就是小說裡的主人公。……」⑥

作者與主人公對話本是小說的「惡戲」，全書也以惡戲為主軸，風流的趙俊馬千方百計欲討冬蘭為小妾，趙夫人為報復他，而欲投向長工彭章郎的懷抱，誰知撞見他與冬蘭親近的畫面，趙夫人因妒恨而告知趙俊馬，在妒恨下將冬蘭以高價賣出，而真心愛著冬蘭的章郎，決心奔赴冬蘭的所在。文中常出現小說人物對小說家奚落，這篇充滿實驗色彩的小說具有後設的自我指涉、框架、遊戲等精神，雖然後設的技法早有人使用，但後設小說這名詞遲至一九七〇年代才產生，傅敖斯的《蝴蝶春夢》、《法國中尉的女人》創作於六〇年代。龍在小說技巧上的前衛性可謂超前，但整個來說不是太完美的作品，框架太俗套，而作者的懷疑精神未能貫徹，但這篇小說可說明年輕氣盛的小說家初躍上台灣文壇的展現新氣象之作，在精神上與台灣民報訴求的民俗風味是貼近的。

三〇年代的台灣受到日本一圓本暢行的通俗書刊、中國新文學思潮與現代化西方浪潮的影響，使得台灣文壇在日本大眾化、中國現代化、歐美市民社會的交織中，產生多方交疊的在地通俗文化。最明顯的是作為台灣人民意喉舌的《台灣新民報》，其學藝欄加入了許多通俗的元素，如黃得時的《水滸傳》、陳垂映〈鳳凰花〉、王昶雄〈淡水河的漣漪〉。〈趙夫人的戲畫〉也是這樣的產物，它明顯地與龍出道時的作品不同，一寫實，一幻設，可以看出他求新求變的企圖。

當時《台灣新民報》策劃新銳創作集，打頭陣的是張文環的〈山茶花〉，排第二的是王昶雄〈淡水河的漣漪〉，龍排第三棒。王雖比龍小四歲，他稱王為文學前輩。

在詩作上，他的表現也不弱，早在小說得獎前，已有詩作發表，一九三六年〈美麗的威赫——給某些本島詩人〉刊登在《台灣日日新報》，表現了他的短詩力道：

骨瘦如柴而扁平嘴唇的某老女人啊
要向戴有飄帶的青年詩人吠叫才好啊
用「打花鼓」瀏亮地奏樂吧

馬氏鶯鶯姑娘
馬氏鶯鶯姑娘的老爹是馬大吉氏
他是被夜糾纏的鴉片的斯巴達
好一個詼諧的J.柯克多里
他必須搖動鋳皃頭
馬氏鶯鶯姑娘必須被賣￥639

他以打花鼓的庶民歌舞來對抗正統的詩觀，像是來自底層的悲嘆，作為他寫詩的立場，一九

⑥《龍瑛宗全集》第一冊，頁七九。

三七年發表的〈跟銀行有關的詩人大木和逗子〉，他引用大木的詩觀：「依據從現實束縛被解放的夢的自由飛躍，窺視了窮人渴仰的天堂，有時也會以滅亡本身要慰藉滅亡那樣地，以靈魂末期性的絕望夢見地獄」，他高度評價大木的抒情詩，對他後期在馬克思主義與自由主義猶疑的詩認為是失敗的嘗試，他以「顏面硬直」評之，頗為生動，如果「人生派」是石膏，藝術派是鑿子，那麼龍是寧可拿鑿子去挖掘人生。在評「主知派」的逗子，對於初期的作品他形容為「經濟學論叢的風景」，美的計演算法是馬基維利式，而非維那斯氏的，美是會從中逃走的。但對於近期「強烈地燃燒主觀」的詩作，他認為更有藝術性。龍雖然學商又是銀行出身的作家，但對於主觀的抒情詩有著愛好。

一九三八年他有詩評〈詩的鑑賞〉介紹東西方詩人及詩作二十首，介紹以夏天為題的詩，說明他對詩的愛好與品味，閱讀廣泛，評點精要，他評室生犀星（一八八九—一九六二，石川縣金澤市人，詩人、小說家）以小說家之筆寫詩，經常充滿「黏液性」；而長田秀雄（一八八五—一九四九，東京人，詩人、小說家、劇作家）的〈月光紅娘曲〉則是龍青少年時代喜愛吟誦的詩作，主要是它以女性為描寫對象，又充滿異國情調，最後以雪爾・魯伯禮（Charles Pierre Baudelaire，一八二一—一八六七，法國的詩人、美術評論家，代表作詩集《惡之華》）的〈祝禱〉作結，認為這歌詠情欲、汙穢與厭世思想的惡魔派創始人，影響許多現代詩人，因此他建議作詩的人必須拜讀這本「罪惡的聖經」，他引雨果的話作為詩人的心聲：「為了匹敵藝術的天，給予悽慘的光，才能創造出新的一種戰慄。」詩可說是龍創作的基底，欲瞭解他的心靈，詩最能忠實地表現他自己。

得獎後的一九三九年，他共發表五首詩，一般人以小說家的角度看他，其實「詩人」是他重要的身分之一，對於時局有〈戰爭〉短詩一首，描寫他身處戰爭的想法，讀他的詩更貼近他的心思：

是巨大的神的姿勢
是舊世界的解體
是新與世界之象

戰爭除了壯烈巨大，正是舊的死去，新的誕生，對於龍的寫作，他在戰爭中崛起，註定與政治脫離不了關係，這是他的舊的死去，新的誕生之際，但他寫詩喜以女人與弱者的感性姿態出發倒是沒變，〈歡鬧河邊的女子們〉：

藍色中央山脈的山麓
在此維那斯的內臟
閃耀著的流水
燃燒的肖楠樹
失去記憶的土角家屋
壺子
把黑褲管捲到大腿脛部的
快活的女人們
在這裡
有羽翼的語言
有羽翼的神話
有羽翼的青春

上午七時
阿波羅搭乘台車
戴上台灣笠仔
奔跑在華麗島上
蹲在密林裡
在紀元前六六六六六年
把笑過了的笑再笑一笑

表現得最出色的是〈花與痰盂〉：

白壁的一角
丟棄了許多花群
唐菖蒲　康乃馨　大波斯菊　櫻草
曲背　折腰　汙髒
急於忘卻　苦惱的淤塞處
年輕美麗的花
在痰盂邊埋沒了臉龐

往日飛逝
寬敞的辦公室裡面

坐在厚帳簿的旁邊
小姐如蝗蟲寫了阿拉伯數字
而逐著綠色幻想
吸煙室裡面
薪俸生活者被襲於倦怠
明窗的外邊
椰子樹上流雲向著春天

這首詩寫辦公室生活的倦怠與詩人的自我逃逸與超升，唐菖蒲、康乃馨、大波斯菊、櫻草與曲背、折腰、汙髒又與椰子樹、流雲、春天對得很工整，也有「經濟學論叢的風景」，但一點也不面目僵硬，而是生動地鑿出上班族被困住的苦惱，最後只有以心靈逃脫成功。

因為詩作表現亮眼，八月受西川滿之邀成為「台灣詩人協會」的準備委員，可以說他是以詩人的身分被西川滿集團接受。九月九日台灣詩人協會成立，成為文化部委員。十二月四日「台灣詩人協會」改組為「台灣文藝家協會」，仍為會員，在六十二名委員中，日人為四十六名，台人十六名，核心編輯員十名，台人僅黃得時與龍瑛宗。他漸漸地與台灣文學界接上軌。

這年〈白鬼〉刊於《台灣日日新報》，故事中的鬼原是台灣鬼，沒想台灣人沒反應，以日人為主的北一女中的學生倒是很喜歡，紛紛寫信來，初出文壇受到女性讀者的喜歡，讓李耐心裡很不是味道，醋勁極大的她自然是大吵一頓。

一月「台灣文藝家協會」成立，機關誌《文藝台灣》創刊，成為編輯委員之一，花了幾年時間努力，終於坐上編輯台，這對他意義十分重大。

一九四〇年二月四日次男劉知甫出生。這個長得聰明可愛的男孩，因是第二個孩子沒那麼受寵，龍瑛宗堅持只要一個孩子，妻子卻不採納他的意見。李耐則很失望，從小家裡姐妹多，像個女兒國，她喜歡女孩，堅持要有一個女兒，沒想到來的是男孩。雖然孩子很可愛，長得跟她很像，龍很擔心這孩子個性也像母親，那就會是不快樂的孩子。

一九四〇年三月四日《台灣藝術》創刊，任「讀者文壇」版審稿者。三月十三日與楊雲萍同訪西川滿，當時詩人只有楊與他進入西川滿集團，楊在龍的眼中是藝術派詩人，如作品〈妻〉：

妻呵，我們又這樣地度過了一年，
世界變了，日月流走了。
你用彈琴的手，洗了尿布，拔了蘿蔔；
我把沸騰的血流，埋在古書堆裡，
在乾涸的考證裡消磨了半生。
妻呵，你看著我，
微笑——但我看到了你的寂寞。

《文藝台灣》創刊

呵，在這街道上，風塵遍地，

走吧，走吧，

啊，一同地走吧。

一九三九年，他們擔任「台灣詩人協會」的籌備委員。一九四一年，楊雲萍針對《民俗台灣》的〈發刊趣意書〉，發表短評〈研究與愛〉，提出對該刊立場與態度的疑慮，日人不懂台語，卻認為白話文學多是模仿之作，希望民俗學者「稍有溫暖的理解與愛，和謙遜」；金關丈夫則以〈對民俗的愛〉回應之，他明言「愛台灣民眾，極熱忱地理解台灣民俗，我們絕不落人後」，此乃《民俗台灣》創刊時所引起的一場小型論戰，兩人因此有進一步的瞭解，楊雲萍之後也加入該刊同人陣營，主編過第一卷第六期的「士林特輯」，更在戰後持續對民俗研究的熱忱，長期編纂《台灣風物》雜誌。一九四三年八月二十五日，楊雲萍與長崎浩、齋藤勇、周金波前往東京，代表台灣出席第二屆的大東亞文學者大會。

一九四〇年尾龍回顧台灣文壇，認為並非徒勞的一年，他在文章中寫著：「從混亂步上軌道，而列隊整齊，我認為這是帶著像文學似的表情的一年。文學的所作所為雖然緩慢，但卻逐漸地累積。昭和十五年的努力是會變成昭和十六年的肥料吧！」⑦

⑦《龍瑛宗全集》第六冊，頁一六六。

這一年他有詩三首，〈杜甫之夜〉中他自稱為悲哀的浪漫主義者，詩神是「被扼殺了母雞的夏爾爾・波特萊爾」，也就是頹廢的象徵主義詩人，另外兩首短詩頗具實驗性，如〈深夜的插話〉：

讀過耶度卡・阿蘭・波的夜晚
突然
兇巴巴地像影子般闖進來了
有破爛的羽翼　黑色的雞冠和嘴巴的
陌生男人

一九四一年新春，遊覽東勢的明治溫泉，撰寫小說，並執筆總督府情報部囑託之青年演劇劇本《美麗的田園》，這是他少有的劇本創作，描寫鄉下的四個青年，有的選擇留在莊內固守田園，有的選擇遠赴中國實現理想，有的則醉酒終日，雖宣傳「八紘一宇」的精神，倒也反應台灣的現實一角。這一年最重要的是結識台北帝國大學教授工藤好美，而結下文學之緣。二月十一日「台灣文藝家協會」改組，任台北準備委員會之委員。三月與北原政吉、立石鐵臣、西川滿、濱田隼雄於電台召開座談會「漫談文藝」。這時他的成就地位被承認，創作也正要起飛。六月十五號的《週刊朝日》向全日本讀者介紹台灣作家，由日本女作家真杉靜枝⑧推介台灣新銳作家三人，並由他們撰寫台灣風土，第一篇是張文環寫〈桃色的襯衣〉，第二篇是黃得時寫〈夏天的露天食堂〉介紹台灣的食物，他的文章一開頭便用中文和台灣話「李阿糖的……李仔糖……」；第三篇題目是龍的〈光への忍從〉（〈對陽光的隱忍〉），介紹台灣的住居。全彩印刷十分醒目，由三位台灣畫家配圖，黃得時配的是陳進，張文環是劉啟祥，龍配的是陳永森，都是當時重要的畫家。當時報刊雜誌與畫家密切合作，在版面上極盡精美，可說造成一時繁花盛景，短短幾年間，他已成台人三傑，與前輩平起平坐。

沒有想到四月八日突然接到調至花蓮台銀分行的通知。他在文壇的地位越形重要之際，突然被調到花蓮，龍不想再次葬送剛起步的文學之路，毫不猶豫立刻提出辭職。但總行主管保證一年後一定調回台北。龍雖半信半疑，但也只有屈從，懷著感傷舉家從基隆搭船到花蓮赴任。在花蓮一年，人生地不熟，還好有聢妹照顧，在花蓮的生活從詩作〈花蓮港隨想〉可知一二：

我的友人　拉賓喲
記得否
我們下去黃昏的街路

在小巷裡吃麵
這裡的姑娘清瘦
散髮被風吹著
橙黃色的燈火是清靜的

⑧文甫補：真杉靜枝（一九〇一—一九五五），日本的小說家。三歲隨父來台，台中高等女學校肄業，曾任《大阪每日新聞》的記者。接受武者小路實篤的指導，一九二七年發表處女作《小魚的心》。

臘月　冷動地來到了
鉛色般的海咆哮了
在海濱　我們的影子　戰慄了
寒冷的言語　被海浪獲取
斯地　有不衰的篝火
黃昏潰散了

我的友人　拉賓喲
記得否
我們談到標致的姑娘
也談到友情
梔子色的月亮　由峻嶺上升了
腳下的太平洋　還昏黃的

離別匆忙地臨到
兇猛的山姿喲　青色的海喲　再也不會棲居斯地
雖然如此　拉賓喲
但願留下愛情

拉賓是薄薄社阿美族人，拉賓會說故事給他聽，還邀他參加妹妹的婚禮，龍因此寫了篇〈薄薄社的饗宴〉，裡面敘述了阿美族的歷史與風俗，還用阿美族語寫了一段長長賀詞，可以說龍與原住民有深厚的感情，也是較早進行原住民書寫的作家。

他對花蓮的回想兇猛的山姿與鉛色的海、梔子色的月亮還有友情與愛情，可見在清冷的小城他對感情的渴望，一九四一年他寫了五首詩，〈詩人的午睡〉寫於被調回台北之前，那時的詩人猶沉浸在自己的酣夢中呼喚著：「庭院中的鸚哥振翅了，夢中醒來吧，南方懶惰的詩人喲！」另有〈午前之詩〉寫出詩人的幻覺，「我的影子獨自出去了房子，在房門口稍微回看我，然後一直往前去，到了樹木的泥濘竟成了微點，他是前往過去，抑或是前往未來呢？寂寥的我的影子喲！」就在這兩首詩發表不久，他突然被調花蓮，發表於當年五月的〈車站〉不知在之前或之後，如果是之前那是預兆，如果之後，那代表詩人想逃離的欲望：

不堪旅遊引誘的時候
就掌握著空的錢包
我直奔到車站去

以難受的心情進了三等候車室

龐臉的中年婦、橫胖的商人、肺病的少婦
都寂寞地坐著
被煤煙燻得黑臉的火車進來了
人們如飆風地衝向火車

在花蓮他住在美崙，面對太平洋，早晨吹來涼爽的海風，右手邊是花蓮港的街市，這裡的原野有壯碩的水牛吃著草，放牛的都是十五六歲的番女，包頭包臉唱著番歌，夜晚他怕叢林裡的毒蛇，蚊子實在太多，為怕得瘧疾，在窗台上點蚊香，這時期，瘧疾正蔓延著，天天他感到肉體深沉的疲憊，精神空轉，夜晚被噩夢糾纏，他想到被放逐的杜思妥也夫斯基，因而流下眼淚。他在這裡被困住著，想起年少時代含淚吟誦著卡爾・布塞的詩：「人們說在山遙遠的天邊存在著幸福。」而如今來到遙遠的天邊，企盼的幸福卻沒有來，在這瘧疾的生息地，充滿陰鬱與死亡氣息，他確認他不能沒有文學，一離開文學就成廢物，文學是他唯一的幸福，此生大概不會改變了，只是生活的悲劇總要將他與文學拆開，現在他只有破斧沉舟下定決心。

一年過去，總行並無動靜，回台北的機會越來越渺茫，對文學滿懷壯志的龍已下定決心放棄銀行這金飯碗，提出辭呈。這真不是換跑道的好時機，那時妻子正產下第三胎，他先叫妻子與兩個稚齡兒子回芎林外家待產，自己留在花蓮打包行李。在隔年一九四二年一月，領到退職金兩千圓，離開花蓮，一家五口團聚，居住於建成町二町目一番地，小女兒淑惠生於一九四一年十一月二十三日，這個李耐長久盼來的女兒，成長與反應不如哥哥們聰慧，一切如龍所料，他們生的孩子要嘛不健康要嘛不快樂，文甫的看法是，父親不想多生孩子的原因，㈠一九三六年，父親的三哥過世，他要救濟留下來的三個孩子，自己如多生，會增加經濟上的負擔，影響他的寫作生活。㈡忙碌的作家生活，無法多照顧自己的孩子，擔心會造成孩子的不幸。

離開花蓮重回台北，初到時是含著濕氣寒冷的夜晚，而他像沙漠旅行者不知所措，連怎麼搭公共汽車都忘了，像鄉巴佬一樣請教旁邊的人。經過一年，他覺得街上的人變得冷漠疏離了，一時無法適應，他的記憶中還有山岳倒映著，像小寶寶似地笑的拉賓、善良而慌張的拉拉巴和壯碩如鬥牛士的布達兒，他這些可愛的原住民朋友的影像不時閃現在眼前。他覺得自己彷彿患上浦島太郎的病狀了。

二月六日由皇民奉公會幹部松井氏推薦進入《台灣日日新報》社，月俸金九十五元，擔任兒童新聞編輯（後改稱「皇民新聞」）。該單位有六名工作人員，除了主任與校對，四個編輯負責連載小說和審選兒童作文。辦公室在以前新生報的大樓二樓，對面是憲兵隊，後面是公會堂（中山堂），西側是縱貫線的鐵道。像大蟲般的火車，成日轟隆轟隆爬來爬去，成為寫稿的伴奏，上級要他把《平妖傳》改成兒童讀物，寫成後沒通過總督府的審查，認為中國味太重，命令他改成日本風的《猿飛佐助》，只有日本人寫沒問題，西川滿可以寫《西遊記》，台灣人不准。辦公室只有一個漢文老記者，像孤島般鎮守著漢文的殘壘，他就是醫學博士魏火耀的父親魏德清，他擔任過台灣中小企業銀行總經理，也是漢文詩人，在這報社卻受到冷待。在日本人環伺中，只有他與龍是中國人，兩人常聊天，魏提到章太炎曾在此報社的豪舉，他雖在日人主管下做事，仍然揮筆鼓舞台灣人革命思想，因此惹惱主管，主管請他來欲警告他，他卻要編輯長來找他，主管大發雷霆，章便遞辭呈，匆匆往東京去了。

章太炎是大近視眼，日人譏笑他是書呆子，他一氣之下，拿出學生張之洞的信函給他們看，結果日人沒一個知道湖廣總督是什麼人物。

漢人前輩的氣節讓龍欽佩，他的中國意識來自這些有骨氣的文人與傳統，在皇民化運動下許多人紛紛改日本姓，哥哥也來信說：「村裡的警察強迫我們須予改姓名，因此我們追隨孫中山先生之中山為日本姓，還是祖籍饒平縣石井鄉的石井為日本姓，趕快申述意見吧！」一向聽話的龍看了又看，想了又想回信道：「除非大哥因此坐牢或是撤職，否則，儘管敷衍拖延時日為宜。」不改姓的結果是拿不到配給食物，常要空肚子工作。而文甫到了念幼稚園的年紀，送到幼稚園甄試，園主要求：「用日本語講你的姓名，家裡奉祀的神位是什麼名字？膜拜膜拜看看。」堅持不改姓的結果，除了餓肚子，文甫的推甄也被拒絕了。

後來他還寫了一篇〈章太炎與芥川龍之介〉，敘述這兩位大師的會面，主要是談日人對中國文化的喜愛，但中國的政治改革一直有問題，而日本的維新成功故能專心於文學藝術，甚而吸取中國文學的精華。

在花蓮一年他發表甚多作品，十月小說〈貘〉刊於《日本の風俗》第四卷第十期。十月二十日，小說〈白色的山脈〉刊於《文藝台灣》第三卷第一期。詩、散文、小說、評論並行，他一直很看重文學評論，因此他的閱讀非常勤快，每天看書到深夜，一直到老，書不離手。

一九四二年二月一日中村哲將龍瑛宗列為台灣四人作家之一（西川滿、濱田隼雄、張文環、龍瑛宗），這時他的地位已奠定。然而澀谷精一評〈白色的山脈〉為「可笑的小說」。這篇小說可說是他的自傳小說的一部分，作者化身為杜南遠，描寫在異鄉的浪遊，文中在宿旅中遇見一些怪異人物，白癡少年和他行為怪異的父

1940年《文藝台灣》創刊，龍瑛宗為編輯委員之一

親，有著絞魚皮發出嘶啞男聲的大個子女人……杜南遠卻陷入回憶中：

十幾年前，杜南遠的哥哥住在這鎮上，他的哥哥在這個鎮上徹底身敗名裂了。留下借款和三個幼兒，酗酒死了。這也是杜南遠不幸的一個原因。他還年輕，卻要背負這三個遺兒的養育費。那使杜南遠墜入了殘酷的命運。假如沒有這三個遺兒，杜南遠就能展開自己的命運，到東京去也說不定。就算那個願望失敗了，也應該能自由自在地行動吧。可是因為這三個遺兒，杜南遠就像是被囚錮的人。就連杜南遠自己想要買的書都不能不節省下來。

杜南遠的現實生活是悲慘的。為了逃避那種悲慘的心境，他變成了幻想主義者。好像有閒的婦人喜愛悲劇一樣，杜南遠為了遺忘悲慘，變成了浪漫主義者。杜南遠是軟弱的男人，是卑微的男人。⑨

這裡或多或少反應他的真實景況與心境，因為哥哥的早死，他必須負擔嫂嫂與姪兒的生活費，否則銀行的收入優渥，是足可出國留學的。但銀行老是調職，他不能脫離有文學活動有書店的城市，如此只有棄高薪而選擇編輯職務，他喜歡編輯工作，因為可以讀許多稿子，他又具有敏銳的眼光，他對兒子說：「我只要看一百字，就知道這個人的水準到哪。」編輯收入少，他要養一堆人，只要一個孩子也是為了怕養不起，因此陷入貧困而不足惜，當第三個孩子降生，他棄高薪的銀行工作，是件冒險的事，但他毅然決然離職，這在他的生命中彷彿是迴旋曲不斷上演。他把兒子命名為

⑨龍瑛宗，〈白色的山脈〉，《龍瑛宗全集》第二冊，頁一一。

文甫、知甫，把自己化身為杜南遠，可見他對杜甫的認同，除去貧窮與不得志，想要描寫社會悲憐的人，映襯出自己的悲憐，為他們張言，這也是他的文學理想。他在城市是振奮的，因為城市代表著精神文明體系，而鄉村的閉塞每每讓他憂鬱成傷，他好像又回到憂鬱與噩夢連連的童年，就像被放逐到現實之外的孤魂野鬼。

1942年第一屆大東亞文學者大會，龍瑛宗（左二）

| | |
|---|---|
| 議長 | 菊池寬 |
| 副議長 | 河上徹太郎 |
| 司會 | 戶川貞雄 |
| 一 | 高村光太郎 |
| 二 | 古丁 |
| 三 | 錢稻孫 |
| 四 | 武者小路實篤 |
| 五 | バイコフ |
| 六 | 張我軍 |
| 七 | 杉森孝次郎 |
| 八 | 周化人 |
| 九 | 爵青 |
| 一〇 | 長與善郎 |
| 一一 | 沈啓无 |
| 一二 | 許錫慶 |
| 一三 | 白柳秀湖 |
| 一四 | 横光利一 |
| 一五 | 富安風生 |
| 一六 | 川路柳虹 |
| 一七 | 新居格 |
| 一八 | 小松 |
| 一九 | 林房雄 |
| 二〇 | 白井喬二 |
| 二一 | 土屋文明 |
| 二二 | 春山行夫 |
| 二三 | 丁雨林 |
| 二四 | 豐島與志雄 |
| 二五 | 藤田德太郎 |
| 二六 | 高田保 |
| 二七 | 水原秋櫻子 |
| 二八 | 潘序祖 |
| 二九 | 草野心平 |
| 三〇 | 尾崎喜八 |
| 三一 | 舟橋聖一 |
| 三二 | 保田與重郎 |
| 三三 | 日比野士朗 |
| 三四 | 山口青邨 |
| 三五 | 細田民樹 |
| 三六 | 中野實 |
| 三七 | 戶川貞雄 |
| 三八 | 香山光郎 |
| 三九 | 寺田瑛 |
| 四〇 | 俞鎮午 |
| 四一 | 辛島驍 |
| 四二 | 芳村香道 |
| 四三 | 片岡鐵兵 |
| 四四 | 中村武羅夫 |
| 四五 | 久米正雄 |
| 四六 | 甲賀三郎 |
| 四七 | 龜井勝一郎 |
| 四八 | 深田久彌 |
| 四九 | 西川滿 |
| 五〇 | 龍瑛宗 |
| 五一 | 濱田隼雄 |
| 五二 | 張文環 |
| 五三 | 吉川英治 |
| 五四 | 岸田國士 |
| 五五 | 高橋健二 |
| 五六 | 淺野晃 |
| 五七 | 中野好夫 |
| 五八 | 三好達治 |
| 五九 | 小林秀雄 |
| 六〇 | 吉植庄亮 |
| 六一 | 木村毅 |
| 六二 | 加藤武雄 |
| 六三 | 周毓英 |
| 六四 | 柳雨生 |
| 六五 | 村岡花子 |
| 六六 | 吳瑛 |
| 六七 | 吉屋信子 |
| 六八 | 富澤有爲男 |
| 六九 | 恭佈札布 |
| 七〇 | 小池秋羊 |
| 七一 | 和正華 |
| 七二 | 山中峯太郎 |
| 七三 | 中河與一 |
| 七四 | 龔持平 |
| 七五 | 山田清三郎 |
| 七六 | 尤炳圻 |
| 七七 | 齋藤瀏 |

委員長　久米正雄
委員　中村武羅夫　金子光晴
增田涉　張赫宙　高橋廣江　中山省三郎
一戶務　河盛好藏　奧野信太郎　三浦逸雄
甲賀三郎　戶川貞雄　福田清人

第一屆大東亞文學者大會名單，龍瑛宗席次50

〈白色的山脈〉韻味深遠，寫景富於象徵性，自我心靈的探索富於現代感，絕非「可笑的小說」：同一年寫的〈貘〉是富於風俗的家族悲劇，富家子徐青松在父親死後，家庭四分五裂，景況淒涼，作者描寫神桌桌裙上的刺繡，徐說是麒麟，作者則以為是會吃掉人的夢的貘，果然落魄的徐青松最後被貘吃掉了，「好像貘，染著動物的氣味」，作者從富貴的象徵「麒麟」跳到吃夢的「貘」到人變成貘自身，這裡有他的靈視與客觀分析：

> 我看到了崩潰的家族。不管是第一代多麼能夠賺到巨大財富，不出四五代，都被分化為零星。當然，這有各式各樣的原因。不過，財產分配的均等主義，還有蓄妾、早婚和多產所造成的大家族，想必成為促進其崩潰的根源，還因而造成了好多的廢人。⑩

學商的龍對金錢與經濟議題特別敏感，風俗的描寫精細，文明與野獸的象徵展現他更醇熟的小說筆法。

一九四二年，龍瑛宗文學活動最為活躍的一年。這一年，他積極的參與文學界所舉辦的各項座談會，如「文藝台灣賞」、「文學鼎談」文學座談會等，從此可看出他的活動能力並不弱，主要是他強烈的求知欲引導他喜與人談論文藝，並重視文藝評論工作。然而在這一年十月二十二日，與西川滿、張文環、濱田隼雄共同出席在東京舉辦的「第一屆大東亞文學者大會」，卻成了龍瑛宗往後

⑩龍瑛宗，〈貘〉，《龍瑛宗全集》第一冊，頁二五〇。

理不清的一段「可疑」記錄。一九四二年十月二十二日，西川滿、龍瑛宗等四大金剛自基隆港搭乘輪船，不久海浪洶湧，輪船走得彎彎曲曲，航行四天才抵達九州佐賀縣唐津港。那天晚上住宿旅館時，西川滿以自我犧牲其實是借刀殺人的說法，提議《文藝台灣》和《台灣文學》同時廢刊，另創《新文藝雜誌》共度戰爭非常時期，張文環聽了表面上說「嗯！嗯！」，而不做任何回應，結果兩人的會談不歡而散。十月二十七日，北原政吉在車站迎接他們，車站的紅色山茶花怒放，豔麗非常，那天晚上龍與張文環住新橋第一旅社，因住同一房間，兩人相談融洽，平常不吭聲的龍，是極度慢熟的人，只要熟識之後，他口語表達正常，尤其是談文學滔滔不絕，張坐到他床上對他說：「原來，我誤會了你很久，為我們的《台灣文學》寫稿好不好？」龍因得的是中央文學獎，又在日本人底下做事，也只會講日本話、客家話，聽不懂閩南語，長得又像日本人，而讓台灣作家不敢接近，他不但不算親日派，還在報紙上公開反對《文藝台灣》理論導師島田謹二的看法，以及他代表的殖民主義統治者的看法，他一直是站在被統治者「過活者」體驗為主，在這方面他一點都不輸本土派。只是獲邀參加「第一屆大東亞文學者大會」的他，被要求在十一月四日會場上發表「感謝皇軍」的講稿，這對殖民地知識分子來說，是不得已的一時反應不過來，據劉文甫說明：「這篇講稿不是他自己起稿的，大會臨時把講稿交給他，他也無奈只能像鸚鵡般照念而已。如果單從這一點苛求他當時的作為，他從來沒有為這件事辯護過自己」⑪。日本殖民體制同樣對亞洲各國進行高壓統治，中國與韓國採取的是頑抗，為何在台灣是分裂的？有人屈從，有人頑抗，因而產生的羨日／仇日情結，很難化解，只能說台灣是個移民社會，主體性尚未建構完成，又加上日人的文化侵略是更加細緻深化，以現代化包裝的各項建設冠冕堂皇，日本文學與民俗學、人類學的優勢，最主要是站在台灣立場的愛台灣日人甚多，以致讓文人無法抵抗，小商家與行員出身的龍深懂現實安身之道，縱使委屈自己也不敢對抗強權。龍瑛宗此次的行為或許可歸咎於殖民體制下知識分子的分裂表現，表面上妥協，內心並不一定認同。而隨著大東亞文學者大會的結束，隨之而來的是「皇民奉公會」協辦的「大東亞文藝演講會」巡迴演講，龍瑛宗也被要求出席座談。一九四二年十一月一日在東京與張文環、西川滿、濱田隼雄這「四大金剛」的座談會，被東京記者稱為「台灣一流文藝家」，在一陣自謙後，談到台灣的文學界，張提出呂赫若、賴雪紅、楊千鶴值得注意，龍也肯定呂赫若的〈牛車〉，談到心儀的作家，龍舉出屠格涅夫、果戈里、左拉，都是人道主義與寫實主義的作品，張則深愛梅里美，整個過程，龍的發言很簡短，但很有力地表明文藝家的任務是「不斷寫好作品，同時很重要的也要努力啟蒙運動」。十一月八日在日比谷法曹會館舉辦的「大東亞戰爭和東京台灣學生的動向座談會」，很奇怪的這次座談以張文環的發言為中心，龍只針對閱讀計畫回答兩句：「我想研究日本古典，古代日本文學的研究也很好。」也許是與留學生的對談，張文環留日的背景較能對應，或許是龍的謙退也說不定。這一年他也發表呼應時局的詩作〈東洋之門〉：

正是現在　像潮聲嗚響起來的　是咱們的血
在歷史的野菊　展開的是　我們的矜持
貔貅　渡過藍海而去
貔貅　在雕刻東洋

⑪劉文甫，〈同時代的兩位作家——龍瑛宗與西川滿〉，《新竹文獻》，二〇一二。

我們的　淚與汗與水膨脹了的英國國旗
以及星條旗　濕透了
正要沉沒海底

大東亞的大民族啊
該要清醒起來
誇耀吧
把我們　新的生命
把我們　新的道義
把我們　新的思維

正是現在　我們站在　東洋的門
正要把大東亞松渾的圖　展開起來

被推為台灣代表作家，出席大東亞文學者大會，又深受日民殖民教育影響的龍氏，會寫出這樣的詩不令人驚訝，值得注意的是〈夜晚與早晨之歌〉中：

於薔薇與蕁麻的褥子
長久地　我在臥著
到了薄暮

南方的烏鴉　落腳於我的肋骨
散吐了不吉的叫聲
我的淒涼的青春
推移了黑暗的夕影

戴了黑頭巾的幻想
蹲在我的旁邊
我的想念　潰瘍了
終於　流淚了
斯時　慈祥的夜光　上升來
悲哀的詩人　雖然如何地辛酸
但到了明日　美麗的太陽會照耀
諾　休息吧
然而　啊　我被月亮擁抱著
好像幸福的情人假寐了
有誰敲我的肩膀
那就是陽光
清晨了　起床吧
陽光摟著青春來了
一個友人來訪

我是夜繼夜地喝酒
但是新的清晨來了
走了
友人向陽光朦朧的南方去了
亦有一個友人來訪
我是夜繼夜地調戲娼婦
但是　新的清晨來了
走了
友人向陽光朦朧的南方去了

啊　青春波濤的那邊
歷史吵鬧著
陽光　陽光　陽光　陽光

這首詩在似睡非睡，清醒與朦朧之間，對於他自身悲哀淒涼的身世已成揮不去的夕影，父母親、哥哥的死亡，痛苦的婚姻，這讓他渴望著陽光，這首寫在赴日之前的作品，是否已有逃離的想法？如果夕影是過去，那麼陽光代表太陽之國了？否則代表台灣的南方陽光為何是朦朧的？也就是說一直無緣留學的龍，因為山村貧寒與悲慘的家族史，成為他作品灰暗的基調，他渴望改變，如果他跟張文環、楊逵一樣有留學背景，也許會受左翼思想的衝擊，作品更具有反抗精神。既然出身不好，只有透過勤奮的閱讀與創作開拓視野，如果藉東亞文學會議開會之便，看是否有定居日本的機會，或許對他的寫作前途是較有希望，這些都是現實與理想如何兼顧的考量，也許只有這樣才能夠走出黑夜，迎向陽光。他寫的詩數量不少，應重新考量他的詩作。

但這個願望終於落空，到底是戰時工作難找，還是很難放下家庭與孩子？總之他還是回到台灣，如果他留在日本，也許會變成另一個張赫宙，更有台灣意識的張赫宙也說不定。

再度到日本，感受大不同，第一次來是藉藉無名的新手，這次來已是台灣代表作家，受到各種禮遇，但他一直思考著，如果有機會留下來也好，主要是他想進修，一直以無錢讀大學或留學為憾，以他現在的狀況進修拿個學位最恰當，但是念書要花很多錢，他要養一大家人，如果不能繼續進修，能進大雜誌當編輯也不錯，這裡買書更便宜更方便，他在找尋機會，要找並不困難，困難的是如何安家，他還有哥哥的兒子要養，最後他還是選擇回去，這期間發生什麼變化已不可知。在這次旅行中，在赴霞浦的車廂裡，龍與有「文學之鬼」之稱的宇野浩二（一八九一——一九六一，福岡縣人，早稻田大學肄業，小說家）對坐，同時還坐著菊池寬（一八八八——一九四八，香川縣人，京都帝國大學英文科畢業，小說家、劇作家，創辦《文藝春秋》）、宇野千代（一八九七——一九九六，山口縣人，岩國高等女學校畢業，女性小說家、隨筆家）等知名作家，宇野聽說他從台灣來，便問起台灣的種種情形。宇野還說雖然他沒到過台灣，卻寫過台灣的故事。

他同時與女作家真杉靜枝拜訪過廣津和郎，這是他們第二次會晤，頭一次是廣津偕夫人同遊台灣，在北投台銀俱樂部見面。第二次見面，他們清談中國古代藝術，還有萬曆瓷器。

廣津是個急公好義之人，他的父親廣津柳浪⑫出生於江戶末期，是明治時代的作家，家學淵源的他，除了創作，並出版《武者小路實篤小說全集》，但是失敗了，還積欠了一筆債。說起武者小路實篤，他於一九一八年在九州宮崎縣開拓「新村運動」，由於建設水壩，村落的大部分被水淹沒，一九三九年又在埼玉縣毛呂山町為了實現理想的和諧社會打造「新村」，就在劉文甫家約走十五分鐘路程，日後龍氏也訪問過一次。廣津最驚人的事蹟是，日本戰後不久的一九五五年，東北福島縣松川車站附近，有人預謀將火車脫軌顛覆，並發生命案，警方逮捕嫌犯，在初審就判死刑。嫌犯一直叫冤，上訴時廣津和宇野浩二去旁聽。宇野詳細觀察嫌犯的神情，覺得不像罪犯。廣津也覺得這案子有問題，因此放棄創作，開始調察本案。並把研究結果發表於《中央公論》，有人罵他愛管閒事，法官也批評他干擾司法。但他的文章轟動日本社會，繼而組織救援團體，經過艱苦的奮戰終於獲得平反。

他的公義之心雖為龍氏欽佩，但對他的作品也沒放水，他說「廣津的文學，是否流傳於後世，我認為仍待時間的考驗」，他對文學採最嚴苛的標準，「文學之道甚嚴，流傳於千古者堪稱微乎其微」⑬。

他最在意的是當時文學新希望，橫光利一是廣津的早大後輩，與川端康成提倡新感覺運動，繼行者吉形淳之介《我的放浪生活》、太宰治《人間失格》、德田秋聲《縮圖》……形成「私小說」之光譜，可惜戰爭的干預，這條現代小說命脈被破壞了。龍從廣津談及日本戰爭前後文學，除了為「私小說」感嘆，自然也是為自己感嘆。濱田隼雄雖自稱浪漫派，戰爭時期成為鷹派作家，他認為龍不懂日本精神，沒資格做皇民作家，把他孩子的日本神話集借給龍，叮嚀務必細讀，龍一氣把書燒了，後來，他來討書，龍拿不出弄得狼狽不堪。

度過三十歲的關卡，於他如同新生，想要改變現況，更有作為是可以想見，留學一直是他的夢想，他一直牢記工藤教授對他的警告：「日本的侵略戰爭不久會被打垮，你雖可回到祖國的懷抱，但你費了心思學習的日本文，恐怕沒有用處。」他無法想像沒有日文如何活下去？如果留在日本，他想研究古典文學，只要還能寫能讀就好了，然而夢想與現實之間存在著衝突，他如果留在日本，也許會躲過文字與政治的浩劫，但經過長時間的思考，他還是回來了，台灣有他不願面對的現實，但他的一生都在學習如何忍耐，忍辱負重久了，連重荷也不知多沉。這一輩子他做了許多不能說是錯誤的選擇，每一次選錯都要付出莫大的代價，這也許就是他的人生，如枷鎖般的人生。

這一年〈銀鈴會〉創立，這是戰前最後一個詩人集團，由張彥勳、詹冰、蕭翔文所發起，照耀四〇年代的詩壇，他跟詩壇的接觸可說極為密切。

在一九四三年與中村哲的對談，雖然記者在開頭一直強調「大御稜威下，皇軍將兵勇戰敢鬥」，充滿戰爭氣息，但龍的發言是就文學談文學，而且認為「文學還是應該從自我內省出發，其意味著，對日本文學而言，日本的私小說絕非無用之物。只是從寫出私小說，邁向完成真正的小說、客觀的小說，如此才是文學的正道。簡言之，私小說是達到客觀小說的一個過程。不能確立自我，就無法建立客觀性」⑭。這裡說明了他早期小說的創作法，是從自我到社會，主觀到客觀的過程，其中私小說是他的出發點，他直接從東京移植過來，卻一直不被瞭解。在杜南遠一系列小說中，作者常從自我出發描寫可悲或可怕的現實，達到含蓄而富於詩意的效果。其中以〈龍舌蘭和月亮〉、〈崖上的男人〉、〈海邊的旅館〉最具代表性，它們具備私小說的主觀與自然主義的客觀觀察，正如他在〈海邊的旅館〉所寫的：

---

⑫文甫按：廣津柳浪生於一八六一年，死於一九二八年。廣津和郎（一八九一——一九六八）早稻田大學英文科畢業，日本的小說家、文藝評論家、翻譯家。

⑬《龍瑛宗全集》第七冊，頁六六七。

⑭龍瑛宗，〈中村哲與龍瑛宗對談會〉，《龍瑛宗全集》第八冊，頁一六六。

在這洶湧的盡頭，進行著激烈的戰爭。那不是夢幻，而是嚴酷的現實。這一場戰爭，將會把一切陳舊的羈絆颳走吧！而新的現實，新的精神，將會從這些浪濤裡誕生吧，杜南遠想：必須覺醒於那新的現實。

不久，一群阿美族人來了。他們，沐浴著夕暮而來的他們，是像裸體雕刻的銅像一般結實的漁夫們。⑮

他把新的現實新的精神寄託在勇健的阿美族人身上，而發出生活的頌歌。他的小說雖從「私小說」出發，卻有差異性，因為他說：「內地文學的主流是私小說，不過台灣作家所寫的卻不是那樣，由於取材於自己之外，所以有著一種台灣文學的特異性。」所以他的小說是東洋小說與西洋小說的雜糅。這一年他發表詩作六首，跟時局有關的〈山本元帥悼歌〉、〈印度之歌〉，前者呼應日本政府喊口號，後者讚嘆印度的獨立，能夠脫離殖民統治，其中有同情與希望：「歷史在黑夜颳起來了，風雲越趨交加，血潮洗刷印度的岸邊，一場沛然豪雨欲來了，歷史的颱風會歇著，黎明的微風會吹著，灼熱的旗子揭起了，翩翻著，解放的，印度，獨立的次大陸」，但對日本的戰鬥，他也同樣報以希望，在一九四四年〈寄給南方〉中，描寫戰雲密布的南海，日本已有敗象的掙扎：

燈火管制的夜空　月亮像孤燈
受北風吹著
回顧南方　在藍海盡處
戰雲漠漠　橫臥著
在那周邊　貔貅在密林樹蔭下

以草枕　做暫時的假寐吧
戎衣浸染有歷戰的痕跡和煙硝味吧
夢路遙遠　是美麗日本的
姿勢嗎
或者向暴風雨怒濤飛翔交叉的海燕般
那樣的空中戰鬥嗎
創作偉大歷史的貔貅啊
你　背負著滿溢出來的　武勳
明天　還是要越過藍色的海
攀登雲層上去吧

像這樣的作品在戰時的日本應該很多，殖民主義的可怕在心靈的分裂，被殖民者一面視殖民者為美麗光明的象徵，一面視自身為醜陋與黑暗，這種心靈的扭曲更真實反應被殖民者的悲哀。

一九四三年的龍瑛宗，經由編審的工作，一面審視自己的作品，一面評論他人的文章。這一年，他出了一本文學評論集《孤獨的蠹魚》，這是他第一本出版的書，是以文藝評論家的身分出發，盛興出版社的老闆也想出他的小說集，沒想到沒能如願。他的好學深思與對文學的品味，可以

⑮龍瑛宗，〈海邊的旅館〉，《龍瑛宗全集》第二冊，頁一二四。

說明他的對文學批評的重視與自許，對自己的作品也毫不留情地批評，對於大眾一直談論他的舊作〈植有木瓜樹的小鎮〉，龍瑛宗認為「在文學上並非屬於老年，所以我不想回顧處女作」，進而指出「由於文學素養不夠，無法揮灑自如，但遲早總要寫吧。於是我像個囚犯，垂首等待時間的批判」，透露出龍瑛宗想要跳出自己的文學受到局限的狀況。他一直保持自我突破的精神，只是前期的龍瑛宗是積極的、熱切的，較無束縛而選擇放手一搏，而晚期的龍瑛宗選擇再出發卻綁手綁腳。

一九四四年是台灣文學界嚴酷的一年，一月《文藝台灣》與《台灣文藝》這兩份曾經帶動著台灣文學起飛的刊物雙雙廢刊，由《台灣文藝》收編，編輯委員有矢野峰人、小山舍月、竹村猛、張文環、長崎浩、西川滿等成員，除張文環，台人編輯全部被剔除，在編輯後記中張文環說：「以往有兩種純文藝的雜誌，現在二合為一：原本各有各自的性格，現在合而為一，果真能夠做出一份好雜誌嗎？我經常會被詢問這個問題，這個沒有問題，請不用擔心，我總是如此回答。」⑯張的話語明顯表示懷疑與無奈，三月，台灣媒體更加受到政治的壓迫，總督府將台灣全島六報合併為一報：《台灣新報》，由日本「每日新聞社」派員指導並加以管制，台灣本島作家不再擁有自主權，只是被動的編輯著日本領導者所要求的內容和審核得以刊登的文章，此時的龍瑛宗仍在此機構任職。而後於該年八月擔任「台灣新報社」出版雜誌《旬刊台新》的編輯長，其餘的台灣人編輯委員還有王白淵、呂赫若、吳濁流等人，戰前他是呂赫若與吳濁流的上司，戰後卻成為吳濁流的幹部，這種身分的轉變，龍怎能不在意？由於戰局逐漸不明朗，台灣總督府情報課決定透過台灣文學奉公會，指名台灣人作家必須前往工廠、礦山、海兵團、農場、林場各地，並指示文學作品必須「真實地描寫戰鬥著的要塞台灣的情景，以資昂揚島民的戰爭意識」。對於殖民政府的種種手段，龍是相當不以為然的，然而在政局緊張的情況下，龍瑛宗也只能私底下低聲的談論。透過葉石濤在《府城瑣憶》一書中的回憶裡提到，曾與吳濁流、龍瑛宗於台北新公園漫談日本戰敗的可能：

他們討論，日軍在南洋打仗節節敗退的慘況，到預測台灣將被解放後走向哪裡去的問題。受日本軍國主義教育長達十多年的我，滿腦子都是日本人的神話，我相信日本是神國，絕不會有戰敗的一天的。

「日本真的會戰敗嗎？」我用懷疑的口吻問道。

「必敗無疑！」兩位先輩作家異口同聲堅決的回答。

「戰敗後，我們台灣人會變成哪一國人？」……

「馬關條約的結果台灣割讓給日本。日本戰敗，中國戰勝，馬關條約會失效。台灣可能會回到祖國的懷抱。」龍先生說。⑰

從文字中可以感受到龍瑛宗的敏感度不僅表現在文學上，對於政治現況亦有著敏銳的感知。而一九四五年，政局果真就如同龍瑛宗所預言的，日本戰敗了，此時的龍瑛宗於新竹寒村聽到日本天皇親身廣播，宣布無條件投降的事實。對於一個長久受到殖民的次等公民而言，是該雀躍於殖民統治的壓迫終於解除吧！然而自己所堅持的文學之路呢？日文的媒介將龍瑛宗推到當代文學的領導階級，而日本戰敗後的台灣文壇，又該以什麼眼光看他呢？

---

⑯《龍瑛宗全集》第七冊，頁一一。

⑰葉石濤〈我的先輩作家〉，《府城瑣憶》（高雄：派色文化，一九九六年二月），頁四一。

第三章

# 這些與那些文人們——戰爭時期的文壇

真正紅的時間只有五到六年，跟海上花一樣短暫。三十歲前後拚命表現，只因死亡的陰影催逼著他，活過了三十，好像是多出來的生命，他隨時都與死神斤斤計較。

龍瑛宗進入文壇，表面上極風光，內心的孤獨感並未減輕。一九三九年到一九四五年是他文學上最輝煌的日子，其短暫跟張愛玲有得比，跟張文環也類似，這些在殖民地或租界戰爭時期崛起的作家，其光芒像彗星般燦爛，也像彗星般短暫。與他往來的作家都是檯面上的重要人物，他長得像日本人，使用日文的水準不輸日人作家，得的是中央級的文學獎，人又沉默寡言，務實自律，一點也無文人的浪漫瀟灑。四〇年代的台灣文壇可說多采多姿，以西川滿為中心的「華麗派」，詩酒風流，玩風賞月；以池田敏雄、金關丈夫的「民俗學」派，深入台灣土地，採集與踏查，與台人站在同一陣線；以帝大為中心的工藤好美（一八九八—一九九二，九州大分縣人，早稻田大學英文科畢業，一九三〇年留學英國牛津大學）的「西洋派」，引進西方思潮與理論，從批評中實踐美學；以台灣本土作家為主的「本土派」，以台灣為中心，為建構台灣的主體性而努力……可說是百花齊放，一時多少風流人物風雲際會，龍跟這些集團皆有往來，他會去「山水亭」跟張文環等人喝茶鬥酒談談風月；也會到帝大上工藤好美的課，又寫民俗文投到《民俗台灣》，與西川滿也有往來，西川是作家兼出版家，他出版精美的珍本書，其時的美術家與攝影家皆投入雜誌與出版，就算在戰爭時期，也有文學的盛景。西川滿三歲隨父來台，自稱自己祖先是漢朝人，本姓劉，還把族譜拿給黃得時看，因此他喜愛中國文化，台北一中畢業後，至早稻田大學念法國文學，專攻法國詩人藍波（Arthur Rimbaud，一八五四—一八九一，代表法國象徵主義的天才詩人），回台灣卻一日三拜媽祖，還作媽祖頌詩。西川滿的愛美性格不僅展現在文字內容上，也外顯於裝幀設計。他喜愛做「限定本」，這些限定本裝幀精美令人愛不釋手，比日本出版的書還漂亮，日本詩人堀口大學（一八九二—一九八一，東京人，慶應義塾大學肄業，明治、大正、昭和時期的詩人、歌人、翻譯家）因此稱讚「美麗的書來自台北」，所以西川滿又有「華麗教主」、「限定私版本の鬼」的外號。

有這樣的人來「興風作浪」，文壇焉能不「精彩」？

殖民地文學的多元，混雜，造成別樣的風情。龍瑛宗這樣形容西川滿的文學：

西川滿出版的書籍

西川滿受島田謹二的影響至深，是島田謹二所提倡的外地文學的實踐者，而他的藝術大師卻是佐藤春夫。他的詩集有《華麗島頌歌》，小說有《楚楚公主》、《梨花夫人》、《赤嵌記》等。誠然，他絢爛地高唱著華麗島的風物，媽祖祭、城隍爺祭、港祭、甘寧將軍、文廟、神戲、上元祭、玄壇爺祭、大天后、宮歌、卜卦、金紙、女媧娘娘、排骨湯、銅鑼、范無救，大恩教主釋迦牟尼如來，則天武后，沙上寒燈轉淒然，orgel（荷蘭語：風琴）等等。他搬出一大堆本省方言、廢語、佛典、西歐語、漢詩，以超現實主義的作風，寫呀！寫呀！寫到得意忘形，沾沾自喜地竟自認以為殖民地文學開拓的第一人者。島田謹二也大為捧場，備加稱讚。正是一幕的喜劇也。

西川滿的小說《梨花夫人》、《赤嵌記》也是以異國主義陪襯著幻想的情調，平心靜氣而論，他的文學才華雖遠不及佐藤春夫，但他有感覺的筆致。以我的見解，他的散文比他的詩好得多。可惜他缺乏寫實精神和根源的文學靈魂，從而他的作品亦可能被投進忘卻的池塘裡面去。聽說，西川滿最近在東京翻譯《西遊記》和一些黃色文學。①

雖是寫於戰後的文章，在戰時他對西川滿並無批評，但他嚴正批評過島田謹二（一九〇一—一九九三，東京人，東北帝國大學英文科畢業，比較文學者、歐美文學者，戰前赴任台北帝國大學教授）的外地文學「華麗」論；有人將龍歸為「隱忍」作家，更深的一層是在文學批評上他並不軟弱，常常出擊，只能說是「內省」派，向內追求，批評講求擇善固執，他提倡優秀的文學，對不好

---

①文甫按：西川滿已在一九四八年翻譯《西遊記》（八雲書店），黃色文學是否指西川滿在一九四九年翻譯的《中國妖豔小說集》（大日本雄弁會講談社）。

的作品不置一詞，保持沉默。寡言少語的他，看似退縮，其時是謙讓，遇到原則問題，他還是保有硬頸精神。

在龍不斷展現他的創作實力時，黃得時在一九四三年十二月《台灣藝術》第十二卷以〈努力家龍瑛宗氏〉推介他，文中以東京的文壇窄門極為狹窄，文壇新人至少要經過十年的努力，到三十幾四十幾才能通過，而龍以處女作即與一流作家刊在《改造》，可說是台灣第一次，而且其意義格外巨大，但他給龍的評價並不高：

> 通觀其作品，藝術氣息相當濃厚，但豪邁和強壯稍覺不夠，實在可惜。②

龍陰鬱纖細的筆風，竟被認為力道不足，但龍與黃私交甚好。據劉知甫的說法，龍最接近的朋友是黃得時、王白淵、呂赫若，最常吵架的是吳濁流。黃得時在其時是台灣文學的領袖之一，他出生於一九〇九年，高校畢業後，以優異成績考入台北帝國大學（今國立台灣大學前身）東洋文學科，父親黃純青先生為「台灣文藝聯盟」主席，他擔任北部負責人。並曾發表重視兒童文學及幼年教育之感言，為日後編寫兒童讀物奠基。

他還參與《台灣文藝》、《台灣新文學》之創刊及編輯。先後於《台灣新民報》發表〈乾坤袋〉、〈中國國民性與文學特殊性〉等連載專文，一九三六年，郁達夫來台訪問，黃曾與他暢談文學問題，並撰〈達夫片片〉專論二十餘篇，載於《台灣新民報》，這是龍第一次見到黃得時。擔任《台灣新民報》中、日文副刊編輯主任期間，黃首先邀龍出遊再邀龍寫稿。一九三九年，黃與吳新榮、楊雲萍、龍瑛宗等人加入第一期「台灣文藝家協會」的前身「台灣詩人協會」，後西川滿發起「台灣文藝家協會」，他與張文環、楊雲萍、龍瑛宗等人列名台北準備委員名單中。期間他曾以日文改寫《水滸傳》，於《台灣新民報》連載長達五年，膾炙人口，因此以民俗的角度包裹漢文學，關注於民俗研究，一時引起台、日人的民俗熱。之後創辦《民俗台灣》半月刊、《台灣文學》季刊、《先發部隊》、《第一線》等文藝雜誌，經常纂著有關台灣風土、民俗、歌謠、諺語、戲曲等文章。一九四二年《台灣文學》被迫停刊，一九四四年《台灣新民報》亦被迫停刊，他不得不離開工作近八年之編輯崗位。戰後，《台灣新民報》改名《台灣新生報》，擔任副總編輯一職，直至一九四七年，結束十一年之報業主編生涯。一九四六年，獲聘為台大文學院副教授。一九四七年，離開《台灣新生報》，專心投入教育與著述。

黃得時最為人注意的是開啟了台灣文學史書寫的先端，他在張文環主編的《台灣文學》上陸續發表「台灣文學史」。為何書寫為「台灣文學史」而非《台灣文學史》，實乃因黃氏此作並未完成，依發表時序僅有〈晚近台灣文學運動史〉、〈台灣文學史序說〉、〈台灣文學史第一章——明鄭時代〉、〈台灣文學史第二章——康熙雍正時代〉四篇面世。但在黃氏原先的計畫裡，他似有意寫作一部可銜接（從明鄭時期沈光文開始的）台灣古典文學與（日本統治時期的）新文學發展之作。不過到了一九四三年底，《台灣文學》隨西川滿的《文藝台灣》一同廢刊，黃得時這「本」未完成的文學史（實際上是四篇文章）就再也不見下文。復因黃氏這些文章皆以日文撰寫，在戰後沉寂的命運持續了很長一段時間。

戰後黃得時發表過一篇文學史式的長文〈台灣新文學運動概觀〉，自一九五四年起陸續刊載於

②黃得時，〈努力家龍瑛宗氏〉，收錄於《龍瑛宗全集》第八冊，頁二一九—二二一。

《台北文物》。可惜此文也和前述的「台灣文學史」一樣，根本沒有得到完整面世的機會。戰後第一本台灣文學史著《台灣新文學運動簡史》（一九七七年）一書，作者陳少廷自言，正是以黃氏此文為「本書的骨幹」。甚至連此書之審閱與作序，也都是由黃得時負責。陳少廷編撰的這本書，可說是黃氏〈台灣新文學運動概觀〉一文的加長版本，將後者的文學史討論時域延伸到了戰爭時期。

黃雖是龍的前輩與上司，但兩人對台灣民俗的興趣是一致的。黃的《水滸傳》的成功，大抵確立戰爭時期民俗走向的越演越烈，它可說是種折衷產物，以殖民主義的民俗學、人文科學為基底，而又與台灣人認同於本土的傾向有了巧妙的合拍，合奏出綺麗的樂章。

龍與王白淵（一九〇二—一九六五，彰化縣二水鎮人，新詩詩人）的交遊則在一九四四年夏天，《台灣藝術》社長黃宗葵，帶著一個戴運動帽穿襯衫的潦倒男人來見他，龍聽黃說王剛從台北刑務所出來，想找工作，剛開始覺得他是壞蛋，態度冷淡。後來聽他的身世，才知他是抗日英雄，又是前輩文人，他說逮捕他的人正是台灣總督府保安課長後藤，建議讓他訪問保安課長，說自己沒工作，而且《台灣日日新報》創辦《旬刊台新》雜誌，人手不足，看他反應怎樣，結果後藤以彌補他的心態，讓他進了報社，和龍成了同事。文甫初中念成功中學，初二時數學快不及格，龍很著急，帶著兒子去找王白淵，託他向數學老師說情。王也為此事奔波，後來總算勉強過關，可見他為人之熱心。

王戰前一九二三年去日本深造，曾經娶日本人為妻，一九三四年離婚，之後王孤家寡人一個，很多人替他介紹對象，後來相親成功，與漢學家之女兒倪姓姑娘結婚。龍在婚禮擔任招待員。他也寫文章推崇他，認為他是台灣新文學史上的先覺者，在用日文寫作的詩人中，算是最高的一個③。龍之所以欣賞王，除了他的才華，兩個人的筆調也有相近之處，如王的〈死亡樂園〉：

驟然星沉
落入胸中的小池
月默默偷瞧
——從森林的樹蔭

雨靜靜飄落
落入大地的懷抱
風瀟瀟呼號
——從竹林中間

有限紛紛溶解
落入無限的潮水
生命悠然上路
——從死亡樂園

王鷩濤駭浪的一生，有如生命的雕刻師，謝里法稱他為「民主主義的文化鬥士」；彭瑞金稱

③龍瑛宗，〈張文環與王白淵〉，原刊載於《台灣文藝》第七十六期，一九八二。收錄於《龍瑛宗全集》第七冊，頁二一一—二一五。

他：「王白淵的一生，道盡了『寧鳴而死，不默而生』的書生本色」；王昶雄則說：「他的文學細胞比美術細胞多而重，與其稱他為美術家，不如將他當一位詩人」；龍也說他：「王白淵為人天真浪漫，且是大好人，熱忱幫助朋友，他滿腦子理想主義，一生嚮往為爭取自由主義而奮鬥的匈牙利詩人斐多費」，可見他把王視為理想主義詩人，對王的評價甚高。

另一個與他密切來往的是呂赫若，呂赫若（一九一四年八月二十五日——一九五一年？）本名呂石堆，出生於台中州豐原郡潭子莊校栗林五十五番地（今台中縣潭子鄉栗林村）。祖先為廣東饒平人，在乾嘉時期渡海來到台灣。祖父呂成德、祖母劉（氏）梅、父親呂坤霖、母親呂陳（氏）萬里、姐姐呂（氏）花、哥哥呂石墩。與林雪絨結婚，並育有長女呂（氏）愛琴、長子呂芳卿、次女呂田鶴子、三女呂紗緋子、次男呂芳雄、三男呂芳傑、四男呂芳甫、伍男呂芳伯、陸男呂芳民，共育有六男三女。九歲進入潭子公學校就讀，一九二八年十五歲的時候以第一名成績畢業，後進入台中師範學校。在師範學校就讀期間，呂赫若的成績並不特別突出，尤其是操行成績，曾經被老師評為「個性直拗，常表現不良習性，也少有反省的態度」，並打了一個「丙」。就學期間，呂赫若發現對音樂的興趣及才華，由於當時世界新思想潮流湧至台灣，他接觸了社會主義的思想與理論，與一些要好的同學利用課餘的時間，組織了一個讀書會，一起閱讀有關馬克思主義的書籍。可以說年少的呂赫若已有左翼思想，以此為準，他作品的思想性特別清晰而早熟。在呂芳卿的訪談中，確認了父親與林寶煙的關係是相當密切的，並都具左翼思想：

據我二舅林寶煙說，父親在二十歲時升讀演習科，他經常來我家閒話家常，當時林寶煙為「台灣赤色救援會」豐原地方班委員之一，經常在社口地方廟口演講，而社口的便衣巡佐，則在一旁監視，我母親回憶說，父親堂姐呂葉，曾多次半罵半勸，要求父親不要受到堂姐夫的影響，也不要學他，最好少往來，但父親均不聽勸。④

由於呂赫若與林寶煙有著姻親的關係又年紀相仿，思想上又有共同的話題可討論，於是兩個人自然而然走得非常近。林寶煙是一個道道地地的台灣共產黨員，所以當林寶煙從日本回來時，都會找呂赫若談天，相互影響在所難免。所以可由此證實具有台共思想的林寶煙是影響呂赫若的重要人物之一。而當初與林寶煙共同參加日本東京台灣學術研究會的夥伴蘇新，也是呂赫若日後參加文學活動的關係人。

一九三五年呂赫若以日文創作他第一篇小說〈牛車〉，發表在日本的《文學評論》雜誌上，才二十一歲的他便開始了文學創作之路。〈牛車〉發表之後，由於簡練的文筆及冷利的批判，可說是寫實主義的成熟作品，年紀輕輕即受到矚目，之後〈牛車〉後來和楊逵的〈送報伕〉及楊華的〈薄命〉，一起被翻譯成中文，作為「被壓迫民族的文學作品代表作」介紹給中國，成為較早代表台灣的「文學三傑」。呂赫若多才多藝，並熱中參與各種文學、音樂、戲劇活動，不過他最鍾情的還是文學創作，從日記中的一段文字可以看出他對文學的熱情：「從事文學者，應該要執著於真正的文學，而不是虛榮的自我滿足，要願意花上一生來努力探究文學。」

龍與呂除了是報社同事之外，一九四一年結識台北帝國大學教授工藤好美，一起到帝大上課，

---

④「冷峻的人道關懷者——呂赫若」（錄影帶）。

成為文學同好。一九四二年五月呂因美軍轟炸東京，在家人擔憂與催促下闔家搭船返回台灣，因患有肺病，先在家鄉豐原休養，後北上經中山氏介紹進「興行統制會社」，負責新劇業務，月薪七十五圓，王井泉和張文環是他的擔保人，幾乎每天晚上都到「山水亭」報到。

賣菜姑娘真可愛　也無抹粉畫目眉　赤腳行路好體態　透早擔菜市場來
（女）好朋友！主顧客！請恁來買菜　蔥仔芹菜高麗菜
全是阮的親手栽　菜頭硬心你看覓　阮的心肝你著知

賣菜姑娘烏搭定　一對目睭活靈靈　講話動作查甫性　哥送金鍊掛胸前
（女）好朋友！主顧客！菜色隨你揀　欲買白菜山東種
抑是本地新白伶　食著夫妻相尊敬　加添十分好愛情

賣菜姑娘自然美　春天以來漸漸肥　像菜食著甘露水　查甫買菜行昧開
（女）好朋友！主顧客！買菜來這位　冬瓜清涼解酒醉
初戀氣味是芫荽　買阮的菜食昧畏　阮厝站在後竹圍

當時的大稻埕可說集人文與娛樂之繁華勝地，彼時要聽歌就到「淡水河露天歌廳」，它是居民利用義務勞動所營造出的休憩用地，現在是淡水河第九號水門外的「延平河濱公園」，附近有將近十處的「茶座」，只點一杯茶，就可以躺在竹椅上，看星星賞夜景，聽一整個夜晚的台語歌曲，如〈安平追想曲〉、〈賣菜姑娘〉等那些年代的流行歌曲。看戲就到「淡水戲館」，建於一九〇九年

（現太原路舊址），亦稱「淡水會館」。一九一五年，鹿港富紳辜顯榮從日人手中買下淡水戲館，並將其整修改建，易名為「台灣新舞台」，從此風光數十載。當時「台灣新舞台」邀請的表演團體多半來自上海的京劇團，最熱門的戲碼首推「狸貓換太子」，叫好又叫座。可惜建築毀於一次世界大戰，一九三一年左右，辜顯榮義子楊蚶重整新舞台內的京班，改名為「新舞社歌劇團」，全面演出歌仔戲，促使歌仔戲揮別落地掃時期，由鄉村的草台，進入了城市的戲院。還有永樂座，一九二四年由陳天來投資興建，是大稻埕著名的電影院和劇園，今已拆毀。一九四八年冬，大陸顧正秋的京戲（平劇）班應邀來台公演，「顧劇班」即在「永樂座」演出一千多場，長達五年。

龍瑛宗偶爾會到大稻埕看二輪電影如「驛馬車」，到「山水亭」報到的次數也不少，他住圓環附近，距離較遠，騎腳踏車一下就到，他也常到榮町看站書，榮町有一家「明治製菓」，一九三〇年，明治製菓在榮町（今衡陽路兩側）開設「台北賣店」，當時是一種「喫茶店」，就像現在的咖啡店一樣，賣自家糖果、巧克力，也賣輕食和咖啡。

當年「明治」的霓虹招牌一閃一閃照耀著榮町（今衡陽路），顧客有上班族、學生，貴婦們也愛來這裡喝下午茶，每天座無虛席。有一個「明治」迷就說：「一邊喝咖啡，一邊聽唱片，愉快無比！」顯現了台北人的新時尚。

一家又一家的喫茶店，布置優雅，吸引人想推門而入，有一間「パルマ」（Parma，義大利北部的城市，有「美食之都」的雅稱）喫茶店裡，穿著西比魯的紳士們正在喝紅茶、看報紙；另一家「新高」，消費平價些，大都大人帶小孩全家光臨，吃著壽司和冰汽水；「光食堂」則有斗大的招牌寫著「霜淇淋」，是高貴的霜淇淋專賣店。

其中三層樓高的「明治製菓」，是榮町最吸引人的建築，白色樓面，現代而大方，中間橫著大大的招牌字「明治チョコレート」（明治牌巧克力，至今在日本仍然擁有眾多的嗜好者，明治製菓於電台、電視等做廣告時，最後會播音「チョコレートはメイジー」（巧克力是明治牌啊），日本人都很熟悉這一句）⑤。樓面最上方，描出幾個英文字母「Meiji」，j的長尾巴還盪到e的下方，顯露幾分俏皮感。可別小看這幾個字，這可是台灣第一個霓虹燈廣告。老牌明治巧克力到現在對台灣人還有一絲魔力，原因是它曾在某個年代造成風靡。

呂赫若在一九四二、一九四三年的日記，就多次記載光臨「明治製菓」；「台灣文藝家協會」在這裡開會，「台灣音樂欣賞之夜」也從明治的三樓樂符輕飄，呂赫若也常在這裡和朋友聊天、吃午飯、「互相談論出版的事」，龍瑛宗想必也曾來坐坐。榮町出沒的以日台中上階層為多，大稻埕則是庶民文化。

大稻埕不僅是日治時代台灣人的經濟中心，也是文化、政治中心。面對西潮的直接衝擊，台灣文化協會、台灣民眾黨，以及話劇、美術、音樂、文學、電影、歌謠等也隨之昂揚。集聚優秀人才的大稻埕，終為台灣現代化思潮的起始點。醫生又是社會運動家的蔣渭水開設的大安醫院，以及跟幾位同志組織成立的台灣文化協會，以靜修女子中學西班牙式古堡建築為會址，一九二一年，以啟蒙宣揚文化之名，行抗日運動的「台灣文化協會」，在該中學大禮堂創立，寫下了非武裝抗日運動的新頁。當年林獻堂、蔣渭水等先覺者能組織此啟迪民智、激奮民心、爭取民權的「政治結社」，實為台灣民族運動跨出了一大步。一九五〇年代時，被譽為「台灣合唱之父」的呂泉生也曾在此擔任音樂教學的工作。

當時文人喜歡聚集的文化沙龍「山水亭」，是大稻埕的文化餐廳，也是當時「台灣文學」雜誌的編輯部所在地。在台北市大稻埕老一輩人的談話中，它是一家文化沙龍，其盛況有如五六〇年代的「明星」咖啡屋。山水亭以台式料理為主，跟附近的酒家菜有區別，較清簡些，為王井泉開設，依當時人形容：「王井泉喜歡幫助人，尤其是文化人。與台中中央書局張星建、吳天賞等號稱『鐵三角』，他以亭會友，使山水亭成了大稻埕的梁山泊。」這是後來王井泉之子王古勳寫的〈山水亭——大稻埕的梁山泊〉，並列出一百零八條好漢，其中就有：張深切、吳新榮、林博秋、王詩琅、王昶雄、張文環、呂泉生、陳夏雨、楊三郎、陳逸松、盧雲生、王仁德、呂赫若、李石樵、廖繼春、顏水龍、林之助、呂基正、郭雪湖、陳進、陳敬輝、金潤作、黃鷗波、林玉山、李超然、辜偉甫、李君晰、王白淵、黃得時、巫永福、郭水潭等人，眾多文人雅士於店中高談闊論，評畫賞文。呂赫若、林茂生、張文環、黃得時等皆為座上客，不滿日本至上的日本青年金關丈夫、池田敏雄等也是常客，龍瑛宗去的次數雖不多，他與以上的文人作家皆是熟朋友；王井泉曾經參與台灣文學社團啟文社的成立，並且是重要的台灣文學刊物《台灣文學》的支持者；再者，為了與「皇民奉公會」外圍的「台灣演劇協會」對抗，王井泉與一些文化人組織「厚生演劇研究會」，一九四三年在台北「永樂座」公演。《台灣文學》的金主是律師陳逸松，張文環負責編輯，王井泉包辦所有雜務，這個雜誌發行量是西川滿《文藝台灣》的三倍多，許多日人教授學者也大力支持。

名畫家林之助曾寫過一首日語小詩：〈半樓〉，歌詠山水亭，王昶雄譯為：

古井兄是位好好先生

---

⑤文甫按：公司的名稱是明治製菓，很多人以為只賣糖果，不知道這家公司也賣抗生素等醫藥品。

畫家、文士、樂人們
每每都讓他請客
山水亭又窄又陋的半樓裡
曾蠢動過台灣文藝復興的氣流
有喜氣洋洋的景象
也有訴不盡的哀愁⑥

王井泉人稱「古井」，也是一號人物，什麼名人、記者、教授、讀者、文化人等等的應接工作，全由他一手包，連文環也怕古井，因古井性格坦率，動不動就罵文環，但罵歸罵，文環全部領受，他覺得古井完全是為了他好。古井最恨台灣人對日人屈膝，有一次張文環接受西川滿招待的事見報。古井見到文環便大罵：「馬鹿野郎！你這個餓鬼，山水亭的菜隨你吃，你還吃不飽，你打算怎麼樣？」被罵的文環一再解釋，古井才緩和下來，笑著笑著倒茶去了。

大稻埕被認為是台灣的根據地，英雄豪傑齊聚一堂，要新潮的也有咖啡廳，在法主公廟對面，有一家咖啡廳「天馬茶房」，在日治末期和戰後初年是大稻埕知名交誼餐飲店，由當代名「辯士」（黑白兼默片時代電影劇情解說員）所經營。楊三郎就提供過作品於此辦畫展，售畫所得都作為《台灣文學》資金。這裡也是台灣流行歌曲的發源地，詹天馬為社會名流，台語第一首流行歌曲——〈桃花泣血記〉之歌詞，即出於他的手筆；詹天馬本人也是台灣新劇的推動者和電影片商。

另有一九三四年即開店營業的「波麗路」西餐廳（Bolero，法國作曲家拉威爾一首芭蕾圓舞曲的曲名），畫家謝里法在他的作品《日據時代台灣美術運動史》，即有如此的描述：「當大家談起巴黎畫派而聯想到蒙巴爾斯納的Dome和Rotonde等咖啡廳的同時，論及我們台灣的美術運動，也就無法不提到波麗路咖啡廳和廖老闆來。」

廖水來老闆雅好西洋古典音樂，故以法國作曲家拉威爾的傳世之作《波麗路》為餐廳的名稱。來往波麗路的畫家，興致一來，會在餐廳牆面上掛著幾塊空白的畫布，揮筆創作。山水亭和波麗路是大稻埕兩大「庶民飲食地標」，不像江山樓、蓬萊閣那麼氣派、奢華，最難能可貴的是，它們與台灣近代美術史都有不可分割的關係。山水亭老闆王井泉，人稱「古井兄」，是文化界甘草人物，他默默地資助不少藝術家經費從事創作，雕塑家陳夏雨就受過他的不少資助。

在一九三〇年代，留日的台籍學生都是搭郵輪前往日本，在基隆碼頭上船，許多中南部的藝術家，當由日本返台度假要回東瀛時，提前幾天就得北上準備，這時大都住宿在大稻埕，搭船之日再趕往基隆港；山水亭的「半樓仔閣樓」就成了這些留日學生的旅館，吃住都由古井兄免費提供，替窮學生節省不少費用，也成為重要的藝文中心。

從以上的描述大約可掌握其時大稻埕的繁華以及文人活動的狀況。

在一九四〇年題為〈私信〉的一封私人信函中，龍寫著他在老台北的生活：

> 去年此時我在萬華的龍山寺聽早阪教授談論「化石的故事」，然後去夜市站著吃東西。有大學教授、有新聞記者、有畫家，也有詩人。聽說現在沒有了，不過大家經常去大稻埕的圓形公園，對罷。請不要罵我沒品味。梅原龍三郎（一八八八—一九八六，日本的洋畫家）也去了那裡。火野葦平（一九〇七—一九六〇，昭和初期的日本小說家）也去了。這些只是我所知道的

---

⑥莊永明，〈美術大稻埕素描〉，《文化專刊》，二〇〇八年三月，頁一四三。

人。然後由萬華研究家池田敏雄當嚮導，我們參觀了萬華之夜。我們去《七爺八爺》黃鳳姿的家。菊池寬曾經評她為台灣的豐田正子。去有隕石的房子。這是個充滿舊式風情的地方。我看了亞恣欄。看了美麗的夜色。⑦

住在建成町靠近圓環夜市，每當夏天的傍晚，房間燠熱待不住，養成他在傍晚時散步的習慣，路線很固定，首先是下奎府町，然後是圓環夜市，悠哉悠哉看著夜市裡大啖美食的熱鬧風光。這種散步他謂之思維之散步。有一天碰見一個不會搭公車的日本老婆婆，「我要從這裡回到兒玉町，要搭幾號公車呢？因為傍晚的公車非常混亂擁擠。」龍建議她搭人力車，攔住一輛，不料車夫獅子大開口，龍只有親自帶她到巴士站搭公車，老婆婆堅持給他錢做謝禮，他拚命拒絕，然而她上車了，龍手中握著錢，臉頰燥熱，他覺得那是偽善的悲哀，像一種交易。老婆婆走了，他又折回圓環夜市，在小吃攤前坐下來。高喊：「喂！給我一杯！」

他是一個注意小節、充滿自省的老實人，這件事讓他良心不安，後來寫成文章〈拾錢的問題〉⑧。

有一次，一夥文友聚集在萬華，閒聊文學，最後有人提議一探風流之地。廖漢臣是萬華人，於是當起嚮導，帶領大家踏著夜色笑看神女，那時大家都年輕氣盛，然而也只敢看，龍幼時在故鄉的廟後看多了神女，倒也不覺得新鮮，只是這裡的繁華更盛，他比喻為唐朝「平康坊」，可見萬華的盛景。一九八一年廖漢臣過世，龍特別提到這件往事，並在他的靈前獻上一首元曲：

殷勤紅葉詩，冷淡黃花市。清江天水箋，白雁雲煙字。遊子去何之？無處寄新詞。酒醒燈昏夜，窗寒夢覺時。尋思，談笑十年事，嗟咨風流兩鬢絲。

出身山村的龍，喜歡熱鬧的街市，這是他選擇住圓環附近的原因，他也懂得玩，他的玩一是旅行，二是愛與朋友聚會聊天，他連國小校友聚會都不缺席，平常看似口拙的他，面對老朋友可是滔滔不絕。

隨著美軍轟炸越來越頻繁，龍為了一家大小的安全，把他們疏開到北埔避難，自己留在台北繼續工作，單身住在台北，生活上處處危險，過著提心吊膽的生活，有一次剛離開一個地方，那裡馬上遭到轟炸，如果慢走幾分鐘就沒命了，他常心有餘悸地向家人提到這件事，可見那段日子的緊張氣氛，在此氣氛下，作家心中有說不出的苦悶。

當時呂赫若與張文環最為親近，對西川滿、濱田隼雄皆極為厭惡，稱西川為「文學陰謀活動家」，認為他無法以文學實力服人⑨；稱濱田為「卑鄙的傢伙」⑩，以致他同意金關博士的說法「妨礙台灣文學成長的乃是文學家」，五月十七日葉石濤在《興南日報》學藝版上發表評論，認為本島而無皇民意識的舉張文環和呂赫若為例，呂大怒，中午和金關博士與楊雲萍在杉田書店論及此事，金關博士稱西川是「下流的傢伙」，葉只是聽命從事。呂和工藤好美的交情也很好，工藤曾對他的作品評價：「構成、文章很好。希望將來朝追求美的事物或者是有建設性的方向發展」⑪，

⑦刊載於《台銀俱樂部》，一九四〇。收錄於《龍瑛宗全集》第八冊，頁一一一一一二。
⑧《龍瑛宗全集》第五冊，頁一二一一一二三。
⑨呂赫若，《呂赫若日記》影本，頁二。
⑩同上。
⑪同上。

建議他研究歷史哲學，認識政治與政策、時代與時局之間的差別，呂稱他是位「良師」，當時圍繞在工藤身邊的正是一群台灣優秀的作家。他們與池田敏雄的關係也很親近，池田娶黃鳳姿為妻，才子才女的結合傳為佳話。呂因和「興行統制會社」的人無法共事，遂進入台灣新報工作，擔任《旬刊台新》的編輯，當時社長為平一氏，同事有龍瑛宗與王白淵，呂還在日記中特記此事，之後同事就常一起喝酒吃飯。文學報國會曾想請呂代表參加「大東亞文學者大會」，呂拒絕了，因為他實在不想再去日本。

從一九四二年龍與吳濁流、張文環、呂赫若等每月聚會於帝大（台大），聆聽工藤好美講解近代文學。工藤是王白淵的老師，龍受他的影響甚多，在一九四一年，有一天有人來找龍，他說：「台北帝大的工藤先生歡迎你來，你願意的話，來到工藤先生的研究室好了。」龍於是懷著興奮的心情，找到工藤的研究室，看他研究室擺了五六千本的洋文書籍。龍這才

龍瑛宗（右一）與戴國煇（中）、吳濁流（左一）及日本友人

想起在日本時阿部知二告訴他台北帝大有三名日本有名的學者，工藤便是其中之一，見面一開始便教他如何讀書選書，讀書要系統性地讀，否則讀再多也沒用，還苦口婆心地對他說，日本人絕大多數均有帝國主義思想，但日本的侵略戰爭不久會被打垮，你雖可回到祖國的懷抱，但你費了心思學習的日本文，恐怕沒有用處。他相信工藤的遠見，並把這句話牢記在心，因此想趁大東亞文學會議之便留在日本，可惜沒有成功，多年之後，吃盡苦頭，回想工藤說的話一點也沒錯。他是龍的良師，也是吳、張、呂等人的良師，他為他們講解浪漫主義、寫實主義的文學理論，並為龍列記應讀的世界文學作品，第一本即是《奧德賽》，為吳濁流則介紹史坦貝克的《憤怒的葡萄》。工藤也將呂赫若推薦給《台灣新報》的編輯長，而當了記者，如此與龍成了同事，而吳也在《新報》工作。

一九四四年四月，為了統制戰時報導，台灣總督府將全島的六家報紙《台灣日日新報》（台北）、《台灣日報》（台南）、《台灣新聞》（台中）、《興南新聞》（台北）、《高雄新報》（高雄）、《東台灣新報》（花蓮）合併為《台灣新報》，並由《大阪每日新聞》派員來台灣指導。當時黃得時原在《新民報》（即《興南新聞》的後身），吳濁流原在《日日新報》，王白淵在《旬刊台新》、呂赫若最晚進《台灣新報》，大家都成為同事兼好友，龍算是資深的，負責與軍部的聯絡工作和日本皇室的記事，每當接到這類新聞，無不提心吊膽，全身緊張，睜開眼睛，把稿子再三再四地看，可見他的工作與地位是會讓後進同事畏懼的。後來他擔任《旬刊台新》之編輯長，台灣人編輯委員還有王白淵、呂赫若、吳濁流。

他們四個人的關係也很微妙，吳年紀最長、張次之、接著是龍、呂最小，年剛滿三十。張開始誤解龍，後來成為好朋友，呂有點瞧不起他；吳則喜歡與龍吵架，他們兩個一個講漢詩，一個愛好西洋現代文學，常辯得臉紅脖子粗，說是談文學，後來變成吵架。這幾個精彩的文學家碰在一起，且密切往來，也可說是一時風流雲集。吳常自比李白，龍自比杜甫，那呂赫若像曹植，張文環則是白居易。

有人封呂赫若為日治時期第一才子，在龍的心目中，張文環才是第一名，主要是他的日文好，對人性與風俗的捕捉最犀利。龍介紹過許多作家，對呂赫若只有簡單一提，但凡他不喜歡的就是不提與不寫，這兩個人或許磁場不太對盤。

當時活躍於台灣文壇，多有留日或大學背景，只有龍既沒學歷又沒留日背景，也不會講閩南語，滿口都是日語，自然容易受誤解，呂赫若在他的一九四四年七月二日的日記上就說：

> 下班後去文環家和紺古氏碰面，龍瑛宗也來。與龍氏在「南」喝茶聊天，他是個性格上薄弱的、愛做樣子的人，他在《文藝台灣》大受欺負而處於求援狀態。十點告別，回家。⑫

看來龍在《文藝台灣》也是不被重視，他是不容易訴苦的人，會訴苦一定相當嚴重，但在立場不同的呂眼中就有點刺眼。根據池田敏雄的記憶，龍瑛宗雖為《改造》入選的中央作家，但他的存在卻不顯眼，集會時態度很客氣，再因為「極為內向與口吃」，在人前不能順暢的表達意見，可能因此受了不少氣，但他的「求援」，看來是不受同情。

中村哲、竹村猛，在松居桃樓舉行的「文學鼎談」座談會紀錄，刊登於《台灣文學》上，他們也批評龍瑛宗文學缺乏勇氣，多愁善感。

一九四四年呂赫若《清秋》由清水書店出版，是日據時期台灣作家中唯一出版的小說結集，書中收錄了呂赫若七篇短篇小說（〈鄰居〉、〈柘榴〉、〈財子壽〉、〈闔家平安〉、〈廟庭〉、〈月夜〉、〈清秋〉），此時呂赫若三十歲。三十歲就能出個人小說集，而且又是在日據時期，的確是不容易，不過呂赫若之所以會受人注目，不僅僅是《清秋》這本書而已。

呂赫若兒子呂芳雄則說：「父親在世時，風度翩翩，英俊瀟灑，集作家、聲樂家於一身，多才多藝，是一些女性崇拜的偶像，在當時的藝文界，被戲稱為『文化界的風流人物』。」另外一個聽過呂赫若演唱的人是葉石濤先生，據葉石濤的說法，他相當稱讚呂赫若的男高音，好加在他不是女生，要不然還真的可能會喜歡上呂赫若。被女人稱讚也就算了，居然還可以被男人稱讚，呂赫若這下真的是「赫赫有名」了。呂赫若本名呂石堆，後來他覺得石堆兩個字粗俗不雅，所以才以呂赫若作為筆名，赫是「赫赫有名」的赫，日語的「若」有年輕的意思，所以取名赫若是希望自己成為「赫赫有名的年輕人」。

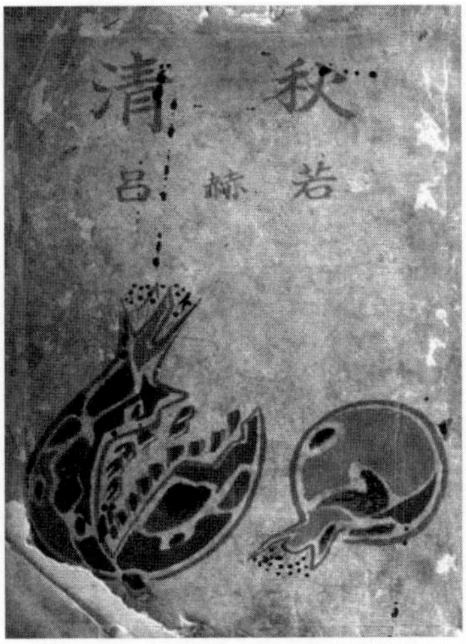

呂赫若《清秋》為台灣作家日據時期唯一出版的小說集

呂赫若對人的批評非常直接，像在日記中一九四十三年五月十七日有一小段：「今早的《興南新聞》學藝版上有個叫葉石濤的，斷言本島人作家無皇民意識，舉張氏和我為例立說。立論、頭腦庸俗，不值一提」，可見其為人。

呂赫若比龍小三歲，以〈牛車〉出名，二十八歲完成〈財子壽〉這篇小說，獲得了第二回「台

⑫《呂赫若日記》影本。

灣文學賞」，可以說是他早早創作早早出名，而《清秋》之所以可以出版，可能與〈財子壽〉獲獎有關，一九四四年出版的《清秋》，總共印了三千本，書名清秋二字是傅錫祺題的，而裝幀則是林之助負責。可能是呂的出書成功，讓龍也想推出自己的第一本小說，可惜沒有闖關成功。

呂赫若在他一九四四年寫的小說《清秋》中，敘述了剛從東京回到台灣鄉下的青年醫生耀動在他的故鄉所看到的景象，也讓我們看到其時台灣社會的現實：

> 雖說是鬧街，卻很少有行人的蹤影，只有商店櫛比鱗次。好像是田舍的陶器店、雜貨店、傘店、綢緞莊、鐵匠鋪等比鄰。能在這些低矮的店鋪間看到現代化容貌的，只有醫院。牆壁貼上瓷磚，玻璃窗耀眼地反射光線，一看就很光鮮，依然君臨鄉下地方者就是醫生。

日治時期的文學經常初現現代／傳統的二元對立，現代意味著進步、文明、優美等等，傳統相對而言是落後、野蠻、醜陋的代名詞，這是帶有優越感的帝國凝視下的產物，呂赫若用「君臨」一詞寫出醫生對於鄉下人的威權，讓他的主角回到了相對於東京這個大都會而言顯然是「落後」的故鄉。耀動作為醫生的身分，代表著優越的地位。這是「皇民化運動」時台灣作家的一種敘事策略，也是日治時期文學的特點。「現代」這個語彙籠罩著日治時代的台灣文學，殖民地時期的台灣被描繪成「現代化」領先施行的地區，其中隱含的意義是：日本是現代化的國家，它也對台灣進行了現代化的改造。然而，台灣文學並未對日本自以為是的現代化做描寫，相反的，倒是以「現代文明」的名義下進行盤剝的不義的殖民者揭露真相。賴和的〈一桿秤仔〉，呂赫若的〈牛車〉如此，龍氏的〈植有木瓜樹的小鎮〉也有那個企圖，卻是吸取了帝國的眼光，這之後他有過深切反省，而以這篇為不成熟的作品，不願再提，也不收入小說集中。

諷刺的是，〈植有木瓜樹的小鎮〉被許多人奉為龍的經典，之後都難以超越的高峰。一九四七年二月呂發表短篇小說〈冬夜〉，主要是描繪國民政府接收台灣之後，因為政治腐敗造成社會混亂及民眾生活困苦的現象，小說的最後以一場暴動結束，奇妙地預言了二二八事件的發生，也似乎暗示他悲劇性的未來。

在二二八事件之後，原本「願意花上一生來努力探究文學」的呂赫若中止文學創作，將對國民黨政府的失望，投身於政治革命，參與中共地下黨的活動。滿腔熱血的他變賣家產，開設「大安印刷廠」，印製共黨的祕密資料與宣傳刊物，並擔任《光明報》的編輯。

一九四九年八月，《光明報》被指控是共產黨的地下報，《光明報》創辦人基隆中學校長鍾浩東及同校八位職員，還有十多位台大學生被逮捕，參與《光明報》編輯工作的呂赫若也因此開始逃亡，從此之後下落不明，至今生死成謎。

事發之後，他的後人把他的文稿燒毀一部分，剩餘的部分埋藏起來，解嚴後才陸續曝光。

根據劉文甫的記憶，一九四九年他們一家搬到師大附近泰順街四十巷，是一棟有榻榻米的日式房子，剛搬家不久，家裡還沒有買桌椅，看來文秀又帥氣的呂赫若曾經來訪，母親把裝行李的空箱倒過來，將熱茶放在箱子上請他喝茶。呂赫若拿煙敬龍，龍不好意思收，呂問他是否嫌煙不好，這時龍馬上接下煙抽起來⑬。

呂原來對龍有點偏見，但相處久了發現他柔弱的外表下有個剛強的堅持，文學品味尤其好，在談到文學時侃侃而談，散發知性的犀利，這越多交往一些時日越見他的好處，戰後初期的呂處在危

⑬周芬伶，《憤怒的白鴿》，頁四七三。

險之中，但他似乎相信龍，兩人見面的次數漸多。

張文環，一九〇九年生，比龍年長兩歲，嘉義縣梅山鄉人，日本東洋大學文學科畢業，曾和東京留學生組織「台灣藝術研究會」。二十三歲發表處女作〈父親的顏面〉，這篇小說入選日本《中央公論》雜誌，為台灣作家躍登日本文壇第一人，比龍瑛宗早了六年。張文環被黃得時譽為「文學天分最高」的一位。一九四三年以小說〈夜猿〉與西川滿同獲頒皇民奉公會第一回台灣文學賞，並與王井泉、林博秋、呂赫若、呂泉生、楊三郎等百餘人組織「厚生演劇研究會」，於台北永樂座舉行「第一回研究發表會」，其中原作〈閹雞〉由林博秋改編為舞台劇公演，佳評如潮，在當時造成相當大的回響。日治末期以作家職被徵召擔任皇民奉公會參議等職。一九四四年出任台中州大里莊長，熱心地方政治。一九四六年當選第一屆台中縣參議員，一九四七年代理能高區署長。戰前可算是日文創作最豐的一個，戰後停止創作，二二八事件後漸離公職。晚年利用業餘創作，一九七五年撰寫長篇小說《地に這うもの》在日本推出，獲日本圖書出版協會推薦為優良圖書，中譯本《滾地郎》由廖清秀先生翻譯，在台灣出版。一九七八年完成《從山上望見的街燈》初稿後，二月十二日不幸因心臟病辭世，享年七十歲。

張文環的作品及其為人，王詩琅以「粗線條的人，粗線條的作品」兩句話論之，他具有大漢民族那種高度知命、率直的性格和人道思想。在莊永明《台灣紀事》中曾記錄他的一段軼事：有一次一位高等刑事問張文環說：「日本有皇族、貴族、士族、平民，你們台灣人卻只有平民，其他都沒有，所以台灣人是日本新平民，待遇稍有相差，有什麼不滿呢？」張文環回答：「你對東洋史是外行的，日本歷史一千六百年，中國歷史四千年，在這四千年歷史演變中，漢民族無論哪一姓，沒有做過皇帝便做過王，所以全體的漢民族不像日本有什麼貴族不貴族。」刑事很不以為然的再說：

「可是可以說大部分是文盲啊！」「不是文盲多少的問題，他們的血液中有帝王和王公的血統！」從這些對話中可見他對漢民族的高度自尊，和機智的反應。他娶兩房妻室，元配是日本人，二太太是台灣人，年紀比他小很多，龍氏在一篇懷念文章說，當元配去買菜時，文環就對小老婆大獻殷勤，「當時的文環兄膝下尚無子女，他的行為未必是好色之徒」。生活嚴謹的龍氏大約不能瞭解才子風流之事，在小說中對這樣的人物大事嘲諷，可他卻為張文環解釋。

張文環喜歡台灣民謠，他與鄧雨賢（一九〇六—一九四四，桃園縣龍潭鄉人，作曲家）往來頻繁，一九三三年才二十七歲的鄧雨賢作的曲子〈望春風〉、〈月夜愁〉，一時廣大流行，沒想到被日本人改為軍歌，他因此受到嚴重打擊，一九四四年即過世。王昶雄曾想為鄧寫一本書，可惜沒有如願。

葉石濤說：「張文環文學的特質在於他濃厚的人道精神。他以為在這個世界裡，有些地方是連做人的條件都缺乏的，簡言之，他所關懷的是頑強地扎根於土地的農民，那被欺凌、被虐待的生活，剛好日據時代的殖民地台灣，正是此種缺乏做人條件的地方。」

張原先對龍的印象不佳，有一次張文環的好友藤野在酒後對龍說：「張文環是個作家，也是台灣知識人的代表，他竟以龍某是漢民族的穢多（エタ），少與他往來較好。」龍做夢也想不到，張對他的印象如此惡劣。只因他不會講閩南語嗎？客家人在中原可多是漢民族的貴族呢！

龍與張文環的結識，在他〈可愛的仇人〉一文中記載著，是在某日看電影之後跟駱桃源走在太平町路上，走到半途他突然說：「你知道張文環君嗎？」「還沒見過，但是早就知道大名了。」「那麼，他現在住在蓬萊閣附近，去訪問他怎樣？」兩人往蓬萊閣走去，忽然有人「噢—咿」喊了一聲，但見二樓窗口探出男人的半身，「帶了一位稀罕的客人來了。」說完，張說：「哦，上來，上來！」邀他們上來，龍描寫著：

張文環君是有點令人聯想到湯淺克衛氏那樣的小胖青年。就像從他的文學能感覺出沉著的氣氛一樣，從他的軀格也能感覺出來。

第一次見面他送龍一本怪書，是阿Q之弟（本名為徐坤泉，一九〇七—一九五四）寫的《可愛的仇人》（一九三五年開始連載於《台灣新民報》，後由張文環翻成日文成書，小說屬於大眾文學），這幾個字有什麼隱喻嗎？龍沉吟著。

張文環當時住大稻埕，「山水亭」是他們常聚會之所，呂與張交情甚好，在台北幾乎天天往他家跑，龍原本與張也有心結，後來因一同參加大東亞會議而化解。幾個當時最活躍的作家關係很微妙，張的個性較圓融，所以還可以在其中周旋。

龍認為「描寫台灣人的風俗文學，到現在為止超出張文環的作品，似乎還沒出現過」，早在一九三一年他的作品就入選《中央公論》徵文第四名，一九四三年又以〈夜猿〉與西川滿同獲皇民奉公會第一回台灣文學賞，他的日文造詣，龍認為是台灣第一人。但張為了與《文藝台灣》抗衡，跳出《文藝台灣》，創辦《台灣文藝》，對龍有偏見。對這點龍有說明：

當時我不會講閩南語，在只有他們那群人的聚會中，都是閩南語和日語交雜使用，因此，我總是一頭霧水。而且我非常內向，說話又結巴，在人前往往說不出話來。「不愛說話的客人仔靠不住」。因此他們才不讓我參與洽談雜誌的事吧。雖然張氏對我有偏見，在對方沒有開口之前，我絕對不為他的雜誌寫些東西。⑭

一九四二年十月二十二日龍與西川滿、張文環、濱田隼雄共同出席第一屆大東亞文學者大會，前往東京，而當時張我軍以華北文學者身分出席。龍與張兩個人是因為在一起參加大東亞文學會議時，住在同一間客房才有深談，張最後對他說：「龍君！我誤解你了。可不可以在我的雜誌寫些文章？」龍欣然允諾，之後他們變成好朋友。

就私下的接觸，龍與吳濁流來往最頻繁，兩人的友誼長達三十幾年。

吳濁流，本名吳建田，新竹縣新埔鎮大茅埔人。生於一九〇〇年，卒於一九七六年。可以說是民國前的漢詩人，比龍他們年紀大上許多，在現代文學的創作上起步較晚，他的一生跟他的小說一樣曲折而坎坷。十六歲畢業於新埔公學校，考進台灣總督府台北師範學校。那年，新埔、關西、六家等地區，僅僅吳建田一人考取，可說風光一時。吳濁流師範畢業之後，分發到新埔公學校的照門分校，擔任主任，年方二十一。二十二歲時，年輕氣盛的吳濁流看不慣日本的霸道作為，撰文批評日本的教育制度，二十三歲，被調職到苗栗縣的四湖公學校。之後吳濁流參加了「苗栗詩社」，但因病回新埔休養一年，接著又參加「大新吟社」。吳濁流漢詩的根柢深厚，他雖受過相當完整的日本教育，對於漢詩的興趣，終身不已，常自比為今之李白。許多情懷都透過漢詩，作為抒發，因而留下上千首的漢詩。一九三七年，三十八歲的吳濁流調回新竹縣的關西公學校任首席訓導。一九三九年，因抗議日本教育之野蠻體罰，被調往山地鄉馬武督分校。一九四〇年，新竹郡運動會在新埔莊舉行，郡督學因吳濁流一句戲言，竟敲多名台籍教師的頭，吳濁流義憤填膺，翌年堅持辭職，結束二十一年的教師生涯，時年四十一。

⑭龍瑛宗，〈《文藝台灣》與《台灣文藝》〉，《龍瑛宗全集》第七冊，頁九。

年輕的吳濁流豪情萬丈，很有異性緣，經歷過許多淒美愛情，他雖愛好寫古詩，流傳後世的卻是他的小說作品。他在三十七歲（一九三六）時，受日籍女教員袖川激勵，以〈水月〉開始他的小說創作，那時龍已在進行書寫〈植有木瓜樹的小鎮〉。一九四一年一月，吳濁流往南京任《新報》記者。當時南京為汪精衛政府所在地，仍在日本控制之下，眼見日軍的暴行，大陸的貧困，失望之下，八月又回台灣。然而，吳濁流一回台灣，即有刑警跟蹤，且台灣物資極度缺乏，於是又攜眷再赴大陸。

十二月八日，日本偷襲珍珠港，吳濁流研判，日本必敗，若不離開，將來必被視為日本人受到報復。乃於一九四二年，又舉家潛回台灣，隨即受到監視。

一九四四年任《台灣日日新報》主筆，從事與戰爭無關的報導，也許受到工藤教授的啟發，與身邊作家朋友的激勵，開始寫長篇小說《亞細亞的孤兒》。書中的內容，描述台灣子弟，既受日本的欺壓，跑到大陸，又受到歧視，找不到自我的身分定位，只能是亞洲的孤兒。

《亞細亞的孤兒》原名《胡太明》，經龍提點令人聯想及胡志明，故而改名。這名字改得太好了，幾乎說明台灣人的命運，它創作於太平洋戰爭最激烈的時期，也是皇民化運動進入瘋狂之時。當他把稿子拿給龍看時，龍覺得有些日文不適合日本人口味，便說：「讓我改一下好嗎？」結果費了一段時間幫他修改，吳說：「我還要請台北帝大的工藤教授為我修改一下」。結果出版時，龍發現自己修改的地方完全不見了，全篇修改的地方不少，「究竟是工藤教授的潤筆，還是書房編輯部的修改，只有地下的吳氏一個人知道。」⑮龍特地指出這件事，可能是有些疑慮，但看吳之後的作品，就可瞭解吳氏在書寫上的用功與進步少有人及。一九四七年二月，發生二二八事件。吳濁流一連串寫下〈銅臭〉、〈三八淚〉、〈波茨坦科長〉系列短篇，抨擊時局。其中，《無花果》及《台灣連翹》兩部長篇，更呈露歷史的真相，記錄許多官員的奸邪腐化，以及所謂「半山」的台奸種種

吳濁流（右）與弟弟（圖片提供／新竹縣政府文化局）

行徑，充分表達台灣人的怨憎與苦悶。

吳濁流早期以創作漢詩為主，在書寫語言的轉換更為困難，無法以流利的中文書寫散文或小說，尤期在戰後，日文被禁，他還是只能先以日文寫成，再由自己或經由友人翻譯成中文，而他的日文程度雖然不錯，可能沒有張文環、龍瑛宗、呂赫若好，有些地方翻譯成中文後，詞句通常不太優美、精緻，這也可能是龍跟他文學風格與主張相左的地方，吳在日文上的造詣沒龍好，因此常向他請教，龍是個厚道的人，曾寫文讚美他的《胡太明》。只是他沒想到日治時期不在四大金剛其內的「漢詩人」，吳濁流成為戰後初期最響亮的人物，以及文學大師。

葉石濤曾經在《吳濁流集》裡做了評論總結：「吳濁流思路清晰，兼有堅忍不拔的文學魂。因此在他的小說裡，從沒有向世俗的、市儈的思想低頭過，也沒有向任何違背他立場的現實妥協過。他的小說有濃厚的社會性，這社會性決定了他的小說的特異風格，與眾不同的鄉土性，但多少也損害了小說應有的藝術性。」（頁二七四）

龍與吳，一個安靜木訥，一個好辯好動，兩個人個性相反，緣分卻很深，他們相識於戰前的報社，並一起去上工藤好美的課，戰後吳創辦《台灣文藝》，又找龍幫忙，他每次到龍家，帶著他的得意新作如癡如醉地朗誦，也喜歡講古，他年少時熱愛古詩詞寫作，中年才開始寫小說，剛開始還

⑮《龍瑛宗全集》第七冊，頁四〇。

有古詩文的味道，後來以散文形式書寫，意外找到合宜的文體。他沒讀過西洋小說，對日本私小說一概認為無價值。這跟喜歡西洋小說與私小說的龍南轅北轍，兩人常因此大吵，誰也不讓誰。吳又常把龍的名字念顛倒，還能時常往來，兩人的關係很奇特。吳到死前一直喊他「劉宗榮」，連他兒子也受他影響，到家中慰問時也叫錯名字。他一見龍就粗里粗氣喊：「劉宗榮，你看這封信，說龍某已是過時代的作家，不值得為我們青年作家的楷模！」龍聽了吹鬍子瞪眼睛，他為什麼要故意說話惹怒人呢？雖然如此，他們也吵吵鬧鬧過了數十年，文甫從小就看著這個伯伯常來家裡跟父親大小聲，吳倒是很喜歡聰穎乖巧的文甫，留學日本有次回台省親，吳還介紹他的姪女跟他相親，由雙方家長及吳陪伴，在台北某餐館正式見面，可惜這樁婚事沒有成功，文甫說「差一點我家和吳先生變成親家」，可見他們的交情並非一般。在〈冥想〉一文中，他寫著：

年輕的吳先生，由於狷介叛骨與日人衝突，被放逐於叢林遙深的馬武督、四湖等荒涼僻地經幾許漫長的歲月，行同謫居，他仍與唐宋的文人為侶，日日夜夜以詩詞對話，碧眼紅毛的果戈里、左拉、屠格涅夫、巴爾札克等文人，未曾訪問過他的謫居地。

依我看《紅樓夢》是中國文學很重要的作品，它萌動近代文學的花朵。吳先生從未與我談過《紅樓夢》，連寫實主義傑作的《金瓶梅》也未提及。

總之，吳先生是極其寶貴的詩人兼作家，姑且不論對《台灣文藝》的功勞，具有特異性的純粹繼承中國古代文學濁流老，溘然遠逝矣！溘然遠逝矣！如斯文人再也不復出。⑯

這日治時期四大金剛中，張與龍的日文水準高，僅能以日文寫作，龍推張為台灣作家日文造詣最高者；吳最年長，漢文底子最深，但也無法完全運用中文寫作；呂赫若的中文水準也許是最好的，而且鋒頭最健。

龍與池田敏雄、黃鳳姿也有交誼，池田於一九一六年（大正五年）八月六日出生於日本島根縣，原姓山崎，因家貧，送給池田家當養子。外祖父擔任銀行的分行長，是一名具有漢學素養並關心西洋文化的讀書人，池田敏雄的幼年便在外祖父的疼愛之下，備受薰陶。一九二三年，池田朝接受遠親莊司家的幫助，在台北市水道課謀得工作，因此舉家遷居台北東門町，池田敏雄也轉學至台北市旭小學校就讀。一九二九年，進入台北第一師範學校，因為仰慕明治時代名詩人石川啄木（一八八六—一九一二，岩手縣人，詩人、歌人、評論家）而創作短歌、發行同人誌《原生林》。

一九三五年，十九歲的池田敏雄完成學業，任教於龍山公學校，是一名熱心教學、甚至自費購買圖書以鼓勵學生向學的好老師。兩年後，讓學生以「生活周遭」為題材練習作文時，讀到班上學生黃鳳姿描寫台灣冬至習俗的文章〈湯圓〉，大為讚賞，這對正開始著手進行台灣民間故事和童謠採集活動的池田敏雄而言，可說是一次與台灣民俗令人振奮的相遇；其後，經由黃鳳姿家人的引介與協助，池田敏雄順利在艋舺地區從事多次民俗採訪。一九三九年，西川滿創刊《台灣風土誌》，池田敏雄協助相關編務，也在創刊號中發表他關於台灣民俗的首篇文章〈台灣挑燈考〉，同時，黃鳳姿的〈湯圓〉一文也登載其中。教學之餘，池田敏雄經常在《日本讀書新聞》、《台灣日日新報》、《台灣新民報》等報刊上發表書評，並加入「台灣詩人協會」、「台灣文藝家協會」，協助西川滿編輯《文藝台灣》，也因此結識張文環等台籍作家。一九四〇年三月，五年的教學義務期滿，池田敏雄離開龍山公學校，擔任台灣總督府情報部囑託（相當於公關文宣部門的約聘雇員），負

⑯《龍瑛宗全集》第六冊，頁三二〇—三二一。

責處理情報部相關的編輯事務。

〈台灣挑燈考〉，是池田第一篇關於台灣民俗方面的文章。此時他對萬華地區庶民的生活有著極為濃厚的興趣，經常利用學生作文時間，給學生寫些萬華庶民的生活、習慣、風俗這一類的題目，作為他民俗研究的素材。被譽為「台灣文學少女」的黃鳳姿即他的學生，池田發掘了這個秀麗的小女生，一九二八年五月五日，黃鳳姿生於台北艋舺。黃家世居艋舺，黃鳳姿的曾祖父黃章田是洋琴名家，同時也是一位深知民俗故事與地方傳說的耆老；祖父曾經是清朝院試合格的生員（秀才）；父親黃廷富為京都帝國大學的法學博士，曾任關西大學教授，戰後任教於立命館大學；母親揭氏雪仙則擁有高等女校學歷。身為家中長女的黃鳳姿，在母親和曾祖父的照顧下，成長於文化氣息濃厚的環境中，尤其深受曾祖父影響而對艋舺的風俗習慣認識頗豐。

一九三八年，黃鳳姿就讀龍山公學校（即龍山國小）三年級才十歲，以〈湯圓〉（おだんご）一文博得當時導師池田敏雄的極力讚賞，並在池田的鼓勵與指導下，繼續創作多篇有關台灣民間習俗與生活的文章。一九三九年，〈湯圓〉登載於西川滿發行的民俗雜誌《台灣風土誌》創刊號。

接著〈七娘媽生〉發表於一九四〇年，時年十二歲，就讀於公學校五年級，隔年復有《七爺八爺》出版問世，受到鼓舞的黃鳳姿描寫台灣鄉土風俗、民間故事的文章一篇接著一篇登場，如〈冬至圓仔〉、〈天公生〉、〈過年〉、〈粿〉、〈清明節〉、〈上元節〉、〈七娘媽生〉、〈虎姑婆〉、〈娶紙某〉、〈無某無猴〉、〈黃三桂與流星〉等作品，池田並將這些文章收錄編輯成書，名為《七娘媽生》，於一九四〇年（昭和十五年）由東都書籍株式會社台北支店出版。《七娘媽生》出版時，便獲得「限定版之鬼」西川滿的特別重視，為她做《七娘媽生》的特裝限定本：精裝硬式書皮，書外套有宣紙紙袋，紙袋上貼一張艋舺金紙行印的門神版畫。這種西川滿版的《七娘媽生》，因為紙袋上貼的是門神，門神必定是成雙才一對，所以還要找到另一本紙袋上有另一邊門神

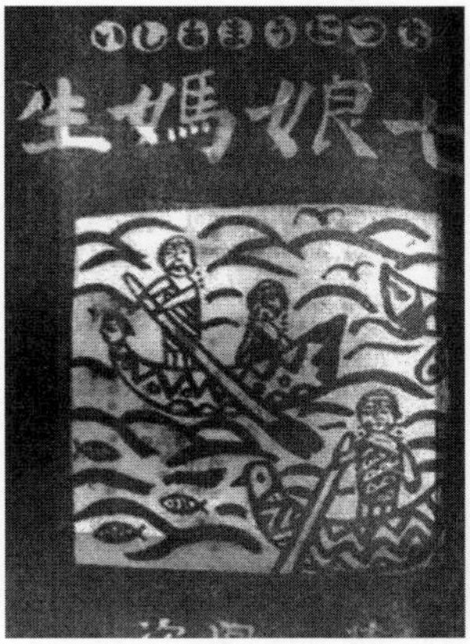


黃鳳姿的《七娘媽生》、《七爺八爺》出版

的《七娘媽生》才算齊了。西川滿很愛玩門神這種噱頭，設計上極盡刁鑽。在裝幀版本上，有立石鐵臣和西川滿量身訂做，一時成為藏書家競購的珍本；他在兒童文學上，是日治時期台人兒童文學作品出版的第一人；在田野調查上，由黃鳳姿作為台人家庭和日籍學者的媒介，池田敏雄、金關丈夫、松山虔三等人才能深入黃家大宅，詳細記錄各種民俗用品，一方面介紹給日本讀者，一方面也為現代的我們留下了珍貴的歷史紀錄。

十五歲又出版《台灣の少女》，此書由大正時代名作家佐藤春夫（一八九二—一九六四，和歌山縣人，慶應義塾大學肄業，小說家、文藝評論家、隨筆家、戲曲家、翻譯家）作序，並榮膺日本文部省推薦圖書。此外，著名文學家菊池寬曾將黃鳳姿評為「台灣的豐田正子」⑰，稱讚她與日本的天才少女作家豐田正子一樣，年紀輕輕就具備傑出的創作才能。十八歲與池田結婚，這段婚姻也飽受波折，日治時期，台灣的日本人與台灣本島人，是禁止通婚的；原則是禁止，還是有少數例外。如辜顯榮有一個太太是日本人，即辜寬敏的生母；林

⑰豐田正子（一九二二—二〇一〇），日本的作家、隨筆家。生於貧窮的家庭，小學生時所寫的作文被收錄於《綴方教室》，名噪一時。戰後，加入日本共產黨，一九六七年，出版讚揚中國文化大革命的書。

黃鳳姿在日本刊行的《台灣の少女》

獻堂有個媳婦愛子也是日本人。戰後池田敏雄被陳儀接管政府留用，池田敏雄回國時，把新婚夫人兼學生黃氏鳳姿帶回祖國日本東京，因為兩人已有婚姻關係，應該透過某些特殊的程序，才讓已沒有日本國籍身分的黃鳳姿，可以跟著池田敏雄回到日本。這對師生文學與姻緣可說轟動一時，戰後一九四七年雙雙被遣返，一九五八年五月，產下長女池田麻奈。一九六二年二月，次男池田珠樹誕生。《台灣の少女》在東京刊行（東都書籍出版）時，還是經過文部省（相當於教育部）推薦的。《台灣の少女》內容是《七娘媽生》、《七爺八爺》的精選，加上書信和新作十七篇，是黃鳳姿作品的集大成，也是最後一本作品。雖只寫了三本書，但這三本書先後有池田敏雄、西川滿、立石鐵臣、佐藤春夫等名家掛名推薦，在不同地方一共出了約八九種版本，還受到日本文部省推薦，這麼多殊榮加在十來歲的少女身上，可以想見黃氏在日本也受到文壇矚目，然而「麻煩」也隨之而來。此書才問世，即有「特高刑事」上門找麻煩，認定記述台灣的傳統風俗習慣，在戰爭末期尤其是皇民化運動如火如荼展開，台灣的文化被重度貶抑之時，這是帶有政治上的反動意識的，在池田百般周旋下才得以過關。套鍾肇政的話：

池田確實是熱愛台灣的，他不但用心採集台灣的民間故事、童謠、民俗等等，還與當時的台北帝國大學的幾位名學者合作，共同發行《民俗台灣》雜誌（一九四一年七月至四五年一月，共四十三期），對吾台民俗學方面的蒐集、記錄、研究等，留下了極可觀的貢獻。

《民俗台灣》最重要的催生者池田，被譽為是「艋舺通」，他所寫的台灣民俗的文章，很多是與他在萬華的生活有關，他喜好和萬華在地人接觸，實際體驗、觀察、採訪庶民的生活，龍山寺是他很喜歡去的地方，因為那兒有許多老人聚集聊天，能讓他獲得相關的民俗題材。由於池田其對《民俗台灣》的誕生所付出的努力與貢獻，過世後，東京的「台灣近現代史研究會」才編輯了《池田敏雄氏追悼記念特集》（一九八二年）來紀念他。

理論上《民俗台灣》的創刊是要保護台灣人的「免死金牌」，與皇民化運動正是背道而馳，而投稿者中有許多積極參與政治社會運動者，主政者應該會加以干涉才對。當局之所以未正面干涉的原因，依ねずまさし（漢字是「禰津正志」）的解釋是：「乃因以金關為首，促進者皆為台北帝大教授的高等官，亦為帝國的高官，由屬於地方官的低官位總督府官吏視之，必自感威壓與自卑，而且關係人當中假使有人違反治安維持法，尚可藉口干涉，竟然全無，自不能不敬而遠之。」⑱可見由於金關丈夫及帝大教授的高等官與其他政府官員的執筆，使得總督府的低階官員不敢正面干涉，這也正是為什麼帝大教授與其他政府官員在《民俗台灣》執筆的人數高達八十二人，佔日籍執筆者一百四十五人的五成五以上的原因。由於這些官員及教授大多數人的興趣並不是民俗本身，所以大部分所寫的文章也多數與台灣民俗不相干。

這也說明日治文學為何會以民俗為核心，它是一個特別受保護的安全地帶，也是日人作家與本土作家的唯一交集與默契，表現的立場或有不同，表現的題材則相通。也就是西川滿寫他的《西遊記》、拜媽祖，張文環寫他的〈閹雞〉、呂赫若寫他的〈財子壽〉、龍瑛宗寫〈貘〉，他們的創作

---

⑱ねずまさし原作，程大學譯，〈「皇民化」政策與《民俗台灣》〉，《台灣文獻》第三十二卷第二期，一九八一。

概念不只是鄉土的，而是指向集體人文意涵的「風土民情」，可以說是以風俗包裹鄉土的奇異產物，跟自然主義結合後，成為動物性（墮落性）的人性描寫，在這點意義上，日治時期的文學有其特殊性，龍的戰前寫作風格跟初入文壇也有了轉變。如果再細分，一九三七至一九四一是一個階段，此時期以詩為主，詩作以主義為主，小說則技巧多樣，有寫實有後設，寫實如〈貘〉、〈黃家〉、〈宵月〉，〈白鬼〉以捕捉風土民情為主，不脫離當時文學民俗走向；一九四一至一九四五則以私小說為主力，進入深層心靈描寫，而形成自己的風格，如〈白色的山脈〉、〈龍舌蘭與月〉、〈不知道的幸福〉、〈一個女人的紀錄〉……是往感覺與潛意識深挖。他至花蓮，再度被放逐於文學的荒原，故而走出自己的林中小徑。

池田不但在《民俗台灣》所發表的文章分量非常多，就與民俗方面有關者而言，也是該雜誌數一數二者，議題包括生占卜、巫術、禁忌、俚諺、民間故事、歲時、神明祭儀、生命禮俗等，興趣十分廣泛。而他所用過的筆名也是當中最多者，據其女兒池田麻奈的統計，包括池田生、森元淳子、孟甲生、艋甲生、游阿蘭、徐碧玉、朱櫻子、黃瓊華、吳嫦娥、牽牛子、陳照子、賴金花、李杏花、杏花、林幸子、盧品、編集子、編集員、再拜、月英、謝必安、黃雞、祝英台近、青山樓、東門生、呂蒙正、I、T・I、T・K・I等等。池田之所以使用各種筆名，是為讓當時一般人感到《民俗台灣》的讀者群很廣泛，而讀者投書、投稿者也很多。

一九八一年池田敏雄過世，一九八二年四月十八日，黃鳳姿曾回到台灣出席池田敏雄逝世週年追思紀念會。

殖民地政權在政治上施行著掠奪的統治，在文化上則將殖民地文化視為「華麗」的風土，可說早期日本印象中的台灣比較接近台灣，這是因為來台灣的日本人有一種旅遊獵奇的心態。他們要記

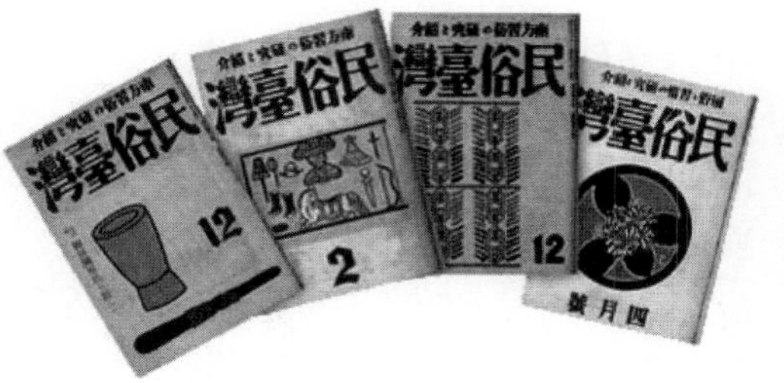


《民俗台灣》創刊

錄「本島」是如何異於「內地」，民俗學與殖民文化有細緻的關聯，這一派人以西川滿為代表，另外出現一批民俗學家，對台灣文化有著超常的熱愛，池田與金關丈夫是其中的佼佼者。他們認為西川氏只是誤將異國情調的事物當作民俗學。戰後，池田曾於一九七九年寫給張良澤的書信中，回憶並批判戰爭時期站在統治者立場的殖民地文學說：「要理解、評價西川氏（滿）的文學，不能忽略西川氏的思想背景聯繫於里見岸雄（一八九七——一九七四，依據傳統的神道國家觀，擁護以天皇為中心秩序的「國體論」，創立「日本國體學會」）、田中智學（一八六一——一九三九，宗教家，提倡「日本國體學」）的國家社會主義式的心情……因此，西川氏現在還肯定日本對台灣的殖民統治。西川氏於戰時中，以台灣的習俗為題材而寫詩寫小說，又用土俗品為書的裝幀，這是他的異國趣味、珍奇趣味，並不是深入理解台灣人的生活而建立的文學。站在統治者之立場的殖民地文學，不是真正愛台灣之風土與人的文學。」⑲

龍也在《民俗台灣》一九四二年三月五日發表文章，〈薄薄社的饗宴〉刊於《民俗台灣》第二卷第三期，池田最後一次來台臨別前，盼龍簽字留念，龍寫「去年雪，今何在？」，池田回日本，罹患癌症於一九八一年逝世，享年六十五歲，龍還寫信要長子文甫去探訪黃鳳姿：

⑲張良澤，〈池田敏雄先生書信集〉，《台灣史料研究》第九號，頁一二三。

寫了《文藝台灣》之辛酸的池田敏雄先生於三月三十一日逝世了。因為接到訃聞，趕忙先寄了弔唁信。池田先生是真正愛台灣的人，他太太是萬華的人。池田先生任教於龍山國民學校時，他的學生鳳姿小姐寫了台灣民俗的事情，就是《七爺八爺》、《七娘媽生》輯成一書出版。聽說菊池寬先生看到那本書予以嘉獎過的。他的學生鳳姿小姐後來當了池田先生的太太。

因此希望你方便的時候，去拜訪鳳姿夫人，為故人上一炷香，那時是送香奠好，還是帶禮物好呢？請你和典子商量決定。附帶一提，未亡人鳳姿夫人之外，還有麻奈、珠樹兩個孩子。地址是東京都保谷市柳澤一—四—十八，電話是……池田先生當兵時，在東港附近的林邊。林邊住著你母親的親戚。我出差時也訪問過林邊。那是個海鮮又便宜又好吃的地方，高雄的人們都特地去品嘗。池田先生前年訪問林邊，探尋過去的朋友。那位朋友還健在，並且記著池田先生。然而池田先生卻變成一去不再歸來的人了。[20]

一九八一年五月，劉文甫夫妻代表父親到過世不久的池田家弔唁，黃鳳姿很親切地接待他們，文甫看見客廳的角落安放著用白布蓋著的池田先生骨灰盒。[21]

另一個《民俗台灣》的主編是金關丈夫，他更有來頭，一八九七年（明治三十年）香川縣出生，一九一九年（大正八年）就讀於京都大學醫學院（醫學部），一九二三年畢業後，擔任醫學院解剖學教室的助手[22]，其後，金關開始涉獵人類學方面的書籍，僅僅兩年的時間，即於一九二五年躍升為助教授[23]，主講「骨學」。一九二七年（昭和二年），在文學院文學部史學科（史學系）主講人類學。一九二八年，與清野謙次共著《人類起源論》一書受人注目，同時出席了「民俗談話會」，開始與民俗學權威柳田國男（一八七五—一九六二）有了接觸。一九三六年（昭和十一年），擔任台北帝國大學教授，隨即在台展開一連串的史前遺跡的發掘，如台中州埔里的石棺遺跡、台中州營埔遺跡、台南州大湖遺跡（今高雄縣湖內鄉）、台東廳卑南遺跡等，另外他對於民族學的調查研究也不遺餘力，如鄒族、賽夏族、排灣族等原住民的體質調查，都是他研究的焦點。正如他所說的「愛台灣民眾，極熱忱地理解台灣民俗，我們絕不落人後」。他的研究領域涉及人類學、考古學、民俗學、民族學等，後來被稱為「金關學」，對美術、文學也持有高度的關心。

戰後，金關被國民政府「招聘留用」，繼續留在台灣四年。一九四六年，與研究台灣先史學的國分直一（一九〇八—二〇〇五，民族學者，考古學者）共同發掘南投縣竹山鎮的石棺遺跡，隔年，被聘為台灣大學教授，同年，前往台南縣大內鄉展開平埔族的調查，一九四九年八月返回日本。回到日本後，金關擔任九州大學醫學院教授，一九六〇年退休後轉任鳥取大學、山口縣立醫科大學、帝塚山學院大學擔任教授，同時也擔任奈良天理市岩室等地的民俗調查指導。一九六八年，被選為國際人類學會的副會長。一九七九年，得到昭和五十三年度的「朝日文化獎」（朝日文化賞）。一九八三年，由於心肌梗塞而去世，享年八十六歲。

龍氏〈胡人的味道〉一文中，評論金關丈夫的文章，他先引若干段落，表現他作為人類學家對人種的看法，當年輕的黑人說：「我是英屬奈及利亞人，自從有生以來，徹人心肝記憶的一件事，

---

⑳龍瑛宗，〈劉榮宗給劉文甫的信〉，《龍瑛宗全集》第八冊，頁五二一—五三。

㉑周芬伶，《憤怒的白鴿》，頁四八一。

㉒文甫按：台灣的解剖學，是由軍醫又是日本明治、大正時期作家森鷗外的長男森於菟、金關丈夫、國分直一等學者為主打下基礎的。

㉓當時日本各帝國大學將學校的教師分為四級制，由低而高依序是助手、講師、助教授、教授。其中，教授、助教授的官階相當高，是屬於敕任官或奏任官的高等官。他們的任用或升等，都要通過內閣會議。

就是白人的蠻橫。」」龍認為他的文章行文流暢有趣，又有銳秉燃犀的眼光，「可以窺見倡導正義的白人偽善的真面目」，金關對台灣竹藝編織也很有研究，可說是台灣民俗研究的專家，這篇短評劉知甫認為很重要。

《民俗台灣》於一九四一年七月創刊，一九四五年一月停刊，共發行四十三期，創刊號「卷頭語」，由台北帝國大學醫學部教授金關丈夫所撰：

monument（紀念碑）一詞，係由動詞 monere（記憶，拉丁語）而來。銅雕、石刻或遺留的形物，不外乎為記憶簡便而已。心傳心的記憶，即是紀念碑的真義。換言之，一個傳承的團體，即是民族自體的一種龐大的紀念物。羅馬人滅亡迦太基人時，將其所有的紀念物，破壞殆盡，以致後世的文人編寫「莎蘭播」，成了艱苦課題，但羅馬人終究無法毀滅迦太基人心中的紀念碑。

「時間」比羅馬人更偉大。今日突尼斯人已不復記憶身為漢尼拔子孫的榮耀；吾人所惋惜的不僅是一卷迦太基民俗誌的缺乏傳承，而深惜曾經產生偉大英雄漢尼拔的迦太基人，本身的滅亡，更甚者，羅馬人沒有將有關於迦太基人的寶貴歷史記載傳世，對於羅馬人的不負責行為，深以為嘆！

我們要愛護紀念物，即使其存續非屬天意——結果全憑時間的解決，——但至少要努力將完整的紀錄留傳下去。

金關將台灣人比為腓尼基殖民地的迦太基人，而將總督府比作統治者羅馬人，顯然他對更強化文官總督時代的同化政策，而所進行的「皇民化」運動持反對的態度（第十七任小林總督以後由軍人回復當總督）。

身為日本學者，金關卻和「大稻埕」的台灣人打成一片，是真誠的「台灣人的朋友」；他參與《民俗台灣》編務，留下不少可貴資料，他還以林熊生的筆名，寫了偵探小說：《龍山寺的曹老人》。

龍與葉石濤的交遊，是從一九四一年談起，那年《文藝台灣》於台南鐵路飯店開座談會，與會的多是日本人，當中有一個戴眼鏡的紅顏少年，坐得很端正，正專心聆聽演講，這個年輕後輩給龍留下深刻印象，那時的葉才十八歲。之後兩年未再見面，一直到一九四三年，龍到西川滿的「日孝山房」，又看到那紅顏少年，他擔任西川滿的助理，嗜讀外國作品，對西歐文學很有研究，這跟龍的脾胃相合，兩人年紀雖然相差一輪，卻很談得來。葉口才好讀書勤，龍好學深思，遂成忘年之交。

日本戰敗後，龍到台南《中華日報》擔任日文版主編，戰爭後期住在北埔的家眷，戰後回到台北，只留長子文甫在老家，到台南安頓好才接回來，編入二年級，導師是年才二十餘的葉石濤，他特別關心文甫的功課，中午為他準備美軍脫脂奶粉沖泡的牛奶，也常帶領同學們到赤崁樓及安平港遠足。龍對葉的寄望頗深，他甚至覺得「石濤的近代文學造詣，比他（吳濁流）還深」。一九四三年五月一日西川滿在《文藝台灣》發表文章，批評台灣文學主流的寫實主義為「糞寫實主義」，五月十日世外民㉔在《興南新聞》發表〈糞寫實主義與偽浪漫主義〉，於是代表殖民統治的「文藝台灣」社與代表台灣民族意識的「台灣文學」社開啟文學論戰，葉石濤就如同森林迷路的兔子參與這場論爭，他在《文學回憶錄》提到，一九四三年七月另一篇文章〈春怨〉又被《文藝台灣》採用，於是他心高氣傲投書《興南新聞》痛罵「糞寫實主義」，極力的擁護浪漫主義。結果遭到以世外民為首的台灣作家群起圍剿。甚至前輩作家張文環與呂赫若曾聯袂到宿舍拜訪，並託室友轉達來意。葉石濤提心吊膽一段時日之後，證明自己是多慮了，事後參加幾次文學座談會再碰到這兩位前輩，莫不苦口婆心勸告這小夥子，對於台灣新文學要用心體會，要更用心鑽研台灣的歷史，千萬不要忘記自己是台灣人。與葉石濤最熟識的龍瑛宗常嘲弄他的浪漫主義文學，指出他對台灣社會轉變悲慘歷史的無知與幼稚。「強調唯有反映社會真實情況的現實主義寫實文學才是殖民地統治下的台灣應走的方向。」在前輩作家的啟蒙之後，葉石濤也逐漸的體察到西川滿的浪漫文學，仍然建立在殖民統治階級的現實與文化優越地位上，終於在「文藝台灣」社一年三個多月後，辭別西川滿，回到府城。北上的這段日子，葉石濤自我解嘲為「體內的浪漫之蟲尚未死去」，但描寫台灣現實社會的寫實主義才是真正能夠反映社會現象，而作家的天職並非只是理想，更該為國家、民族、社會做出貢獻。

在龍瑛宗的鼓勵之下，他發表多篇日文小說和隨筆，在龍瑛宗主編的《中華日報》日文版「文藝」，撰寫日文中篇小說〈熱蘭遮城陷落記〉，參加《中華日報》的徵文比賽，因為內定，而未獲錄取。稿件遺失。

有關浪漫主義與現實主義論爭。是在一九四三年第一屆皇民奉公會文學獎頒獎後引發的台灣文壇不同民族、立場作家，對殖民地戰時文學觀念的爭執。此論爭以台灣得獎作家之現實主義創作問題為批判之導火線，以《台灣文學》、《文藝台灣》兩大戰時文藝誌為中心展開，為戰時文壇最重要之文藝論戰。戰時這兩大文藝集團之意識型態對峙早已形成，在較早的四〇年代初期「外地文學」與「地方文學」等論述已有較勁意味。一九四三年二月文學獎評審台北帝大教授工藤好美對採取寫實主義的得獎者張文環多所讚美，引發另兩位得獎者西川滿、濱田隼雄抗議。隨後西川、濱田、葉石濤等人先後撰文批判台灣作家的寫實主義為惡俗、扒糞式、帶有普羅文學遺風、無視時局動向的「投機文學」、「糞寫實主義」；反之極力提倡協力國策、回歸日本古典傳統的「皇國文學」、「皇民文學」。此舉引發楊逵、吳新榮等台籍作家反駁，他們認為台灣的外地文學及浪漫主義文學內容貧乏，反之寫實主義文學具有深厚的社會內涵。該年四月到八月間，雙方人馬在《文藝台灣》、《台灣文學》、《台灣時報》、《台灣公論》、《興南新聞》文藝欄多處，展開激烈論辯。此後筆戰稍緩但對立仍在，九月厚生演劇研究會與藝能文化研究會打對台，陳火泉〈道〉與王昶雄〈奔流〉之「皇民文學」競寫，乃至十一月台灣決戰文學會議文學雜誌存廢問題的對立各方面。捲入的作家，上至工藤、西川、濱田、楊雲萍、張文環、呂赫若、楊逵、林精鏐、吳新榮等中壯代，下至新生代的葉石濤、世外民（一說邱永漢）、陳火泉、王昶雄，乃至若干演劇界人士，可謂牽連廣大。主要代表人物的論述，雖環繞現實主義與浪漫主義、外地文學與台灣文學等議題，但討論並不十分深入，爭執核心在於戰時文藝的指導原則以及「皇民文學」等方面。親官方立場的日籍文學者有意與台灣文學奉公會的文藝統制政策呼應，對本土文壇進行更徹底的統制，故導致本土作家反彈。此論戰可視為官方系列收編本土文壇的最後一役，十二月間《台灣文學》終於遭到停刊，被《文藝台灣》強行合併，並改由台灣文學奉公會發行。

當時同為日本人也分兩個陣營，一以工藤好美維護台灣寫實主義，他自己雖是浪漫主義的理論家，但沒有殖民者將殖民地文學強植為「外地文學」的想法，他的徒弟都是台灣的重要作家如呂赫若、吳濁流、張文環，他尊重他們也支持他們獨特的文學；另一派以濱田隼雄、西川滿為中心，攻

---

㉔「世外民」即邱永漢，引自葉石濤，〈我的副刊經驗〉，《葉石濤全集・隨筆卷五》，頁一九〇。

擊台灣在地文學的寫實美學，提倡皇民文學。

一九五四年，龍在〈日人文學在台灣〉一文說：

日人文學在台灣，我們可以大別分類二種：異國主義（exoticism）文學，寫實主義文學，其他還有評論。其中有屬於「旅行者文學」，這些作家們，曾經旅行過台灣，或短期間居住台灣，或全然未到過台灣，而單憑空想力描寫台灣。他們原來屬於東京文學，從而描寫台灣的作品也發表於東京文壇。

這些東京文學的作家們，屬於異國主義文學者，有日本著名的藝術至上主義作家佐藤春夫（作品《女誡扇綺譚》、《霧社》）。浪漫派詩人伊良子清白（作品《聖廟春歌》）等。屬於寫實主義作家們有大鹿卓（作品《蕃婦》）、田村泰次郎（作品《日月潭》）、莊司總一（作品《陳夫人》）、中村地平（作品《長耳國漂流記》）、真杉靜枝（作品《在街口》）、丹羽文雄（作品《台灣之旅行》）等等。

住在台灣的文藝評論家，如矢野峰人、工藤好美、島田謹二等，與其說是文藝評論家，不如說是英文學者較為適當。矢野峰人是文學博士，台北帝大教授，他是象徵派詩人，在東京文壇也佔有地位的。但取材於台灣的詩歌鮮少，在台出版的譯詩集有《墳墓》、《黑的獵人》等。在日出版有《近代英文學史》、《Arnold的文學論》等等。工藤好美是台北帝大助教授，他研究「文藝復興的歷史研究」（Studies in the History of the Renaissance）的作者Walter Pater。而其研究成果由東京岩波書店上梓。他的文章壯雅簡潔，在《台灣時報》發表的《浪漫主義論》有深刻的見解。島田謹二不但對「比較文學」，而對於歐美文學也有相當的研究。他提倡外地文學即殖民地文學，換言之，支配者文學，所以他的規定殖民地文學是一種異國主義文學，鄉愁

（nostalgia）文學或旅行者文學。雖然他主張異國主義文學須配合心理的寫實主義，不管頗為使人費解的心理的寫實主義是怎樣，畢竟他的殖民地文學是佐藤春夫流的藝術至上主義的異國主義文學。

龍在此論戰中雖保持沉默，但無疑地他是站在工藤的這一邊，濱田隼雄效忠日本帝國而寫了《南方移民村》，當時的「皇民文學獎」授給西川滿、濱田隼雄、張文環，四大金剛獨缺龍，可見龍並不符合皇民文學的標準，但他不全然否定陳火泉的作品，認為亦有感人之處，「現在已經過了數十載了。想起往事，拿出火泉兄的作品〈道〉來說，想做皇民的部分，雖滿紙荒唐言，但是描繪台灣人生活的部分，仍有淒涼感，使人感動，也令人覺得很可惜的作品」㉕，在仍在戒嚴時期，台灣文學研究仍是空白的一九八三年，龍的見解可謂敢言，他的文學觀只是就文學談文學。

戰爭到了後期，台北的情況吃緊，根據呂赫若的日記記載：

十月十二日天氣晴

清晨四點左右發布空襲警報。

到上午八點多突然發表說敵機入侵。接近九點時，美國的俯衝轟炸機群終於在台北上空出現，以松山機場為目標開始轟炸，是俯衝轟炸。接下來大約有十次——迄下午三點半，一波又

---

㉕《龍瑛宗全集》第七冊，頁六八。

一波地頻頻飛來轟炸。交通機關停。沒上班，一整天在陽台觀戰。覺得現代化戰爭是組織戰、科學戰。晚上警戒警報。

頭一次的空襲。㉖

就在此時，龍也在六月受「台灣文學奉公會」指派，至高雄海兵團見習一週，官拜少尉，隨行者尚有呂赫若、張文環、楊雲萍、楊逵、陳火泉、周金波等人。以此經驗寫出決戰小說〈若い海〉（即〈年輕的海〉）。曾遇中曾根康弘。後參加從軍作家座談會。

戰爭期間龍為保護家人安全，孩子與妻子被送到北埔鄉下疏開，寄住二伯母家，大伯父每天訂一瓶牛奶給文甫喝，讓其他孩子們羨慕不已。

戰後，妻兒才與龍團聚，文甫就讀立人小學二年級，當時二十歲剛出頭的葉石濤是他的級任老師，這是龍特別安排的，葉老師很照顧他，常買牛奶麵包給他吃。一九四六年《中華日報》日文版停刊，舉家搬回台北萬華，轉讀老松國小，後搬到泰順街，兄弟倆每天要走五十分鐘才到學校。

一九四五年夏天，幾乎天天都在防空洞中生活。八月十五日於新竹聽到日本昭和天皇親自廣播，宣布無條件投降。

戰爭結束了，許多人歡欣鼓舞，日本人則跪地哭泣，連東西都沒收就倉皇逃走，龍感到的是解放中有著不安，他是一個預感強烈的人，未來要迎接的恐怕不是黎明，而是黑夜吧！

---

㉖《呂赫若日記》。

# 第四章

# 華麗與非華麗——歌頌南方的評論家

以西川滿為中心的南方浪漫主義者很能代表殖民主的帝國凝視，他不但創辦《華麗島》雜誌，歌頌殖民地台灣的異國風情，也有諸多幻想似的作品：

雲依然沒離去　日頭斜
趕著高大的白牛
瑯璚的少女吹著龍角
綻開綠色花朵的海上　有幾隻
在游著的　那是鯨魚

西川滿是三歲即渡台的二世日人作家，他的感性華麗風格是刻意營造出來的異國風情，所謂異國風情正是殖民者看待被殖民地的觀點，它被指出的特點即是「華麗」，而台灣被視為「華麗島」。這些觀點深受他的文藝理論老師島田謹二的影響。西川創作「華麗」的文章，島田形成他的

「華麗」理論。島田是法蘭西學派的英國文學與比較文學研究者。從一九三九年以「松風子」的筆名，在各大重要報刊發表《華麗島文學志》，它由十二篇小論文構成，可說是台灣殖民地／外地文學觀的奠定者。他把外地文學等同於歐洲的殖民地文學，那是由統治者（內地人）所創作的「外地」文學。而這外地文學是富於想像力的文學，文學主題表現出三種類型，即外地人的鄉愁、當地的特殊景觀、土著與外地人的生活表現。他把這見於他國的殖民公式套用於台灣，總而言之是充滿異國情調的文學，也是殖民母國文學之延長與擴充。這種在帝國凝視下把殖民地視為客體或他者的姿態，可說是自我陶醉的文學。

西川滿也根據此理論創作他的文學，而《文藝台灣》也是在此理論下一再強調外地化、南方化與華麗化。台灣作家對此自我陶醉的文學相當不滿，而紛紛逃離，龍氏在一九四〇年十月的《文藝台灣》上，對此文學路線做了批評：「鳥瞰《文藝台灣》，大體上可以說多半是與生活乖離之作品，或是詠嘆自然之作品」，更尖銳的看法在一九四一年二月《大阪朝日新聞》的〈台灣文學上的展望〉上，對外地與本土做了釐清：

> 外地文學的性格，帶有只要求表現異國情趣的傾向，其實須知那不過是附帶條件，並非主要條件……異國情調是旅行者的文學……異國情調不是居住在異國情調中的人之欲求，只不過是位於異國情調外的人們之好奇心罷了。住在異國情調中的人之文學，可以完全不去意識到異國情調，但居住在其外部者自然會從作品中感受到異國情調，我們並非為了異國情調而從事文學。
>
> 總之，我們並非由於為了滿足外界的好奇心而從事文學，我們根本的問題在於開創與提高我們所居住的土地之文化：我們最需關心的，就是這片土地所經營出的生活樣貌。①

龍氏拙於口語表達，也非抗議運動家，但他以他的敏銳直覺，對殖民地提出的外地文學理論做了批判與更正，外地文學的主體應是本地的生活，而非異國情調。他更進一步指出，外地文學不能只以本土文壇（殖民母國或官方）為目標：

因此，雖說是外地的文化，外地文學並非以本土文壇為目標，而必須是密著於該片土地的文學。既非模仿本土的文學，亦非僅拘限於外地之表象的異國情調文學。外地文學的氣質不是鄉愁或頹廢，而是生於此地、埋骨該地並且熱愛該地，要提高該片土地的文學。它不是消費者的文學，而是生產者的文學。②

這一段話戳破殖民者的謊言與異國情調之謬見，可說是後殖民理論之先見者。龍氏好學深思，具有進步思想，對文藝評論之使命與重視，使他常有異於常人的見解，在〈熱帶的椅子〉中，他提出南方文學（台灣）與北方文學（日本）的不同：

在台灣，早從佐藤春夫的《女誡扇綺譚》到最近的中村地平、真杉靜枝等文學，大都是異國人（etranger）的文學。

我們不太聽到生於熱帶，而且好幾代都從過去繼承熱帶之血的作家。多麼可怕的氣候和風土

①龍瑛宗，〈台灣文學的展望〉，《龍瑛宗全集》第五冊，頁八〇。
②同上，頁八一。

的制約呀！

一年到頭，被頭頂上猙獰的太陽灼照著，可憐南方人的思維這東西就像遊絲一般蒸發掉了。的確南方的生活是不適合思索的生活。然而，所謂文化卻是來自激烈的頭腦活動。不過，說到南方人的頭腦呢，被季節風搬走，被陽光啄食，只會變成腦昏昏的醉漢。而且奇妙的是陽光中含有媚藥，都插上熱情的火焰，使人成為肉體的俘虜。全都不成為哲學者而成為生活的浪漫者。很多沒寫成的小說是不輸給北方的。③

雖然南方的文學尚不如北方，但他也舉出兩篇具紀錄性的呂赫若〈牛車〉與楊逵的〈送報伕〉，雖不充分成熟，但要從這裡慢慢前進，文化的提升是必要的，爭鬥也是必要的：

應該努力朝向文化，這是當然的，但沒有文化的高揚就沒有生產方式的改革，生產方式的停滯意味著文化的停滯不前，因此南方地帶比之北方，於一切社會範疇內顯示著驚人的斷層與乖離。不過南方的黑暗和停滯不該只歸咎於氣候、風土，這也是不言而喻的。④

所謂生產方式大約是指農業社會與工業社會的不同，台灣農業社會的弊病在教育與文化不普及，導引至蓄妾、童養媳、聘金等不合理習俗，種種對女性的不公，對這點他不但在作品中反映，也做評論批判，總之文化的提升需要社會共同努力，文化評論也很重要，他常以文藝或文化評論者自許，他的第一個十年（一九三七—一九四七）在文學上的貢獻，除了大量書寫「土地的文學」，在評論中大量推介優秀文學作品，並提倡女性自覺與進步。一九三七到一九四七，可說是龍瑛宗創作生涯中最燦爛的十年，從《改造》雜誌獲獎到成為四大代表作家，參與重要雜誌編輯，成為文藝團體成員，十年間發表的作品甚豐，小說、詩歌、隨筆、評論，可說是創作量驚人，到一九四七年的《女性描寫》畫上美麗的句點。僅就這十年的文學成就，可以坐上台灣文學一流大家。他的文學觀在傳統與現代搭了一個橋梁，充分展現當時文學旺盛的活力，他最重要的文學意義起碼有五個面向：

## （一）土地的文學

在一九四三年底，他曾自選十篇小說準備出版，書名定為《蓮霧的庭院》，並找畫家宮田彌太郎畫封面與插圖，宮田曾為西川滿的《西遊記》畫孫悟空與豬八戒，名盛一時。那時的書要做得漂亮，畫家的畫技十分關鍵。當書校對好送到總督府保安課，等了好久沒下文，於是硬著頭皮跑到總督府詢問，檢閱官說：「你的創作集有問題，現在日本帝國是非常時期。但是你的作品一點幫助也沒有，尤其〈夕影〉是壞作品，應該刪除。換一篇協力聖戰的作品好了。」後來，他另寫一篇〈年輕的海〉，並抽走〈夕影〉，但保安課還是沒通過審查。他的第一本小說集就此夭折。如果出了，他會像張文環、呂赫若一樣被讀者記住，然而說沒有就沒有了。他的書被日本官方認為有問題，自然是不符合聖戰與皇民化的思想，不知什麼樣的歷史誤解，而讓他戴上「皇民」的帽子，在他初寫作時，確實有被殖民者自卑問題，經過一些思想的洗禮，他把自己定位在立足土地，超越族群，放眼世界，追求進步的作家。從他的交遊就知道，他親近的都是以台灣為中心的本土作家，和喜歡

③《龍瑛宗全集》第六冊，頁一八四。
④同上，頁一八五。

台灣反對殖民主義的日本作家與學者。沒想到他的作品有問題，後來他慢慢回想，後藤保安課長對他搞文化運動素無好感，他來台灣前就是檢舉王白淵的人，而龍與王交情甚好，另外，他在《皇民新聞》裡連載《平妖傳》，也是後藤反對，最後改寫為《猿飛佐助》，原來後藤對他一直是有意見的。

這十篇作品可說是他「土地的文學」的代表，他尚且刪除〈植有木瓜樹的小鎮〉那帶有異國文學色彩的「中央」級作品：

1.〈夕影〉一九三七年八月
2.〈黃昏月〉一九四〇年十一月
3.〈黃家〉一九四〇年十一月
4.〈邂逅〉一九四一年三月
5.〈午前之崖〉一九四一年七月
6.〈貘〉一九四一年十月
7.〈南海之涯〉（〈死於南方〉）一九四一年九月
8.〈婆娑〉（〈一個女人的紀錄〉）一九四二年十月
9.〈海之旅宿〉（〈龍舌蘭與月〉）一九四三年四月
10.〈蓮霧之庭〉一九四三年七月

這是他的第一本小說集，卻因時運不濟，沒能出版，這使他的小說處女作或代表作遲遲未能推出，對他來說是一大遺憾。他的第一本小說集遲至一九八五年，才由蘭亭出版社出版《午前的懸崖》。在日治時期為台灣小說翹楚的小說家，出版命運卻如此坎坷。這令他第一次感到時代的黑暗壓力。

十篇作品大都圍繞著台灣「這塊土地的生活」為重點，風格在私小說與自然主義之間，筆法富於變化，有書信體（〈死於南方〉）與年譜（〈一個女人的紀錄〉）的變化，除了記錄台灣的風土民情，也加入對貧苦女性的關懷，如〈婆娑〉（〈一個女人的紀錄〉）、〈黃昏月〉；除了〈蓮霧之庭〉談中日人之間的情誼，裡面幾無日人的描寫，像〈植有木瓜樹的小鎮〉中自卑於日本文化的文章也不復可見。

他的文藝思想受工藤好美的啟發，而懷有國際視野，在龍的〈日人文學在台灣〉一文中介紹住在台灣的文藝評論家，如矢野峰人、工藤好美、島田謹二等，他說，與其說他們是評論家不如說是「英文學者」，他介紹「工藤好美是台北帝大助教授，他研究『文藝復興的歷史研究』（一八七三）的作者Walter Pater（一八三九—一八九四，英國維多利亞時代的評論家、批評家、小說家）。而其研究成果《ウォ—ルタ—・ペイタ—短編集》（一九三〇）由東京岩波書店上梓（一八八四年，工藤先生以再版方式由南雲堂出版這本書）」。他的文章壯雅簡潔，在《台灣時報》發表的「浪漫主義論」有深刻的見解」⑤。工藤常站在台灣人的立場，鼓勵台灣人多關心自己的鄉土與文化，在文學上更支持在地文學，他早看出日本人的軍事侵略會失敗，因此在戰敗前提早離開台灣。龍的文學觀較接近工藤，而與島田相左，又受池田敏雄與張文環的影響，關心本土風俗與文化的表現，張是他最佩服的台灣作家。所以他一面推介國外的文學名作，一面支持女權思想，他對

---

⑤原載《台北文物》第三卷第三期，一九五四年十二月十日。

台灣文化的提升可謂急切，在〈邂逅〉中，他藉小說家劉石虎與瞧不起小說家的知識分子楊名聲在火車上的辯論，點出這本小說的主題：

「我不是想寫通俗小說才寫的，是以更認真的心情想為台灣的文化而寫的。」

「文化？台灣的文化？你，哪兒有台灣的文化？」

「那麼，你是要否定文化？」

「不，你聽清楚，我並不是否定文化本身，我是因為你說著台灣文化、文化，所以我想告訴你台灣沒有什麼文化。」

「正是這樣，台灣到現在沒有文化，這一點我也承認。可是，問題不是在台灣有或沒有文化，而是正因為沒有文化，才要我們來創造文化。」

「哈哈哈哈，你好像要背負著台灣的文化似的，真是辛苦了。」⑥

他認為優秀的文學與文化，必須建立在優秀的國民與讀者上，這是他為什麼拚命閱讀，勤快地評論與引介優秀作品的原因，良好的文學環境必須有良好的評論家與評論。當編輯可以接觸許多作家許多稿子，培養評論眼光，讓他思想活了起來，他對編輯工作是熱愛的。

他對自己的作品的期待很高，希望還要往上提升，成為世界級的作家，可惜這樣的深自期許被殘酷的時代給砸碎了。

## （二）文藝評論與詩人身分

他的第一本書即是文學評論集，一九四三年十二月十一日，出版文學日文評論集《孤獨的蠹魚》（盛興出版部），收入〈詩的鑑賞〉等文。

在〈作家之眼〉一文中，他提出文藝評論有如文學舵手：

> 現在雖然可以見到台灣文學正處蓬勃之際，但是文學運動舵手的文藝批評，也就是批評精神之貧困是相當顯著的事實，只有兩者緊緊做有機的連結，才可見到文學正確的成果，批評的貧困簡直是加重作家們的任務，令人擔心會將他們逼進死胡同中。⑦

他認為作家之眼是要射出現實，而非射出觀念，他的文藝思想受工藤好美的影響，工藤除了開書單給他，又跟他說看東洋文學須先概略瞭解佛典，讀西洋文學則須先讀聖經和希臘神話。他是個有寬闊視野的學者，私底下對龍說：「日本的侵略戰爭不久就會被打垮了，你可回到祖國的懷抱，但是你費了心神學習的日本文，嗣後日文恐怕沒有用處吧！」那大約是一九四二年，可見他是站在帝國主義的對面，對未來也有遠見。工藤的書單以西洋文學為主，日本文學與中國文學皆不在其

龍瑛宗出版的第一本書《孤獨的蠹魚》

⑥龍瑛宗，〈邂逅〉，《龍瑛宗全集》第一冊，頁二〇九。
⑦龍瑛宗，〈作家之眼〉，《龍瑛宗全集》第五冊，頁二八。

中，如果龍早點學中文看中文書，對他後來是有益的，可說，工藤對他的影響有利有弊。

文甫在早大念書時，經常去工藤好美教授家拜訪，聽他暢談在戰前生活在台灣的回憶，他知道龍喜歡抽煙，每當文甫回台省親時，工藤必託他帶日本香煙給龍。

龍在一篇未發表的文章〈文藝評論家的任務——讀夏先生的作品評選有感〉，文長一萬多字，他先對夏志清的文學獎評選表示認同，他說文藝評論有兩種，一種是巨視的，一種是微視的，巨視是屬於文學作品與時代、社會思想的諸問題的關聯性；微視是探討文學的構成因子、文學表現等美學問題。他認為學者、評論家多屬前者；作家屬後者。在「伯樂與駿馬」一節中，他認為最理想的文藝評論家，非但要有豐富的學識，還需有藝術的感覺，光以理論去解剖是不夠的，必須具有文藝感才能完全理解。這些說法都頗有見地，文藝感可視之為文學經驗與審美趣味。這些看法到現在仍切中時弊。

他較具代表性的文藝批評以〈果戈里及其作品〉、〈文藝台灣作家論〉、〈詩的鑑賞〉、〈名叫巴爾札克的男人〉、〈日人文學在台灣〉，還有一些有關外地文學的理論，可說是日治時期殖民地文學的批判者與墾荒者。雖無大系統的理論，但卻是兼具巨視與微視，理論與文藝感，如他在研究果戈里與巴爾札克時，先討論他們所處的時代與傳記，再討論其作品的內涵。他指出魯迅的〈狂人日記〉（一九一八）是受果戈里〈狂人日記〉（一八三四）的影響，但前者是觀念的呼喚，後者是肉體深處的呼喚，因此才能提高到詩的境界，那是「激烈的悲哀，是絕望的斷念」，因此他認為魯迅的作品貫穿著焦躁本質，「大凡一部文學作品的成立，須具備文學所要求的規則與條件。例如要寫出作品，必須心靈平靜與從容，魯迅沒有長篇作品，我們由此可以下結論，也可說明貫穿其作品的焦躁性質」，魯迅貴為中國文學之父，敢於如此批評的也只有龍氏吧！

龍瑛宗受《萬葉集》的啟蒙而愛好文學，在寫小說之餘，他一直未放棄詩的創作，也注意詩壇的發展，他的詩作受俳句的影響，短小而富於韻味，有時以散文詩出現，也有富於實驗性的詩作如〈蟬〉：

城鎮的中央　住在簡陋房子的我　某日腦海裡　蟬兒kana -kana鳴叫了
朦朧新綠裡　有了六月　風以光腳　跑在穗浪上　與田園姑娘們　嬉戲了
我坐在路旁的燃著的石頭上　思考了希望油加利　靜靜地　撒下樹蔭　而發抖般地鳴叫了
kana–kana昔時　少年時　我嚮往永遠　我的靈魂　遠漂了　青青的海
我的靈魂　在墨西哥的　長滿刺的仙人掌的陰影下　假寐著　眺望了　沙上的繁星
正在kana–kana般地　我的回想裡　蟬兒鳴叫了　啊　我的腦海裡
kana–kana我的血潮裡
我的思念裡　我的青春裡　朦朧新綠裡　鳴叫了kana–kana kana–kana

這首詩以蟬叫聲的重疊加上句式的迴環，造成聽覺與視覺與心靈的疊映效果，環繞不已，可說是龍的代表作，此詩作於一九四三年，一九七九年他又自譯刊於《民眾日報》，可見他重視此詩作。他的詩品味不弱，詩評也很多，作家也常在詩作中以詩人自稱，在〈詩的鑑賞〉中，他取以夏天為題的詩作逐一做短評，其中有日人的詩也有西方的詩，他對華麗典雅的詩作特別喜好，他用「充滿黏液性」批評室生犀星的詩作，對雪爾・魯伯禮的晚禱則說：「歌詠情欲、汙穢與厭世思想的這位惡魔派創始人，感化許多詩人，舉凡作詩的人都必須拜讀這本『罪惡的聖經』。」

從龍氏的詩作可看到他的另一心靈側面，是優雅而夢幻的；從他的詩評中可知他對詩的閱讀與評賞有其獨到之處，在殖民地稀少的詩評中，他也應該佔有一席之地吧！

在《文藝台灣作家論》中，他評點其時活躍的作家與所謂的「外地文學」或「南方作家」群像，這外地與南方不正是外人眼中的台灣嗎？雖是包含著帝國的幻影，然也是側影。他說西川滿是日本文壇非主流的作家，「在西川的文學中見不到日本文學主流之灰暗樸素的日本現實主義。其作品充滿了南方之光與想像」，如果西川是感性的作家，濱田隼雄為知性的作家，另有北原政吉、中山侑、長崎浩、本田晴光、川平朝申。其中中山侑為少見的散文家。他也點評台灣作家，評楊雲萍「新擬古主義」詩人：評張文環「在《文藝台灣》幾乎不活躍，但在本島系的作家中，是我最矚望的作家」，也提到邱炳男，謂其「最年少的作家」。

除此之外，他也有另文評王白淵、楊逵、呂赫若、吳濁流等台灣作家，並無偏重日人作家，欲拼出日治時期台灣文壇的面貌，本土作家與外地文學是該並置的。

## （三）私小說的評論與實踐

一九四二年二月一日，中村哲將龍瑛宗列為台灣四人作家之一。這四人是西川滿、濱田隼雄、張文環、龍瑛宗。這四人作家常一起出席座談會或大型會議，如一九四一年的「文藝龍門陣座談會」、一九四二年圍繞著文藝台灣獎「三人座談會」，同年又有「台灣代表作家—文藝座談會」，「大東亞戰爭和東京台灣學生的動向座談會」，一九四三年有「中村哲與龍瑛宗對談會」，同年又為《文藝台灣》甄選小說開評選會，也是由「台灣四人作家」主持，一九四四年「跟伊藤金次郎氏論台灣要塞台灣的文化座談會」，參加的文藝家除了西川滿，其他三人皆到齊，可見在戰前數年間台灣四人作家已確立，台灣人代表即為張文環與龍瑛宗，雖然在座談會上他的發言最少且最短，但這四人皆有其創作實力，不能說是政治考量。而龍的創作顛峰在一九三九到一九四五年，幾乎每個月皆有作品發表在重要刊物上，詩、評論、雜文、小說並進，從〈植有木瓜的小鎮〉之後，能保持其寫實水準的有〈獏〉、〈邂逅〉、〈夕影〉、〈宵月〉、〈黃家〉：能超越寫實而自成一格的有〈白色的山脈〉、〈龍舌蘭與月〉、〈不為人知的幸福〉、〈一個女人的紀錄〉，總的來說他的小說勝於詩，評論的力度與前瞻性又勝於小說。

濱田隼雄（一九〇九—一九七三，宮城縣人，台北高等學校以及東北帝國大學畢業）成長在日本普羅文學興盛的時期，於東北帝國大學就讀期間思想逐漸左傾。少年時期，他努力研究馬克思主義，結交草野甫、永田勝男等社會主義者，還訪問過豐里村等貧農部落。他的代表作《南方的移民村》描寫太平洋戰爭前夕，一群北海道移民，離鄉背井到台東鹿田村墾荒的奮鬥故事。榮獲皇民奉公會頒發第一屆台灣文學賞，可見當時受到的矚目。作品風格自然是人道主義的寫實精神，較特別的是，他對當時以異國情調為主的外地文學主流頗為排斥，他說：「我們雖然在外地生活，既然站在創作文學的立場，瞄準異國情調可就荒唐了。在旅行者眼中，台灣是異國情調的，但對生活在台灣的人來說，這些一點也不稀奇，我們只要追求在台灣的現實事物即可。」濱田雖自覺地與外地文學對台灣獵奇式的創作劃清界線，但《南方的移民村》以更迂迴的筆觸把台灣內地化也殖民化了，莫怪成為日人作家的代表之一。

當時活躍的評論家為中村光夫、澀谷精一、菅原庸真、竹村猛、青柳優、淺田實男，他們讚賞濱田的寫實筆法，對龍氏的作品則是充滿疑惑與排斥，其中，澀谷精一更是在《台灣文學》評〈白色的山脈〉為「可笑的小說」：

> 總之，這位作家所描繪的陰慘處、醜惡處，都不是真實的，他只探求像屁一樣的感傷，是個患了小兒病式的感傷家。

〈白色的山脈〉是龍氏私小說杜南遠系列中的一篇，以散文詩的筆法抒發杜南遠在浪遊中的所思所感，本篇描寫在東海岸遇見的一些奇形怪狀的人，「黃昏裡的家族」描寫長相醜怪瘋癲的父親，生下白癡少年，害得女兒難以婚配，但在杜南遠眼中，他們一家「也有別人所窺伺不到的快樂和幸福。這樣一起去看海的家族情景，並沒有寂寞的感覺，而是給人一種溫暖、由深刻的愛所聯繫，幸福團聚在一起的姿勢」，另一則「海之宿旅」，描寫長相醜怪的旅店女侍，也擁有珍珠般美麗的愛情；最後一則「白色的山脈」描寫在海上的杜南遠，耽溺於痛苦的回憶，說明他因現實的失望，而成為幻想主義者「杜南遠是軟弱的男人，是卑微的男人」，他內心的扭曲藉著奇形異狀的邊緣人物對襯而出，可說是現代精神，且與初期寫實的作品有所區隔，是作者在戰爭期間精神苦悶的抒發，大量的獨白與象徵手法，其實是另闢蹊徑，竟遭到如此惡評，可見無論在創作上或文藝評論上，他與主流價值是不符的。

其後，三月三十日澀谷精一再評龍瑛宗〈南方的作家們〉是本島文藝批評的壞典型。作為殖民地中心的立場與非本地作家立場在此交鋒。在〈南方的作家們〉一文中，他先肯定《南方的移民村》之寫實主義，然而他卻認為光是寫實不足以顯現文學多采多姿的面貌：

> 於文學的牆上僅塗滿寫實主義文學這一種顏色的話，豈不太寂寞了。文學有如五顏六色恣意綻放的花朵，才能夠使文化顯得豐富。
>
> 浪漫主義文學亦屬令人抖擻的文學。
>
> 我們不能使我們的視野變得狹窄。
>
> 只要文學作品還屬於藝術作品，就不能忘了它的「美」。因為藝術的本質就是「美」。沒有「美」的作品應是政治論文、是宣傳文章。

只有真實的「美」才能淨化人們的精神，令人奮起，且看輕生死，只有「美」才具有純粹地感動人們精神的偉大力量。

這種違反政令與主流的文藝主張莫怪會被惡評為「壞主張」，戰爭進入危險階段，日本政府更加抓緊殖民政策。一九三九年五月十九日，小林躋造總督於赴東京途中，宣布新的治台三政策：皇民化、工業化、南進基地化。一九四二年完成的《南方移民村》正呼應了殖民政策的要求。東鄉實（一八八一——一九五九，札幌農學校畢業，留學德國柏林大學，農學者、殖民政策學者）在於《台灣殖民發達史》一書中提及，政府希望內地農民殖民東部的目的有三：一、富源的開拓能對經濟有所貢獻，二、發展民族勢力以鞏固台灣的統治基礎，三、熱帶殖民移住的試驗。地處帝國唯一的農業殖民地，為求其他熱帶殖民地的順利經營，台灣的殖民經驗格外重要。

雷厲風行的結果是使文學成為宣傳文章與政治口號。龍的見解可謂針砭時弊，但卻不完全被接受。龍氏不管在創作上或文評上皆不受時局或殖民政策左右，應該也是令人頭痛的人物。但他以他的努力擠進台灣四人作家，這種組合有它的政治與文學意涵，日人台人各佔一半，且寫實與浪漫，異國情趣與本土風物皆備，說明文學的多元變貌。

這年五月二十日與楊熾昌（一九〇八——一九九四，台南市人，赴日本就讀文化學院，詩人、新聞人）訪佳里吳新榮、郭水潭，龍認為楊是當時最有成就的超現實主義詩人，「北有詹冰南有熾昌」。他與本土詩人的往來亦密切，這多少影響他的作品，不管是吳新榮所代表的「鹽分地帶」文學或是提倡「超現實主義」的楊熾昌，各有特色，龍對吳的第一印象，與其說是詩人，還不如稱為溫厚篤實的學者；郭水潭詩「富有人道主義的色彩，他們的辭藻沒有華麗的裝飾，而是攙有生活的鹽分」，他們聚集在佳里的夜晚，個個都是詩神的信徒，聊的都是文學。在寫作風格上他更接近楊熾昌一些，如〈靜脈和蝴蝶〉：

灰色的靜謐敲打春天的氣息
薔薇花落在薔薇圃裡
窗下有少女之戀、石英和剝製心臟的
憂鬱……
彈著風琴我眼瞼的青淚掉了下來
貝雷帽可悲的創傷
庭園裡螗蜩鳴叫
夕暮中少女舉起浮著靜脈的手
療養院後的林子裡有古式縊死體
蝴蝶刺繡著青裳的褶襞在飛……

當時新詩南部有〈風車詩社〉，〈鹽分地帶〉（加里青風會）分庭抗禮，北部則是日本詩人的天下，在戰爭時期又有〈銀鈴會〉，龍與他們保持往來，相互激盪。

楊在一九三八年出版小說集《薔薇的皮膚》，時間早於張文環、呂赫若，可惜被燒毀了，以致他的小說成就未被注意，他自認〈薔薇的皮膚〉，〈彩雨〉與〈貿易風〉三篇是他畢生最滿意的作品，只能從他自己描述的略知〈薔薇的皮膚〉中的片段，他追求「異常經驗」：「我嘗試把男人自己所吐的血流在女人身上，以自己的手指撫摸著，以及女人閉著眼把臉埋在男人的胸懷裡，像赤裸裸的皮膚上染滿血的怪獸一樣陶醉在愛的美」，他所描寫的是「血腥中男女間的性的歡悅」（〈殘燭的火焰〉頁二四一—二四二）。在另一篇小說〈腐魚之愛〉中，楊熾昌說他「描寫一個娼婦以那在陰濕濕的港都之家拉客的女人的性的發情、周圍的背景、照明等的作用形式描寫女人濡濕的裸體、手指的觸感」（〈殘燭的火焰〉頁二四二）。對於醜惡之美，他說：「醜惡之美是可以抽出的。美不是皮相的，存在於其深奧處的纖細性，會在某時間出現。而被無時無地都在窺視著的作家之眼捕捉住。這也許就是無情地暴露它，要直逼人性本質的冷酷無情」（〈殘燭的火焰〉頁二四〇—二四一）。

龍跟楊追求醜惡之美，這讓我們理解他的私小說中以描寫「異常經驗」為主，尤其是〈白色的山脈〉、〈海邊的旅館〉、〈燃燒的女人〉這樣的作品具有道德的晦暗，跟楊不同的是，他有時在美的耽溺中，會給人物一線光明。

七月中村哲、竹村猛、松居桃樓舉行「文學鼎談」座談會，於《台灣文學》第二卷第三期刊登，其中批評龍瑛宗文學缺乏勇氣，多愁善感。

可是龍在十月寫〈文學應有的態度〉說到這篇文章是「被要求」之下寫出來的，也就是被要求表態與配合，然他確切說明：「作家如要正確地掌握現實，就必須忠於現實。要忠於現實，意味著作家必須對自己誠實。」這裡沒有迎合或配合，他只要求台灣作家共同努力，寫出具有社會性與風俗性、活歷史的文學⑧。

---

⑧《龍瑛宗全集》第五冊，頁一二九—一三一。

一九四四年，日本大東亞戰爭陷入泥淖，日本政府動員中央文壇作家，派往中國大陸及南洋各地，台灣總督府動員日文作家張文環、楊逵、楊雲萍、高山凡石（陳火泉）、周金波、龍瑛宗等，指示他們煽動本省青年，為戰爭做宣傳，六月受「台灣文學奉公會」指派，至高雄海兵團見習一週，官拜少尉。並以此經驗寫出決戰小說〈若い海〉（〈年輕的海〉）。後參加從軍作家座談會。龍以此經驗交出作業，但他認為「我的小說結尾，本省人為天皇捐軀是說夢話。當然，日文作家無一人為了主子歌功頌德」⑨。

那一週他被派往高雄左營海兵團，那裡是徵召本省青年訓練水兵，送往南洋當砲灰的地方，因是少尉吃得不錯，水兵卻常吃不飽。有日晚上，空襲警報響起，龍跑至主計室躲避，看見一個青年尉階主計官在辦公。兩人未通姓名便聊了起來，龍只知他出身東大，看他談吐乾脆利落，充滿自信，因不太像一般軍人而留下深刻印象，經過許多年，那人竟於一九八二年當上日本首相，名叫中曾根康弘（一九一八—）。

一九四五年五月三十一日，聯軍轟炸機大舉轟炸台北城，死傷慘重，他以親身體驗的回憶寫出〈勁風與野草〉，又以〈青天白日旗〉描寫台灣人在光復時心念的轉變，果農阿炳在空襲之後上街，發現街道充滿活力，到處貼著「台灣光復」、「建設三民主義新中國」等傳單，他先是感到害怕，會被日本警察抓起來嗎？後來聽說日本戰敗，於是拿著青天白日旗高喊「中華民國萬歲」，這篇小說雖直接，但在心理的轉折有適度拿捏；他知道一個新時代即將來到，對於未來他常有準確的預感。

一九四六年初春二月，他所深愛的女人兵藤晴子被遣送回國，他與一個男性友人為她送行，行前在淡水河泛舟，眺望著大屯山、觀音山、大橋與河畔南歐風格的建築，就在這相對度過一天，龍心想：「她不會來台灣了吧？」因此感到無限惆悵，女人的睫毛下閃動著淚水。數日後她從基隆港乘船出玄海灘。而龍卻越過北回歸線遷至台南。懷抱著永遠再無法見面的心情，他在台南寫的書信與女性的文章大都與她有關。在〈少年維特的煩惱〉一文中他寫著：「失戀確實痛苦萬分，然而，我們必須忍痛為社會貢獻一己之力……想起維特，不由得在台南的鳳凰樹下嘆息。讀者們！不要以為我是為情所困。事實上，嘆息是為生活困苦而嘆息的。台灣的維特沒有為情所困的閒暇，苦惱都是因為生活困苦。唉，真是悲慘啊！」說是這麼說，他為她寫了許多文章。

終戰後一年半間，他主編的《中華日報》文藝欄充分發揮嚴厲的批判精神，正如彭瑞金所說：

終戰最後的一年半間，創刊於一九四六年二月二十日的《中華日報》「日文欄」扮演舊日新文學運動傳承相當吃重的角色……龍瑛宗自己也擔任文藝作品介紹的評論者的任務，他介紹老舍的《駱駝祥子》、吳濁流的《胡太明》，評論由於奸商操縱糧價，使得本省人沒米吃，探討〈台灣會怎樣〉，發表小說，其積極創造歷史的抱負，關心台灣前途的心情，雖與楊逵的路線有異，熱情絕不稍減，在龍瑛宗的主持下，日文版文藝欄的作者，有戰前即嶄露頭角或頗知名的作家，吳濁流、吳瀛濤、葉石濤、詹冰、王蕉、蔡德本等……他們的詩文充滿時代感、現實性，他們抨擊法西斯的封建餘孽，以〈飯桶論〉批判中國大官生活優裕，只知遊玩，罔顧人民生活的疾苦，指責戰後社會混亂，民不聊生，米價暴漲，人民面臨滅死，是廣大人民的代言

⑨龍瑛宗，〈崎嶇的文學路——抗戰文壇的回憶〉，《龍瑛宗全集》第七冊，頁四四。

人。⑩

這時期的評論以《女性描寫》為主，針對戰後台灣所面臨的問題，以女性的議題逐一提出。

## （四）女權思想的支持者

龍瑛宗因小時一個姐姐與一個小妹送人當養女，讓他為女性感到不平，之後他與姐姐妹妹們皆保持親近的關係，結婚後住家靠近大姐家，常受她的照顧，失業時借住她家靠她接濟，在花蓮生活全靠小妹張羅。父親兄長早故，他在母姐們的呵護下成長，結婚後妻子對方也是女兒國，使他對女性的關懷頗深。初結婚時，他還教妻子讀書，他喜歡知性的女性，也主張女性不要被家庭埋沒，或在兒女堆中忘記自我，因此他主張只要生一個孩子就好，沒想到妻子完全不配合。李耐是否知道丈夫不愛她故而常無理取鬧呢？而她應該是愛龍的，只是兩人心性興趣大不同，龍在男女關係上是極為保守的，他忠於自己的家庭，但在心靈上嚮往男女之間平等的友誼與心靈溝通，也許這些

龍瑛宗與妻子李耐（左一）及姐妹們慶生

情感的因素，讓他在苦悶時找到另一個出口。

一九四七年，龍瑛宗出版了《女性描寫》一書，這本書收集了他在主編《中華日報》日文版文藝欄時，發表的有關女性的文章，包括〈前進女性〉、〈女性與天才〉、〈女性與讀書〉、〈貞操問答〉、〈女性為何要化妝〉、〈致女人之書信〉、〈女性短評〉、〈文學中的女性〉、〈燃燒的女人〉等九章，根據大同書局版，其中第七章〈女性短評〉合併「男女間的愛情」、「婦女與政治」等七篇；第八章〈文學中的女性〉包含「初戀」、「女人的一生」……等十四則短評，主題一貫，文體則活潑多變，分別以評論、對話、書信及小說的形式呈現。作者在序言中說明本書的寫作意旨及立場，他說：

> 我不但非女性歌頌論者，也不是女性攻擊論者，可以說是公平的第三者，秉持以人性觀察來探究此一問題之一角而已。⑪

他主張前進女性，一旦達成女性平等，不得喪失女性的本質，亦即母性愛的保持與女性的優

1947年龍瑛宗《女性描寫》出版

⑩彭瑞金，《台灣新文學運動四十年》（台北：自立晚報社，一九九一），頁四〇—四一。
⑪龍瑛宗，《女性描寫》（台北：大同書局，一九四七），頁三。

雅，因為強調女性特質，自然而然引伸出「母道」與「協力者」的想法。龍氏對母職的重視深受當時普遍的優生學與育兒學影響。「母職」向來是女權運動者與反女權運動者的爭議點。擁護母職先於女性人格的主張者，基於優生學與追求人類文明進步的觀點，認為母職是女性的天職，也是女性之所以存在的重要價值；反母職為女性天職的人，認為母性不是社會的本能，不能把女性與野獸同具的母性看得比正義、真理及其他價值更高尚，女性的生活方式越文明越不會被母性所決定。這兩種看法，沒有定論。但龍氏認為女性要進步必須具有批判的精神，以及從閱讀中求進步的心，所以在〈文學中的女性〉一文中，他藉一系列名著如《初戀》、《卡門》、《浮生六記》、《戀愛論》、《波斯人的信》、《復活》、《青鬍與七人妻》、《菊子小姐》、《少年維特的煩惱》、《阿安》、《女人的一生》等書，探討其中的女性典型，也鼓勵女性求進步：

現今社會制度中的男女現象是不合理的，而女性的解放單憑觀念或呼籲是無法達成的；要解放女性，必須由科學正規去究明不可……女性啊！要解放女性，非走布滿困難而痛苦的路不可，把所有的虛妄或凡俗的感傷拋掉！但是僅憑女性的力量仍不能解放女性，必得借部分男性的助力。⑫

個性偏陰柔的龍氏，生長在女強男弱的家庭中，年輕時就能欣賞優秀的女性，然妻子是過於強勢的女人，且不愛好文學，他只有從文學作品或女作家中去尋求理想女性，他認為像樋口一葉（一八七二—一八九六，東京人，私立青海學校小學高等科第四級肄業，明治初期的女性先驅小說家，作家的生涯雖然只有一年兩個月，其作品在日本現代文學史上獲得高度評價，二〇〇四年十一月，日本銀行新發行的五千日圓面額紙幣採用她的肖像）那樣的作家，其作品「可成為女性文化的明燈，照亮女性未來的路途」。在他的理想中女性應參政，女性得勢時和平的願望也較高，戰爭的危機因而減少。經過戰爭的衝擊，男性文明搖搖欲墜，他深知帝國主義侵略之可怕，因此新的時代也許是女性／柔性文化的時代，這種說法可說相當前衛。在〈女性短評〉「女性與學問」一則中論及現代文化的跛行性：

現代文化的挑負者幾乎全是男性，因此現代文化可以說是男性文化的。但文化本身是不是有性別之分？這是值得考究的問題。我思維著，假定女性的本質上帶有和平性的時候，又假定女性文化得勢之時，給予人類文化的和平要素會顯著地增大的了。⑬

女性文化要建立，必須突破貞操與經濟、政治的限制，這幾個問題環環相扣，因無經濟、政治權力，才要守貞操，追根究柢，女性必須奪取政治權力，龍的想法可說是站在自由主義的女性主義這邊。如果女性能自由，那麼男女之間也能擁有美好的友誼，其中有四封信「致一位女子的信函」，即描寫男女之間的純潔友誼，是不因結婚而改變的。其中「就說台北與台南」，作者描寫戰後的台灣，台北與台南的文化呈現停滯的狀態，他深愛著台南的靜寂與明媚的風景，兇猛的想令人殺人的陽光與空氣中飄浮的沙塵，把它比作台灣的「阿爾及利亞」：

來到古都台南，我不禁想起阿爾及利亞。雖然我不曾去過阿爾及利亞，但記憶中映著電影

---

⑫同上，頁八一—八二。
⑬同上，頁五八。

「望鄉」的情節。兇猛的太陽，亂舞的塵埃，燃燒的鳳凰木，鈴聲響著的牛車，累積歷史的古街。例如這幅畫所出現的高砂町。該條街的附近是昔日鄭成功時代台南唯一最熱鬧的街道。現在則彌漫著孤寂的氣息，曾經三次遭到轟炸，結果變成諸位所看到的廢墟。街上眾人正為生活艱難而喘不過氣來。街上的小孩無法如昔日的小孩一樣無牽無掛地玩耍。他們是賣著甘薯的生活小鬥士。三月的季節涼風涼爽地拂過白色的廢墟與孩子們的身上。⑭

戰後第一年，即一九四六年三月，龍擔任《中華日報》編輯部日文編輯員，主編日文版文藝欄。前往台南，住在中華日報社的宿舍。位於中華日報社旁的小巷子裡，公家宿舍很狹窄，兩家共住一戶，還好另一家沒有孩子，龍家因長期的家庭關係緊張，養成孩子在家沉默的狀態，龍回家常是一卷在手樂無憂，有時李耐在耳邊吵，他裝作沒聽見，文甫是埋頭讀書，知甫好動常偷跑出去玩。這段期間因刊登鐵路工人對薪資及待遇不滿之投書，受到當局調查。這段時間可說是他的思想與行動表現最為激進之時，戰後初期，日本殖民政府退敗，正當盛年的他想大有作為，然而更殘酷的現實才剛開始，他的鬥志只有一步步退讓。

《女性描寫》出版後，沒有引起太多注意，龍曾經叫文甫與知甫到台南車站賣書，兩兄弟去了兩三次，賣了幾本不知道，這本薄薄的隨筆集，作為台南生活時期的速寫，可以看出他的落寞與改造社會的企圖，可說是最激進的時期。

那年八月二十六日升任《中華日報》日文組主任。看似升官，好景卻不長，十月二十五日雜誌等日文版廢除，辭去《中華日報》工作，因此失業。

在台南的七個月想必不好受，從《女性描寫》一書中，可以知道戰後初期他在台南的生活與心情，他思慕著遠方的友人，自比為流浪異鄉的空想詩人。如果把《女性描寫》視為龍氏的邊緣書寫，他從主流的位置流放到南方，在寫作的顛峰期遭逢到時代的大轉折的心情，日文作家從核心到邊緣，屈居在台南主編僅僅三千字的日文版文藝欄，壽命僅七個月就停刊，在這朝不保夕的時刻，他心情之鬱悶與孤寂想必可知。

然而他還是發揮他最大的努力，在文評上引領風潮，正如周芬伶所說：

《女性描寫》雖然只是一本不到一百頁的小冊子，裡面所蘊含的思想相當豐富，它起碼具有幾項意義：(1)反映戰後初期女性的問題及生活，也是戰後鮮有的以女性為議題的評論集……(2)它是一本精闢的文學評論集，〈文學中的女人〉，刊登在《中華日報》文藝欄時，以「名作巡禮」的方式呈現。介紹許多中外名著，可以看出他的文學知識與閱讀的功力。(3)為龍瑛宗創作生活的重要紀錄，裡面有抒情性的書信，自我文學告白以及重要的小說〈燃燒的女人〉，為研究龍瑛宗創作心理與女性情結的重要作品。⑮

進入文壇的第一個十年，他交出漂亮成績，詩、小說、評論、隨筆四路並進，編輯與寫作相互激盪，後人著重他的小說光彩，其實他的詩被忽視，評論被低估。他意氣風發的第一個文學十年來得太緊湊急速，可惜時逢戰爭前後，正值盛年的他預知前方有黑暗要來，故而奮力一搏；婚姻不美

⑭〈與生活搏鬥的孩子〉（一九四六年三月二十一日），刊載於《中華日報》第六冊，頁二六四。

⑮周芬伶，〈龍瑛宗及其《女性描寫》〉，《東海學報》第四十卷，一九九九，頁三四。

滿的他，思考著女性的的養成與未來，將希望寄託於遠方的女性友人，我們可感受他的浪漫，為他年輕的文學生命帶來夢的光澤，然而我們又感受他的理性，思考著女性是世界進步的動力。他的內心有個愛情破洞，永遠也填不滿，他所傾訴的對象是否有一部分的自己，是自己與自己的對話？

一九四六年他共發表四首詩，〈在台南唱歌〉、〈海涅喲〉描寫在台南寂寞的生活，帶著渾身的傷痛，而無法唱歌的詩人：

海涅喲
在世界盡頭的小島
有一位想念你的
可憐的詩人

那位詩人
是無名的詩人
吃著稀飯的
不唱歌的詩人

海涅喲
在台灣的舊街鎮裡
有一位想念你的
可憐的詩人

那位詩人
是無名的詩人
在光復的陰翳下哭泣的
不唱歌的詩人

光復後，日文作家的地位受到擠壓，政治環境丕變，他從中央被放逐到邊緣，在尚能使用日文時，他還以不唱歌的詩人自稱，在二二八事件後他就完全停止詩的寫作，因為寫詩更需要精鍊的語言，所以他的詩創作期大約十年（一九三六—一九四六），另外兩首對時局而作的有〈心情告白〉、〈停止內戰吧〉，前者在國族認同上，他認為自己是真正的中國人，「我／以異國的曲調／唱著歌／我是真正的中國人／真正的中國人」。他的確也以關懷百姓的心情發表許多文章批評時政，啟迪民智，並介紹外國文學作品，他也關心國共內戰，用筆記記下共產黨的動向，在〈停止內戰吧〉寫下他為老百姓祈求和平的希望：

停止內戰吧
內戰起來越使老百姓痛苦
會瘦、瘦、瘦死的喲

停止內戰吧
可憐的老百姓
含著眼淚含著眼淚

期望安居樂業

停止內戰吧
內戰起來便使老百姓
從黑暗誕生依舊黑暗
不得不趕赴墳墓去

請停止內戰吧
和平、奮鬥、救中國
在和平和繁榮之上建立
我們的美麗新中國

這首詩以簡樸的語句重複的語法，再三表達他對美麗新中國的期待，可惜這首詩發表不久二二八事件便發生了。

## （五）有系統引介外國文學

喜愛閱讀的龍氏從日據時代就常評介國外文學作品，除了日本文學作品，重點是在台的日人作家與中央作家，對新感覺派小說家橫光利一（一八九八—一九四七，福島縣人，早稻田大學政治經濟學科肄業，小說家、俳人，與川端康成同為新感覺派作家）以「『顛倒的觀念』來雕刻該作品的諸人物時，人物軀體的肉落下真實性也消逝，其中僅留存以雄壯裝飾得富麗堂皇的文章來支撐的精巧而已」。他又引介俄國小說家屠格涅夫、杜思妥也夫斯基、高爾基、果戈里等；法國作家左拉、巴爾札克，並論及左拉的實驗小說論，認為他的世界觀不完全，作品因而受到限制，錯誤的世界觀，越精密則越歪曲，左拉（Emile Francois Zola，一八四〇—一九〇二，法國小說家，自然主義文學的代表人物）把自然界的現象得來的遺傳法則運用於複雜的人間社會，結果描寫了「社會底歷史」，而不能描寫「歷史的社會」，在這裡，龍氏認為巴爾札克（Honoré de Balzac，一七九九—一八五〇，十九世紀的法國代表性小說家）的觀察更為精確，因為他看到了「社會發展的本質」。

學商的龍氏，又多年在銀行工作，對數字特別敏感，在小說中常有金錢與數字的描寫。左拉「企圖發現或追求把一個人數學底誘導到他人的脈絡」，龍氏抓住「數學」一字來發揮：

> 我想對「數學底」這一句話予以考察。原來數字與時間的概念是人類偉大的發現，但也許沒有能比數學更形式的。在於宇宙不會有數字的存在，不過在於人類的觀念裡面，數字是佔在人類知識的重要位置的……倘若數字是形式是公式，那麼左拉在人間社會想把人與人之間的關係做數學底解決，顯係過去所未曾有的新底嘗試……但左拉想以科學中尤其屬於純粹的意識型態的數學來解決文學，豈不是完全忘記了作為文學的存在價值的獨自性。⑯

龍氏以數學反數學，認為文學與數學不同，應具有獨自的存在價值，可見在數字打滾的他，不被數字拘束，反而更能掌握文學的特性。他的文學慧見除了廣大的閱讀，還有精密的省察。對於閱

⑯龍瑛宗，〈左拉的實驗小說論〉，《龍瑛宗全集》第五冊，頁三一七—三一八。

讀，他有超乎常人的耐力，成天手不釋卷，他認為作家應採「多讀主義」，他最好的老師就是書，特別是是巴爾札克與果戈里、杜思妥也夫斯基、托爾斯泰等。他把讀、寫、評看作一體，批評衰弱，創作就衰弱，批評的任務有三，第一是必須發現真正傑出的作品，解明其意，然後傳授給讀者，而且必須簡明淺顯地解說，讓許多人分享甜美的果實。第二是必須從所有的層面來擁護文學；第三是必須負起啟蒙的作用。

是故，龍氏總以簡明的方式來評介作品，他延續的是啟蒙運動的精神。

他的創作精神受果戈里（Nikolai Gogol，一八〇九—一八五二，俄國小說家、劇作家）影響甚深，曾有長文〈果戈里及其作品〉論其一生，論及他的作品進入「諷刺的曠野」之後，突然陷入恐怖的神祕主義之中，別林斯基（Vissarion Belinskii，一八一一—一八四八，俄國文藝評論家）就認為他「宗教的歡喜殺死了偉大的藝術家，甚至使他變成瘋子」，在不斷被惡魔驅趕下東奔西跑，才四十二歲就創造力衰退，變成衰老的老人。但仍然寫出《死魂靈》那樣不朽的作品，龍氏在這裡發出感嘆：「這不是藝術家淒絕的苦悶嗎？」「文學之道絕非輕而易舉，絕不像年輕人所想的那樣充滿星星或花朵。文學之道是更嚴肅的，也是荊棘之道，文學精神是苛刻的。」寫這篇評論時，龍不滿三十，文學之道才剛起步，但他看得到自己未來的荊棘之路嗎？

對於中國作品，他評論過魯迅與郁達夫與老舍，對於魯迅（一八八一—一九三六，本名周樹人，浙江省紹興市人，小說家、翻譯家、思想家），在一九四〇年的〈兩種狂人日記〉中，他認為魯迅的作品明顯地受果戈里影響，在才能上略遜一籌，但在學識上獲勝，並指出他之所以沒有長篇作品，是個性的焦躁，這跟他所處的時代有關，「這非但沒有抵銷其人格的偉大，反而成為他一生悲劇性的妝點」，更進一步說：「焦躁造就了他，使他突破了小說的框子，而且沒有像果戈里那樣逃避現實」，他高度評價果戈里，認為他是俄國文學的原型，也是魯迅文學的源頭，這種評論敢言人不敢言，不卑不亢，實數難得。另一五四文學代表老舍（一八九九—一九六六，本名舒慶春，北京滿洲旗人，小說家、劇作家），他以為是中國個人主義、封建主義的結束，寫實主義的發揚，可以說他雖沒與五四文學接軌，卻與古老的中國抒情傳統遙相呼應，在文學心靈上他與杜甫相契，超乎一般人，在一九四〇年寫的〈杜甫之夜〉：

今夜　十六夜
窗上　有薔薇和月亮

在貧乏的詩巢
點燃花燈　朱色的光
以舊的方式　搖晃
我　是悲哀的浪漫主義者
現在　靜靜地　跟你相對

潮航的　新精神
在古唐的港　拋錨
如此便知道
我才是東洋之子
可是
年輕的時候徬徨於泰西的山野

亮著金色的　橄欖林
被封閉在暗霧裡的北歐峽谷
小步舞曲　鳴響著的沙龍

我的　詩神
像被絞殺時的牡雞那樣
是　夏魯魯．波特萊爾
今夜　十六夜
窗上　有薔薇和月亮

在貧乏的詩巢　搖晃的花燈
悲哀呀　我
貪求新的東洋美
一邊流涕

他認同於杜甫，源於出身同樣貧寒，苦讀精神也相同，寫實的精神亦相通，然而他的文學思想有西歐的浪漫主義精神，又渴求著新的東洋之美，可說是複雜又矛盾，他亦確認自己詩人的身分。

綜合來說，龍氏的文藝思想非但不落伍，反而常站在時代的尖端，常有不流於俗套的見解，也具有批判精神，只要給他大舞台，他就有大表現；失去舞台，他的光芒也減弱。

第五章

# 合庫與棒球

整個時代氣息已非常不對，但他在國共內戰熱烈展開之際，在他的筆記中密密麻麻地記錄國共的動向，也許因為如此，他似乎聞見危險訊息，動作特別謹慎，於民國三十四年十一月二十六日，以生澀中文（似有人幫忙修飾）撰寫一篇〈現代及將來之國民黨與中共問題〉，刊載於《東寧新報》，文章內容指出國共戰爭是暫時的誤解，不會因此阻礙中國的統一與建設。這篇文章一直藏在他床頭櫃的餅乾盒中，在他去世三年之後，才被二兒子知甫發現，知甫慶幸這篇文章沒被國民黨政府發現，「否則難逃劫數」①。一年之後，二二八事件發生，這篇文章看來有點諷刺，但說明他對日本帝國主義的看法：

> 在最困難的情勢之下之中日戰爭和第二次世界大戰當中，中國軍和中共軍之間猶能緊密提

①劉知甫，〈「幻想與讀書」悼念父親龍瑛宗——生命中的兩大支柱〉，收錄於《龍瑛宗全集》第八冊，頁三〇六。

攜，打倒共同之敵人日本帝國主義，一點看來就可以知道吾人為什麼要打倒日本帝國主義呢。其理由是沒有打倒日本帝國主義，中國是永久不得生存的。現在日本主義雖然打倒，但是中國的革命任務，斷不是因此而告終結。中國的救亡運動雖然已經成功，但是吾人非圖謀中國的永久適存不可，那麼要怎樣來圖謀我中國的永久適存？其最好的方法，是在推進中國之民主主義的革命，民主主義革命是在中國之唯一的發展道徑，這是歷史的必然性。②

當時的龍還在初學國語，不可能完全由他完成，但他急著發表此言論，確實是冒著極大的風險，他的預感通常很準，也許遺傳自會占卜的父親，或者他的直覺反應，關於這點劉知甫的說法是：

周：你覺得你父親有沒有預感？

劉：有。他曾經告訴我哥哥說，他的作品以後會受到很高的評價，他這麼有自信。

周：如果是在平常的生活裡面呢？他有沒有預知能力啊？

劉：他的預感都是很正確的。

周：除了文學之外啦，有沒有？

劉：有，都很正確。

周：譬如，你舉個例子。

劉：譬如說，他很多我的事情啊，他也說他就是說你以後要到社會的時候啊，你必須要有大學學歷，因為台灣那個時候，你要升到什麼銀行的經理啊，你沒有這個大學畢業你就不可以。他已經看得很準確了，對不對，他看得很準。像我哥哥也是一樣，他去學經濟方面的，有文學評論做基礎看法更準確。

周：因為他有在日本還沒有戰敗之前，他就已經有預測到日本會敗亡，那像這樣的例子多不多？

劉：你看他跟吳濁流跟葉石濤在新公園，還有聊的時候，還有他跟工藤好美的時候，台大教授工藤好美，工藤好美教授他也說日本會戰敗啊。

周：除了這件事情以外，有沒有類似的事情讓他說中的？

劉：像國民黨這事就是被他說中啦，不是說後來政黨輪替，腐敗了嗎？他跟我講，以前跟我講，全部都是癌症嘛，救不起來了嘛。

周：有對於自己說戒嚴時期，他的文學地位會變成這樣，他有預感嗎？

劉：在那個時期是不是？

周：會受壓抑啊，他有預感嗎？

劉：他也有預感啊。他說，我想要寫的東西還有很多，但是因為這個統治者讓我沒有辦法為所欲為嘛，他就早就寫了，他裡面都有寫了。所以他自己，他的觀察力喔，很敏銳，而且很準確。

周：他對他的文學有信心嗎？

劉：他說過後世的人會再度重視他的作品。

台灣光復後，最先出現於文壇的雜誌是《新風雜誌》，三十四年十一月創刊，封面是飛舞的青天白日旗與一群鴿子，龍氏列為贊助員，他以日文發表了〈青天白日旗〉，可惜只出刊一期。同時

---

②《龍瑛宗全集》第六冊，頁二五六。

《新新雜誌》也發刊了，他在創刊號上以日文發表〈從汕頭來的男子〉，這份雜誌也只撐了八期。

在二二八事件之前，他經中華日報社社長盧冠群介紹，進入台灣省行政長官公署民政廳任職科員。委任代理民政廳山地行政指導室課員，編輯《山光旬刊》，雖然並非文學雜誌，總還是他喜歡的編輯工作。因收入微薄，那年文甫「修學旅行」，因家中貧困沒去。龍流淚告訴他：「只要肯用功，將來有機會到外國去。」文甫是個乖巧的孩子，他含著眼淚想像未來以求安慰。

那時有洋人去郵局寄家書，郵費需貼十幾萬元，洋人驚叫：「我不是要寄到月球，只是要寄到老家啊！」一張郵票要十幾萬，龍氏的薪水只有十張郵票那麼多，可見當時的經濟狀況有多惡劣。主要是貨幣寬鬆制導致幣值大貶，一九四六年五月二十二日發行的舊台幣，原限發行額為三十億元，發行半年後即增為五十三億元，直至一九四九年六月十四日改制新台幣前夕，舊台幣發行額更高達五千二百七十億元，較原訂發行額增加一百七十五倍，台灣銀行於一九四八年開始發行面額達五千、一萬、十萬的「定額本票」，與舊台幣並行在市場上流通。在新台幣改制前夕，舊台幣的最大面額已經發行到一百萬元。

貨幣無限量的印製發行，造成惡性通膨，物價飛漲到難以控制，一九四六年舊台幣剛發行時，台北市一斤白米是十六點八元，到一九四九年時，漲到四千元，短短三年，物價上漲二百三十八倍。

在景觀上，戰後與戰爭時期也有大不同，戰爭時期，空襲下有著墓場般的靜寂與死亡般的暗黑，如今入夜後燈火通明，霓虹燈閃閃爍爍，酒家姑娘賣著嬌容與媚態，舞廳中百花撩亂，馬路上到處是亂蓋的小房子，賣吃食的山珍海味皆有，這讓失業的龍內心不禁咆哮：「可憐的主角難以應付肚蟲的要求，提心吊膽將手伸進口袋中。真是可憐啊！口袋裡只有三兩張皺皺的一元紙鈔，凍得發抖似地蹲著。」③而街道上來來往往都是共騎腳踏車的情景，有男載男，女載女，男女共騎的更多，因戰爭的關係，電車、巴士停開，於是流行共騎，在香港稱為「黑市車」，被載的必須收費，在台灣則是友情共乘。面對這樣開放、溫馨的場面，作者幽自己一默：「不妨向諸位告白，我也想載佳人遊台北市。然後邊騎邊與佳人談論舒伯特或拜倫的話題。再坦白一點，我是個笨拙的男人。好不容易才會一人騎腳踏車，實在沒有本事再載人。因此我的結論是：女人啊！不要被我的甜言蜜語所惑而答應與我共騎。萬一一不留神而嚴重受傷，不是毀了你寶貴的雙眸，就是折斷你的鼻梁，那可就斷送了你幸福的前途」④。

戰後初期的龍的經濟陷入窘境，原本就不富裕的家境如今是難以維生，連肚子餓吃點零食都沒錢。

主要是編輯以原住民為對象的《山光旬刊》，因貨幣重貶，月薪一百幾十萬仍養不了全家。孩子還小，生活十分窘迫。五月，因行政長官公署廢除，該單位撤銷而離職，失業的龍家陷入經濟窘困中，暫居於萬華大姐處，生活上靠她接濟，五個家人擠在一間六個榻榻米大的房間，在狹窄的空間裡睡在一起，就像日本人形容的「雜魚寢」，這種擠得像沙丁魚的生活維持了一年多，文甫還記得那時弟弟調皮，在屋內火盆玩火，表哥情急把棉被蓋上去才熄火，弟弟好動調皮，常闖些小禍大禍，後來才分到宿舍，搬到泰順街。當時日軍挫敗，在台的日人紛紛回國。台北空屋率很高，省政

---

③《龍瑛宗全集》第六冊，頁二六二。

④〈兩人共乘的腳踏車〉，《龍瑛宗全集》第六冊，頁二六二—二六三。

府實施公務人員配給宿舍辦法。龍原本配發到長安西路現馬偕醫院附近一棟宿舍，地段不錯，但十分喧囂。剛好服務於警界的蘇振玉，配給宿舍在師範大學附近，那時的師大附近十分偏僻，空屋一大堆，龍卻認為這裡環境清幽，更適合孩子念書。蘇與龍遂交換房子，於是居住於泰順街，後來承購為己有，這時才真正擁有自己的家。這個日式房子共有兩房一廳，客廳有八疊榻榻米，約四坪，大房間六疊，約三坪，小房間四疊，才兩坪，比起一堆人擠大姑媽家好多了。龍夫妻與女兒住大房間，兩個兒子住後面的小房間，客廳兼書房，龍常坐在只有三隻腳的藤椅上，夜裡只點一個燈泡，燈泡掛在長長的電線上晃來晃去，每晚就著這昏黃的燈泡讀至一兩點方休。

從台南回到台北，感到台北變了，日本風情已被「上海風」取代，女士們穿著青色的旗袍，男女手牽手散步，在龍眼中台北的表情是憂鬱而歡呼的，那是兩種相反的表情，憂鬱得像地獄，歡呼得像天國，那麼台北以一部分人看來是天國，另一部分人看來是地獄。對被遣返的日僑來說是地獄，對有錢的人來說是天堂，像龍這樣被錢困住的人來說更接近地獄。但他不敢明說，也無語言可以表達，錢對他來說可能不是最痛苦的，最痛苦的是不能寫作，沒有文學的日子。

幸好還有孩子們帶給他些許安慰，假日時龍經常帶著兒子，到萬華後車站汕頭街拜訪王詩琅，一起談論文學。二二八事件之時，劉知甫的記憶是「傍晚時刻槍聲四起，直到天亮。第二天聽大人們說，附近鄰居廖姓兄弟死了，某某人又死了，恐怖肅殺之氣，猶如昨日」，隔不久又是白色恐怖年代開始。

搬到泰順街後的一九四九年四月六日，文甫目睹荷槍的士兵進入師範學院的宿舍逮捕不少學生，將他們用卡車載走。那時文甫讀五年級，覺得非常可怕，留下深刻的印象。

有一次龍與呂赫若去看電影，覺得好像有特務一路跟蹤，因此提高警覺，在泰順街大房間的一個角落，經常放著一張凳子，上面的木質天花板打開一個口，準備隨時可以爬上去藏身。恐怖的氣氛鋪天蓋地，最恐怖的是不久後傳來呂赫若死亡的消息。二二八事件以後的恐怖氣氛中，他的好友下場都很慘，呂赫若失蹤，楊逵、葉石濤入獄，他因及時退隱，算是躲過一劫。

師範學院旁邊，當時有個大池塘（現為師大學生宿舍），文甫知甫兄弟常在那裡釣魚玩樂，靠近池塘離家約走路一兩分鐘，有一棟西式大房子，龍在散步時告訴兒子，那棟房子是廖文毅（一九一〇——一九八六，曾擔任於日本東京成立的「台灣共和國臨時政府」大統領，以後放棄台灣獨立運動，一九六五年歸順國民黨政府返台）的家。

一九四九年從民政廳離職後失業一年多，因生活窘困，長期依賴姐姐接濟也不是辦法，只好向友人求助。東京帝大畢業的張冬芳建議向銀行借貸。透過當時合庫常務理事朱昭陽，向合庫借了舊台幣三千萬元（約新台幣七百五十元）後，存入同鄉所開的錢莊；沒想到還未領到第一次利息，錢莊旋即倒閉。於是再訪朱昭陽，說明所借之錢被倒始末，朱也許為補償他，知道他在銀行的資歷之後，要他提出履歷，進入合作金庫，當時在履歷表上介紹人為謝東閔先生。六月成為合庫事務員，從銀行退下來，歷時七年，經過大風大浪，他又回到銀行，從一個小辦事員做起。七月二十五日任合庫信託部存款課長，月薪二百圓，雖是熟悉的銀行業務，但他極怕數錢，有一天信託部副理陳傳標抓著他說，想調他為出納課長，聽到這句話他差點跳起來，從沒數過鈔票的經驗，再說那時舊台幣膨脹，大戶開支票動輒千萬元八位數字以上，他已快四十歲，想到要打算盤打到氣呼呼眼花撩亂。心想這是搞文學的下場，心中暗暗苦笑。於是跑去找朱昭陽，告訴他寧可做辦事員，不願當出納課長，朱問他你想做什麼呢？龍答希望在研究室工作，於是改派合庫研究室，職別為辦事員，與李登輝曾短暫為同事，月薪二百圓，當時的研究室主任是張我軍先生，這讓他終於間接與五四接軌，當時他認識中文書寫能力最優的當屬張我軍與《國語日報》的洪炎秋，他主動想接近張我軍學習中文，張我軍知道後大喜說：「人事當局好有人情味，雪中送炭，派了一個編輯人才。」對於龍來說，接近張我軍，等於接近文學，這幾年算是戰後較平靜的日子。

中國台灣作家、文藝理論家、台灣新文學運動的開拓者和奠基者張我軍（一九〇二—一九五五），原名張清榮，筆名一郎、速生、野馬、以齋等，出生在台灣台北縣板橋鄉一個貧窮的佃農家庭。一九二一年，十九歲的張我軍到廈門鼓浪嶼一家銀行工作，這也成為他一生命運的一個轉捩點。因為在這裡他不僅直接受到祖國文化的薰陶，而且「自從領略了海的感化和暗示之後，我就不想回到如在葫蘆底的故鄉了」。張我軍的這個名字，也是在廈門時開始使用的。一九二三年初，張我軍隻身北上留學，一九二五年考入北平中國大學文學系，次年轉入國立北平師範大學國文系，半工半讀，直到一九二九年才畢業。這以後便在北平定居，曾任北京師大、北京大學、中國大學等院校教師，直到台灣光復的一九四六年才回到故鄉台灣。一九四六年，張我軍返回光復後的台灣，先後任茶葉公會祕書、金庫研究室主任。但因為懷才不遇，鬱鬱寡歡，整天以酒澆愁，加上煙癮極大，結果患上肝癌，一九五五年五十四歲時就去世了。

算一算他在合庫待了九年，這十年間他經歷二二八與白色恐怖，他只有藉打棒球來逃避現實。他為人浪漫豪邁，尤其喜歡提拔年輕作家，龍瑛宗也是其一。他一生最浪漫的事蹟，大概是在北京與羅文淑的戀愛與私奔，因而寫成《亂都之戀》，時間是一九二四年三月二十五日：

在這十丈風塵的京華，
當這大好的春光裡，
一個T島的青年，

在戀他的故鄉！
在想他的愛人！
他的故鄉在千里之外，
他常在更深夜靜之後，
對著月亮兒興嘆！
他的愛人又不知在哪，
他常在寂寞無聊之時
詛咒那司愛的神！

這可說是台灣第一位白話詩人張我軍在詩集《亂都之戀》中的第一首詩〈沉寂〉，羅文淑後改名為羅心香。一九八六年，已然老去的羅心香在美國紐約寓所回憶起這段戀情，依舊是那樣甜蜜繾綣：「一天我開箱找衣服，突然從箱子上掉下一封信和一張照片，信上只是寫了一首莫名其妙的白話詩。有一天，這個寫詩的青年主動來找我攀談，才知道他叫張我軍。他說自己不是來這裡補習功課，而是來學北京話的。就這樣，我們彼此相識了。我在一個姐姐的陪同下，每星期到他住的泉郡會館去一次，說些話，借幾本雜誌回來看。當時社會上青年男女還不能公開交往，我們只能保持這樣的接觸，他要求同我通信，我告訴他我家是封建舊家庭，不允許同男孩子來往。他說可以用女人的名字寫信，於是就用『娥君』的名字，每週給我來一兩封信。還經常約我去公園，來去都各走各的路，躲躲藏藏地到沒人的地方才說話。這樣來往了大半年，他忽然不辭而別，接到信後才知道他回台灣了。就在這時家人要包辦我的婚事。正當愁雲密布之時，有人把這消息電告我軍，他立即從台灣趕回北京，約我見面說，事至如此，只有一起去台灣避難，否則前途將遭厄運。就在這種情況下，我只穿了一身學生服，沒有攜帶任何證件，同我軍一同坐火車到上海，再乘船到廈門鼓浪嶼，然後寫信給家人。他們接到信後，立即寄錢和衣物給我，並要我們盡快正式結婚。得到這個消息，我們非常高興，遂一同乘船去台灣，在台北江山樓擺了兩桌酒席，舉行了婚禮。」

龍與張我軍的第一次晤面在一九四二年深秋，經張文環的介紹，那是在日本參加大東亞會議之時，他當時以華北文學家的身分參加，會後還一起同遊京都、奈良、大阪等地。當時他並不知道他的文學成就，直到光復後讀他的文章，才知道他是一個啟蒙時代的先覺者。張我軍常說：「我是一個老實不客氣的人，所以說話也不客氣，何況跟我說話的都是這般蠢貨，更沒有客氣的必要了。」龍認為他的作品觀察深刻，〈白太太的哀史〉是敘述一個被中國留學生騙去的日本女人的淒涼身世，交織著官場現形記，作品充滿人道精神，是他的作品中最出色的一篇。

第二次見面就在合庫，龍寫文章仍用日文，是張我軍親自譯成中文，他雖當主任，凡事不拘泥。張我軍中、日文俱優，偶爾有人請他將日文翻成中文，他還向龍請教日文的問題，這讓龍頗為吃驚，原來那日文真的很難，於是一起翻字典共同研究。他這種追根究柢的精神讓龍感動，後來他當主管時，碰到不擅長的法律問題，他也仿效張我軍的精神，請教年輕的同事，於辦事效果大有裨益。在為人處事上，張我軍對他的影響頗大。

一九四九年五月，他的文章〈最初的農倉調查——我的台銀時代序章〉刊於《合作界》。這算是他停筆後的第一篇創作，由張我軍翻譯，雖是短文，但描寫在南投泥淖般的生活，因一篇農倉調查而得救，裡面的描寫生動，多用對話與動作，可說是小說之筆：

> 射進我眼中的南投鎮的印象，是一座背負丘陵的古色古香的小城鎮。因為沒人來迎接，所以我就把柳條包和藤籃放在車站候車室的板凳上，獨自踽踽走向鎮上了。首先看見田地，接著有

條橋，過去就是一列什麼「開花樓」呀一類的酒家兼妓館呀「第一樓」，身上只穿著一件貼身襯裙的妓女坐在那裡談天說地。

台灣銀行的房子立刻就找到了。進去一看，可巧有一個姓後藤的行員在。這個人算是我的同學前輩，一見面就說：「你來了，可是你的行李？」我說：「放在車站的板凳上。」於是他突然變了臉色說：「那可不得了，馬上不去取回來可要丟掉的」，於是叫了一個日本人的工友去拿了，不一會兒，我的柳條包和藤籃平安無事地搬回來了。「你真馬虎得可以！」

這段十幾年的往事被他寫得如在眼前，他說出在生活上不斷發生的糗事及悲哀，跟一九四六年當《中華日報》日文版主編相比前，氣勢不復以往，但自嘲的意味加深了。雖然編的是小刊物，可是有文學大師坐鎮，他又能再寫稿，待在編輯台上工作，他覺得很滿足。

對國民黨失望的他，把希望投向大陸的社會主義，他透過日文雜誌與廣播，常靜靜凝神偷聽中共的海外廣播。他的心理和一九五〇年代的知識分子一樣，對社會主義有著嚮往，這種心思一直到文革發生，對共產黨失望，才漸漸變得淡薄，然而，他對文化祖國的情結還是很深，還是持續看資料、聽廣播、關心大陸動態。張我軍這時的出現，讓他與五四文學有了絲縷的關係。

在他的筆下張我軍有兩張臉龐，一個是主管的臉，一個是作家的臉，他為了視察城市信用合作社，南奔到屏東時，不受地方經理招待，獨自走進賣日本飯菜的露店，他愛喝酒，酒足飯飽之後，又繞回合庫辦公室住在值夜小房間。因為他不愛住旅館，只愛喝烈酒，差旅費都用在酒上。喝酒時猜拳、唱小調。想小解時往河裡撒，這是作家的他，因為事務機構的主任絕不宜撒野尿，他還一面撒一面看風景。

他的第三張臉是棒球迷，他老來玩棒球，是老爺隊隊員，還帶著棒球隊遠征異地，對年輕的球員視若自己的兒子，愛護備至，常問他們會不會冷，做飯給他們吃。

有一次老爺隊比賽，張我軍擔任外野守備中央，沒料到有一個大飛球凌空直奔中央外野而去，張頓時慌張，驚惶走來走去想要抓球，奇怪，那個飛球竟不見了，他四處找尋還是找不著，找半天原來在自己的皮手套中。與其說是抓到，不如說球自投羅網。張開懷大笑，好像戰勝百萬雄師似地高舉捕獲品，耀武揚威。

張對文學夥伴也很關心，他的筆錄中有一則：

> 下午三點，文環君如約來訪，並且告訴我說：他已吩咐家人宰了一隻鴨子，晚上一定要上他家吃飯。我只好拒絕了他人的邀約，並且和他出去走走。他帶我到公園去散步，路上他告訴我這裡的公園簡直是一座森林。

張我軍對龍瑛宗有著愛才之心，常替他的中文惡補，有時他到農會考察業務，寫報告時，張我軍幫他修改那些日文味道的詞句。當了一陣子辦事員，看他的老同學都已做到分行副理，心中難免不是味道，於是向張我軍發牢騷，張說：「你的事情知道了。以後有機會我會向謝國城君說明一下」，當時的謝國城是合庫副總經理兼台灣棒球協會主幹。合庫的人員都是棒球迷，當時還是軟式棒球的時代，每到週六，新公園常舉行軟式棒球比賽，其中以華銀和合庫競爭最激烈。比賽時各方出動啦啦隊，打鑼敲鼓熱翻天，大家唱起棒球歌，合庫的棒球歌的作詞者正是張我軍，他也穿起球衣跟球員們大戰，龍也常去看熱鬧，跟著唱棒球歌。有一日巧遇謝國城，他問龍；「劉君，你也是棒球迷嗎？」龍答：「是的，協理先生，我也喜歡看棒球。」這一巧遇改變他的命運，他跟棒球運動也牽上關係。

當時的台灣軟式棒球，由華銀的蘇嘉和主持，後來由合庫接辦，謝國城因此承接台灣棒球事務，棒球協會理事長由民政廳廳長謝東閔掛名，謝國城找了龍氏辦理全盤業務和會計。

在棒球協會的努力下，棒球由軟式變硬式，由區域性變全國性，進而揚威海外，台灣的棒運推謝為棒球之父，不知還有龍為幕後推手呢！

台灣的棒球運動起源於日本，而日本棒球運動則又是受美國影響。一八七二年（明治五年），美國人霍雷斯・威爾森到日本擔任英語教師，常在課後教學生打棒球。一八九四年（明治二十七年）日本人中馬庚首度使用「野球」一詞，從Ball in the field（原野上的球）起名的。翌年也是日本統治台灣的第一年，可說是一種歷史上的巧合。

棒球的特色與魅力，在於它不但是團體的比賽，也是個人的比賽，它也會因選手的心理狀況而有意想不到的變化與結果。因為沒有比賽時間的限制，因此，在最後一名打者出局之前，沒有

合作金庫棒球隊

人能保證原先落後的球隊是不是會反敗為勝，因此每個球都很關鍵，人為的因素往往牽動戰局，如球員的身心狀況與教練的調度都牽引著比賽的走向，吸引球迷緊盯不放。棒球比賽中「豬羊變色」的情形屢見不鮮。棒球場上常流傳著：「球賽在兩人出局後才開始。」因此，棒球可以說是一種充滿刺激性的運動，難怪被譽為「競技與智慧的結合」，莫怪乎球迷為之瘋狂。

一九二四年甲子園球場完工並且作為高中棒球錦標賽的場地，因為在球場啟用的那一年，剛好是歲次甲子年，就把這個球場命名為「甲子園棒球場」，一九二五年開始在阪神甲子園棒球場舉行球賽。能夠登上甲子園棒球場，是日本所有高中棒球隊的夢想。

台灣在日治時期曾有多次選派代表隊參與甲子園大賽的紀錄，最高紀錄如下：

一九二三年八月，台北一中（現今建國中學）是首支打入「全國高校野球選手權大會」的台灣代表隊，然多為日人組成，當年並未在甲子園球場出賽，但因「全國高校野球選手權大會」於次年夏天移至甲子園球場比賽，因此被稱為夏季甲子園大賽，後人便將台北一中列為首支打入甲子園（大賽）的台灣代表隊，實際上早於甲子園大賽。

一九二四年八月，台北商校（現今國立台北商業技術學院）打入「全國高校野球選手權大會」且在甲子園球場出賽，因此嚴格來說，台北商校才是首支在甲子園球場打甲子園大賽的台灣代表隊，然也是日人球隊。

然後才是我們熟知的嘉農隊，一九三一年八月，嘉義農林（現今國立嘉義大學）打入夏季甲子園（大賽）且獲得亞軍，是台灣代表隊參與甲子園大賽史上最佳成績。

此外，值得一提的是一九二五年七月能高團曾遠征日本，在甲子園棒球場打過友誼賽，但並非參加所謂的夏季甲子園大賽或春季甲子園大賽。但因先前的台北一中、台北商校的隊員都是日本人，而能高團是由台灣原住民所組成，因此能高團可稱得上是首支在甲子園（球場）出賽的台灣人球隊。

昭和六年（民國二十年），嘉農野球隊首次代表台灣，到日本甲子園參加第十七回全國中等學校優勝野球大會，一路過關斬將，在決賽中以〇比四輸給中京商業，屈居亞軍，但已震驚日本全國。嘉農棒球隊，它的成就不僅在於一九三一年獲得甲子園大賽第二名而已，更重要的是對台灣棒球的奠基與深耕，它從一九二八年第一屆（棒球隊）開始到第二十五屆，長達二十五年，為台灣棒運栽培出眾多傑出人才。這些嘉農棒球隊校友畢業後回到故里，不論是當教練或是裁判，都成為推動南部棒球運動的推手，台灣棒球能不斷成長，嘉農棒球隊佔著重要一角。從一九三一年開始，「近藤的嘉農隊」第一次出現在球迷面前，就勇奪甲子園大賽的台灣代表權，也讓過去舉行十二年的台灣地區冠軍都由北部學校包辦，打破「冠軍錦旗不過濁水溪」的魔咒，當時北部的球隊稱霸台灣，因為多為日人組成的球隊，所謂的一中、二中都是日本人念的，台灣人只能讀農校、醫校，夾雜一些讀不進一中二中的日本人與原住民，嘉農隊便是這樣的雜牌軍，他們卻接著在一九三三、三五及三六年，四度得到這項榮譽，其中一九三六年春夏兩次嘉農都是代表隊，所以嘉農棒球隊總共是五次打進甲子園，這種紀錄可謂輝煌，南部的球運，尤其是原住民，能高團曾打進甲子園友誼賽，在這樣的基礎下，慢慢帶動起來，因此紅葉少棒、美和少棒的崛起，並非一朝一夕所能成就。

日本殖民台灣初期，把棒球帶進台灣，可說是進行「皇民化」的工具之一，但因著運動抒發情緒不無安定社會、凝聚民心的作用，最令人振奮的是組球隊跟日本人比賽，球場的競技成為民族意識的戰鬥。嘉義農林棒球隊在甲子園勇奪亞軍，讓台灣人大吐一口「霧社事件」（一九三〇年，於現在南投縣仁愛鄉霧社發生最大規模的原住民抗日事件）的悲憤；在戒嚴時期，紅葉少棒擊敗當年世界少棒冠軍日本和歌山隊，讓台灣民心為之一振；九二年奧運銀牌、二〇〇一年世界盃第三名，也都和擊敗棒球強國日本有深切關係。棒球，總在台灣困頓時，給予台灣人一劑強心針。

從一九四五年到一九六〇年代之間，棒球運動在台灣是非常熱絡的，不輸現在球迷之狂熱，「呷飽看野球」成為人們生活的一部分，台灣的棒球基因因此種下。

民聲杯棒球賽是台灣棒球史早期定期舉辦的棒球賽之一，主要是由台中的《民聲日報》所推動，第一屆於一九五一年（民國四十年）五月二十二日到二十七日在台中水源地棒球場（即現今的台中棒球場）開打，共有來自全台各地二十一支球隊參賽。此後，固定每年五月舉行，前後共舉辦了二十餘屆。《民聲日報》除了舉辦超過二十年的民聲杯棒球賽之外，一九六六年（民國五十五年）也透過關係派人到日本邀請巨人隊到台中集訓，全省各地的球隊也都利用這個機會在場邊觀摩，可以說將台灣棒球帶至國際水準。一九六七年（民國五十六年）更請台東紅葉少棒隊到台中比賽，並舉辦大規模的少棒賽，如此才有一九六九年的台中金龍少棒隊的組成及奪冠。

處於台灣的棒球熱中，各單位組成自己的棒球隊，在球場上打打殺殺，合庫的棒球賽因為與早稻田大學與棒球隊有淵源，台日對打，殖民母國與被殖民者的微妙關係，不管戰前戰後都十分熱烈，觀看的球迷也是鑼鼓喧天，一點都不輸現在。

漫長的銀行時期的龍瑛宗，喜愛利用工作閒暇之餘，前往合作金庫總行（位於台北市館前路）不遠處的新公園，有時看市民打著棒球，或是騎著腳踏車亂晃，當然也常常去逛書店，只是狀況有些不同，那些中文書看來沒日文順利，一樣是漢字，讀音與文法差很多，那些文字排斥他進入，越讀越苦澀與疑惑，跟他認知的文學世界有距離，他常讀了又讀然後放棄。只有在星期六下午，新公園常常有棒球賽舉行，戰後台灣風行打棒球，那也變成他另一個娛樂，可能是因為文壇前輩張我軍熱愛棒球的關係。每當合庫棒球隊有比賽，龍瑛宗必定前往觀賞並加油，看張我軍那生龍活虎的樣子，自己也感到熱血沸騰。有一天，在球場邊幫球隊加油時，巧遇當時擔任合庫副總經理的謝國城。謝得知龍瑛宗是棒球迷之外，還是日治時期文學健將，便推薦龍瑛宗辦理棒球協會的全盤事務與會計，並兼辦《棒球界》雜誌編輯，負責編排事項。日後龍瑛宗憶起，表示或許後來得以離開合庫研究室萬年辦事員的工作，而轉任至人事室就職，跟獲得謝國城的賞識不無關聯。

謝國城提倡棒球運動，早在戰後初期就開始了，他從日本棒球界名氣最響的早稻田大學畢業，返國後到合庫任職，一九四九年擔任台灣棒球委員會第三任總幹事，及第一任中華棒協理事長。棒球會讓他當了大半輩子「大本乞丐」，他常說：「就是當大本乞丐到處去要錢，也一定要把經費湊起來，讓大家能出國比賽。」老輩的棒球國手，回想這句話都還會動容，「大本乞丐」謝國城創造了一個傳奇，他以七十二元起家，卻讓台灣棒球揚名海外，台灣棒運能有今天，他的功勞居首。謝國城接下棒委會全部財產，不多不少正好是七十二元。當時公務人員一般月薪為五百十四元，租間十坪左右房間，月租要二百四十元，七十二元只能買十瓶特級清酒。

在戰前，日本早稻田大學隊曾三度來台比賽，第一次是配合日本在台灣總督府推展棒運的政策，於一九一七年前來進行八場比賽，戰績七勝一敗，以二比四敗給由日本人組成的「台灣聯隊」；第二次是嘉農首次贏得參加甲子園大賽那一年，即一九三一年，賽八場同樣輸一場，以四比八敗給當時最強的台北鐵道團，也是日本人對打；第三次是一九三五年賽九場還是輸一場。這三次都是日本人的比賽，謝國城夢想的是台灣人與日本人對打，因為當時的台灣人已經很會打棒球了。

於是謝國城在擔任棒委會常務委員後，特別邀請早稻田大學隊再來台比賽，這對台灣棒球可說是邁進一大步，為了達成這個夢想，他一方面四處募款籌錢，一方面利用本身自早稻田大學畢業的關係，極盡一切想完成這個棒球夢。

與早大隊的比賽可說是了不起的大事，為了迎戰早大隊，謝國城認為新公園球場不夠標準，向台灣大學商借了運動場，每天都親自率領台北煤氣公司蕭德宗等人，到台大整理場地、畫界線、圍竹籬笆。

謝國城對新公園球場情有獨鍾，他曾描述說：「全省運動會後，棒球委員會雖然成立，但用具在哪裡？場地在哪裡？在在都是問題。恰巧在台北新公園內有塊小田徑場地，不管地面有小石頭，寬長尺度夠不夠，而且在徑道低窪等不合規格的情況下，總是畫白線、捕手後面張一張線網，就開始打得津津有味了。用具固然是些舊古董，還算是難得的，不過在此球場，稍微強打，球就會飛出道路，或打破台灣大學醫學院的門窗玻璃，因此而設定了特別規則，例如球碰到大樹的那一部分算三壘打，或算全壘打，球滾入觀眾中也算三壘打，因為場地根本不夠大，真的全壘打是看不到的，如果那時候王貞治（一九四〇——，父親出身浙江省青田縣的日本華僑，母親為日本富山縣人，王貞治生涯打出八百六十八支全壘打）回來打的話，他的打擊全部都是全壘打了。」

又說：「新公園的田徑場地，對我國棒球運動的培育功勞是不可沒的，那時由銀行公會每年定期主辦的六行庫棒球比賽最為熱門，各行庫都擁有棒球隊，競爭拉選手，實力相伯仲，賽程也非常劇烈，每次比賽，觀眾擠得水洩不通，樹上變成最好的看台，銀行公會的循環賽就是此時我國棒球運動唯一的搖籃。」

當時的謝國城看到台灣棒球的實力，他的眼光與氣魄，讓台灣棒球走向世界。

這樣我們就能想像，為何台灣文學大家們會瘋狂地迷棒球，如張我軍、龍瑛宗，這裡有某種微妙的情結存在，看到台灣人打贏日本人或外國人，豈不讓人興奮。

之後謝在一九六九年率領金龍少棒隊赴美參加威廉波特少棒賽奪得冠軍，同年以高票當選立法委員。一九七三年「中華全國棒球委員會」改組為「中華民國棒球協會」，當選理事長。他先後率領中華民國少年棒球隊、青少年棒球隊、青年棒球隊參加世界大賽，而有「中華民國棒球之父」之稱。

當棒球與文學擦出火花，那是如何呢？那就是大家都放下筆到棒球場去了。龍在〈台灣棒球的功勞者〉中即寫著：「雖然我不是棒球選手，但是棒球卻與我有很深的情緣」，這篇文章說明龍與台灣的棒球有微妙的關係，當時的文人與棒球也有微妙的關係，棒球是殖民史的另一章，逃避與發洩的另一章。

一九四九年也是台灣經濟的轉捩點，民國三十八年六月十五日，改革幣制，舊台幣四萬元換新台幣一元，台灣銀行發行新台幣一元、五元、十元三種，生活的窘困仍未改善，眼前龍先要解決一家溫飽，銀行的工作起碼是生活的保障，至於寫作夢只有暫時封存起來，幸好還有張我軍可以聊文學。他與張我軍的合作，在〈點亮文化的聖火——張我軍和他的《亂都之戀》〉中提到：

那個時代的研究室主任，就是張我軍先生，他知道我派在研究室工作，便大喜道：「人事當局好有人情味，雪中送炭，派了一個編輯人才。」我到農會將業務現況寫出來，我軍先生幫我修改那些日文味道的詞句。嗣後，看了我的同學，多升為銀行副理，獨我一個人辦事員。我肚子裡的不平蟲，一齊抬頭發牢騷起來了。於是向詩人主任洩氣。主任說，「你的事情知道了，以後有機會我會向謝國城君說明一下」，當時的謝國城氏是合作金庫副總經理兼台灣棒球協會主幹，而謝氏私人委請我，為了台灣棒球界做些事並編排棒球雜誌。就這樣的我的寫作由日文轉為中文，我的老師便是鼎鼎大名的張我軍先生。

這段話說明他人生的重要轉折，從大報主編變成銀行小辦事員，又成銀行機關雜誌的主編，在數錢和拿筆之間，他更習慣拿筆；更重要的事是由日文寫作轉為中文寫作，而他的老師便是與五四接軌的張我軍。龍在文學上的最大遺憾是錯過漢文教育，使他連念杜詩都得透過日文；其次是錯過新文學運動，在文學意識上，在開放中有保守，這從他的文藝批評中可以看得出來，可惜兩人同事只有短短六年，那六年張我軍為棒球著迷並常帶隊出賽，龍也只能在球場上看他打球，兩人談文學的時間很少，因此他的中文談寫還太早，大約只能勉強閱讀短文章。

當時的合庫可說是人才濟濟，在財經上有許遠東、李登輝；在文學上有張我軍、龍瑛宗、文心等；還有後來在體育界揚名的棒球之父謝國城。

作為棒球迷的張我軍，展現他較不為人知的一面，他與謝國城等人組成老爺棒球隊互相比賽取樂。張我軍常帶棒球隊遠征異地，他對待年輕的球員如自己的兒子，這種熱情也影響著謝國城，他對待文學夥伴亦十分關懷，照應龍氏與張文環，同情他們在文學正要走入成熟之際，台灣光復，他們的作家生涯也因此擱淺。

龍常帶著兒子到新公園看棒球，知甫個性好動，也有運動天分，他小學時是棒球選手，多少受父親影響，當他參加比賽時父親會不會來看，以龍的個性，他偷偷去看也不會告訴孩子。

文甫與知甫國小仍念老松國小，從泰順街走到學校要五十分鐘，但龍並沒讓他們轉學，因為黃鳳姿就是讀那裡的學校，他要孩子們有在地的生活經驗，那時班上同學都是萬華人，他們的童年就在這裡度過，文甫「很自然地對這些台北古老庶民地區感到熟習與親切，特別是古色古香的龍山寺，至今還懷念不已」。⑤

一九五〇年，文甫考上成功中學初中，在雨中龍與兒子共撐一把傘看榜單，那雨中的溫馨小世界，深深烙印在文甫心中。為了讓他考上好一點的初中，龍曾經特別請了家教，一起為朱昭陽兒子朱耀源一起補習。龍把朱視為恩人，後來朱耀源獲得日本東京大學農學博士，是優秀的學者。龍為兒子的課業可謂用盡心思，還為他補習課外讀物。高中上了建中，與白先勇（一九三七—，廣西省人，台灣旅美作家，代表作《台北人》）同期不同班、丁肇中（一九三六—，山東省人，華裔美籍物理學家，一九七六年獲諾貝爾物理學獎）念的是春季班，比文甫高半期。龍為加強他的英文、日文，常拿外國雜誌讓他閱讀，同時收聽日本對海外的短波廣播，藉此管道，龍對日本社會的動態瞭若指掌。

當時張文環任職於保險公司，張我軍出差到嘉義時去看他，見他單獨一人呆坐在店頭，頗有不忍之心，被龍稱為台灣作家翹楚的他淪落為保險員，而他是銀行辦事員，兩人相對頗為唏噓。

張我軍愛喝酒，有「酒豪」之稱，一九五五年肝病發作，龍與許遠東去看他，他拿出自己的詩集《亂都之戀》交給許留存，並說留有遺言在裡面。第二次去看他，張已臥病在床，因病痛呻吟不已，不太能言語，第三次看他時，已成冰涼的軀殼，短短幾個月，病魔奪走他的生命。

一九五五年十一月張我軍因肝癌過世，享年五十四歲。遵照遺言，火化遺體，由龍瑛宗及許遠東共同撿骨。在他的筆記寫著對張文環的感想，龍也許覺得也像寫自己，特地抄在文章中：

> 我一邊和文環君且走且談，一邊斷斷續續地想著文環君的事。在台灣光復以前，他是台灣的

---

⑤《龍瑛宗全集》第八冊，頁二八一。

中堅作家，做一個文學作家正要邁入成熟的境地。就在這當兒，台灣光復了。台灣的光復在民族感情熾烈的他自是有生以來最大的一件快心事，然而他的作家生涯卻從此擱淺了！一向用日文寫慣作品的他，驀然如斷臂將軍，英雄無用武之地，不得不將創作之筆束之高閣。

光復以來雖認真學習國文，但是一支創作之筆煉成談何容易，況且年紀也不輕了，還有數口之家賴他供養哩。目前他的國文創作之筆已煉到什麼程度我不大清楚，但是他這幾年來所受生活的重壓和為停止創作的內心苦悶，我則知之甚詳，我每一想到這裡，便不禁要對文環君以至所有和他情形類似的台灣作家寄以十二分的同情。⑥

這也許就是他的遺言，對文學作家的不捨，對台灣文學未來的憂心，像一個父親一樣，他並沒有忘記文學，尚且暗中照顧他們。張我軍的感想，也就是龍的際遇，更是所有情形類似的台灣作家的困境，只不過作為日治時期四大金剛的張文環與龍瑛宗更顯得令人感嘆。

語言文字是作家創作的根，要熟練地運用此文字，非有一二十年的努力不可，要出類拔萃則要天才與機會，張與龍皆有天才，機會於他們來得太短暫，頓然被連根拔起，那種無言之痛，沒有相同際遇很難體會，龍在文章中略有提及總是很保留，因為他是十分謹慎的人。

與張我軍的交會只有短短五六年，如果張能多活幾年，龍的中文會更好也說不定，他珍惜這份情誼，還暗中關心張的兒子張光直。

張我軍的死亡對他打擊不小，失去了一個欣賞他理解他的長輩兼朋友，他不能沒有一起談論文藝的朋友，這時吳濁流幾乎天天到家中坐，無奈兩人一見面就會吵架，吳又常刺激他是過時的作家，也有青年作家批評他的文學落後三十年，對於一個一直想追求進步的作家來說，這些話割人心肝。吳走後，心情不好的他難免又跟太太大吵，他不是喜歡吵架的人，如今為什麼變成天天跟人吵架的人？他越來越害怕自己，心情越來越鬱悶，每天噩夢連連，常常失眠，如此惡性循環，他開始想到與其這麼痛苦的活著，不如早點結束生命，每當低潮時，死亡陰影就盤據他的心靈，說他是厭世主義者嘛，不那麼嚴重，也許是常直面死亡，讓他更要不時提振自己。

從一九四六年以來到七〇年，他受到一連串的生活打擊，賞識他的上司兼文學長輩一個個過世，文友的狀況也不好，他當萬年辦事員，屈居人下，日語不能說，中文不會寫，現在老友只吳濁流一人，他這人刀子嘴豆腐心，常常調侃龍，龍說不過他，氣得快發瘋。戰後吳濁流的地位越來越受重視，而他越來越被遺忘，這樣的折磨讓他垮了下來，連他對自己也失去信心。在戰前被定位為詩人的他，熱愛寫詩，如今一個字也寫不出來，大家都忘了他曾經是個詩人，而且是以杜甫自命的詩人。

低沉的情緒維持好幾年，一堆死人的幻象又開始頻繁出現，他變得又緊張又惶恐，老覺得大禍將至；一方面他覺得他不能死，這個家沒有他將如何悲慘？讓一個不會賺錢的母親撫養年紀尚輕的小孩，他想到守寡的嫂嫂與姪子，心痛了起來，他不能死！絕不能死！

只有讀書與學習才能拯救他，那就努力地學國語吧！

為了學國語，他跑過國語講習所，跟著老師的口音，張著嘴嚷著：「大家一起來學國語吧！」這時他和兒子一起看《國語日報》學習國語，有一次應邀在某個會場使用國語致詞，事先在兒子面前練習好幾次，但文甫聽了半天還是覺得講得不流利。

---

⑥《龍瑛宗全集》第六冊，頁三四八—三四九。

那時龍每天騎自行車沿著師範學院的小徑去合作金庫上班，他騎車時頭歪歪的，樣子就像莫狄里亞尼畫中的人物，有點說不出的憂鬱。果真在他們家客廳牆壁就掛著莫狄里亞尼歪脖子女人畫像，幾十年掛著不曾移動，他對這幅畫有著超乎尋常的投射，也許是畫家貧寒的身世，早發的天才，以及畫中傳達濃得化不開的哀愁，正呼應著作家的內心。

在書房裡掛的是貝德麗采與但丁在橋上的「永恆的一瞥」，這裡有他的文學信仰——詩與愛。另外在書架上擺著托爾斯泰的半身石膏像，可惜掉落地上破碎了。

文甫眼中的父親是屬於思考型的，從小他看父親每天下班吃完晚飯後，就坐在自己的椅子上，一直抽煙，默默沉思，長達一兩個小時，他的各種思想幾乎都在這種日常習慣中養成，造成他的思考縝密，感受細膩，這也是他的性格特徵。

但他的長考中，可能也有焦慮與逃避的成分，戰前的他正是寫作的顛峰，或是小說，或是評論，或是詩，對他來說如魚得水，現在他失去了語言，也失去了舞台，只有把想像與詩情藏在心中。對於這點文甫說：

> 父親在戰後有很長的時間中斷文學活動，思其原因：一是要用中文發表，對寫慣了日文的他有其一定的困難性；二是獨裁政治的氣氛彌漫著社會，令他窒息，他不想無辜被捲進當政治的犧牲品，寧願靜靜地觀察社會的動盪。跟戰前他旺盛的創作欲相比，這種受到環境的扼殺而停筆，對他的文學活動來說，或許是一大損失。
>
> 儘管如此，我忘不了他曾經講過的一句話，他說：「人要常常有植物發芽那瞬間向上的新鮮精神，因為那裡隱藏著無限的將來。」⑦

他一直等待重新再起的時機，對人生他是悲觀的，對文學他則是樂觀的。這段等待的漫長時光，他把希望寄託在大兒子文甫身上。

文甫在外貌與個性上神似父親，臉型較飽滿，少了那憂鬱的氣質，但更好看。他中學時數學不好，成績快不及格，龍騎腳踏車帶著他去找王白淵，託他向數學老師說情。文甫進入政治大學之後。從大一起，龍就利用週末的晚上教他日文，教材大部分是日本有名作家的作品，還有歐美文學名著，偶爾也拿經濟學的文章來教。雖然龍期望他能當文藝評論家，但為現實著想，鼓勵他學經濟，文甫因對日本文化早已熟悉，毫不猶豫選擇留日，後來在早稻田大學專攻明治維新的日本經濟史，就讀博士班時，就已到亞洲經濟研究所當客座研究員⑧，該研究所光研究員就有兩百多人，都是日本一流大學畢業生，其規模與預算在研究調查亞洲・中東地區的政經領域是數一數二的。他一邊在研究所工作，一邊也在埼玉醫科大學國際交流中心主管中國山西省來研修的醫生以及護士們，教他們日語以及講解日本社會的風俗民情⑨，一九七〇年娶日籍女子古賀典子為妻，後來生了兩個女兒莉佳、芙佐，根據文甫的自述婚姻與家庭生活：

---

⑦劉文甫，〈我回憶中的父親〉，收錄於《龍瑛宗全集》第八冊，頁二八八。

⑧文甫按：我念早大經濟學研究科博士班，是戰後第三十二個學生，外國研究生考進去的我是第一個，三十一位日本研究生沒有人拿過博士學位，我也沒拿到。亞洲經濟研究所除了戴國煇以外，由於研究所是準日本公務員機構，不積極正式聘用外國籍研究員，我一直是客座研究員。近幾年，時代也變化了，已經有外國籍研究員。

⑨文甫按：研究所工作了四十年以上，由於當客座研究員，也到埼玉醫大任職，退休後現在當顧問。埼玉醫大與山西省人民醫院等醫療機關進行醫學學術交流達三十年，我所認識的來日本研修的中國醫生以及護士有一百多名以上，他們大部分住在太原市。

我妻子古賀典子是九州佐賀縣武雄市人。她的祖母是江戶時代上級武士的女兒，是鄉紳地主的家庭。岳父是中學的教師，我跟妻子結婚的時候，已病死，所以不認識他。為了維持家庭生活，岳母一直服務於公立的保育園，撫養姐弟兩個孩子。我在亞洲經濟研究所服務時，編纂有關中國圖書目錄的主持人，是日本中央大學講授社會主義經濟論的江副敏生教授，我們一起工作，他介紹大學畢業的親戚跟我相親。典子性格溫和，做事端正，婚前跟她約會約定的時間，她每次從來沒有遲到過，這是她給我最初的印象。我想她以後一定會把家務管理得很好，所以就決定娶她，果如我所料，她管理家庭弄得井井有條，我們相處得很和諧。

我有兩個孩子，長女叫古賀莉佳，次女叫古賀芙佐，都是父親起名的。長女的莉，是從泰順街日式房子前面種了一棵茉莉花的樹而來的。次女的佐從我妻子的籍貫是佐賀縣人而來的。她們小的時候，依當時日本的法律，國際結婚的孩子只能隨父親的國籍，所以姓劉。後來日本提倡男女平等改法律，國際結婚的孩子可以隨母親的國籍，大的念高中，小的念初中時，就改姓為古賀，我妻子一直是日本國籍。

長女的長相接近岳母，稍微胖些，喜歡旅行，她在立正大學念的是地理系。她大學剛畢業，就跑到西班牙去旅行。次女長相接近祖父，身材瘦小，有文才，小學生的時候，作文獲得埼玉縣政府的獎狀，也寫過讀《羅生門》後的感想作文，寄給祖父看，還被鼓勵了一番。大學念法政大學，學的是哲學。

平常與家人靠書信往來，一九七八年龍給文甫的一封信上提到正在寫長篇《紅塵》：

我已寫了長篇《紅塵》約五百張，我想再寫五十張，讓小說所有要出場的人物全部登場就要結束它。這是今年最後一件工作，所以明年想以業務主任的名義出去外國一趟。不久也想去東南亞看看。

莉佳、芙佐兩個孩子也都還好吧。家裡大家都很健康。

原來把文學的願望寄託在文甫身上，文甫最富文學涵養，沒想到二兒子知甫也有文藝細胞，雅好音樂與美術的他，從小被認為是多出來的孩子，長得像母親，又活潑外向，成績也沒哥哥出色，父親期望大哥，母親疼愛女兒，所以一直是較受忽視的孩子。知甫上大學時，龍要他學習樂器演奏，知甫說要學習吉他，但龍認為古典音樂才是經典，故而要他學拉小提琴，知甫學琴中愛上古典音樂，也很珍愛自己的小提琴，但有一天發現他的小提琴不見了，是不是母親不高興他學琴而拿去扔了，母親難道不知道小提琴很昂貴，而且是他的最愛，到底怎麼不見的，到現在仍是一團迷霧。

但他也學商，也走進銀行界，因此對《紅塵》中的情節十分認同，他覺得「父親好像也把我列為場景人物之一，因我在銀行服務三十年，每天有不同的客戶，為了借款擴大營業，賺取更多錢財。不惜花錢奉承，日日花天酒地，飲酒作樂，醉生夢死。舞廳、酒家、北投風月場所一攤又一攤，日復一日。父親早看穿台灣社會急功近利，倫理道德敗壞，終有一天，會帶來惡果」，知甫從整理與詳閱父親的作品，才更瞭解他的文學世界，也可說是父親的文學知己，文甫如父，知甫是名副其實的「知甫」，他的文筆與認識也是深入的：

父親一生為了文學無時無刻不在與時間追逐，很想抓住每分每秒，唯恐疾馳的光陰從眼前悄悄流逝。短暫的生命裡總充滿著無窮幻想，幻想是孤獨的產物。父親沉默孤獨的性格，自然從無數的幻想去追尋理想獲取知識，而知識就是從大量閱讀中換來的結果。因此，讀書是幻想執行的手段吧。但無論你從幻想與讀書中獲得了多少知識，終究還是被無情時間所束縛。但是父親對文學的執著是永無止境。⑩

知甫與母親的關係本就緊張，當他越瞭解同情父親，就越排斥母親，母子常陷入冷戰中，龍在四五十歲時，也就是戰後沉潛的初期，他常跑進知甫的房間喊著不想活了，兒子嚇壞了，他知道父親是言出必行的人，他不知如何安慰父親，只有把種種不平與氣憤投射到母親身上，父親越痛苦，他就越怨怪母親。龍覺得寫作無路可出，婚姻絕望而痛苦，竟令他不想活，夫妻吵架可能只是導火線，作家心靈的憂悶是無邊黑暗，這種情況一直維持到六十歲以後才好轉。這可能是他一輩子中最艱辛的日子，無法再提筆寫作，過著沒有詩與愛的生活，與妻子的爭吵更加頻繁，怪不得常常陷入沉思冥想，痛苦到想自殺。

到底為什麼吵呢？常常是生活上的小事，譬如龍剛下班回家，上了整天班很累，想休息一下，坐在沙發椅上看報紙，李耐叫他先去洗澡：

「全身都是汗臭，先去洗澡！」龍繼續看報不理她。

「你是耳聾了，叫你去洗澡沒聽見嗎？」

「我很累，休息一下等會再洗。」

「我要你現在就去洗！去！」聲量越來越大。

「你少煩我，走開！」

「你不去洗，我絕對不會罷休！」

「我偏不洗，你能拿我怎樣？」

「我要你洗你就去洗，這個家歸我管。」

「我是戶長，家歸我管！」

「你在外面怎樣我不管，回到家我最大……」李耐的聲量越來越大，龍被惹火了也跟著跳腳。⑪

李耐知道丈夫不愛她，只有緊緊抓住金錢與權力，她善於理財，家事做得又快又好，在有些家人眼中她是不講理的人，在內心中她是含辛茹苦受傷的女子，一個不被愛的人，如何懂得愛呢？

人性是複雜的，龍的孫女抒芳就十分同情祖母，她的長相是爸媽的優點的混合，明亮的大眼睛與高鼻子，個性在堅強中有柔順的一面。她說在家中沒人願意好好聽她說話，她需要什麼也無人理解，祖父在閱讀與寫作中得到快樂與昇華，李耐卻被丈夫拒絕在一旁，在家中只有她願聽李耐說話，也只有她們從未吵過架，有一次祖母跟她說了許多心裡話，才知道她內心有多麼孤獨與委屈。

文甫很喜歡抒芳，她性格溫和，很有知性，很有禮貌，富同情心，想法不偏激，是一位讓人感到溫暖和煦的女性。她還很小的時候，文甫從日本回台省親時曾經抱過她，對她很有親近感。他的看法和抒芳是一致的。

套個龍常用的比喻，龍也有「兩個臉龐」，一個看似木訥順服的銀行行員，一個是憂鬱頑強的詩人，在職場上他謹小慎微，服從上級領導，受日本教育的他，對日本文化有著憧憬與親切感；另一方面他長期關注寫作與文學，具有高度品味與心靈視野，然而語言無法表達他的內心，身分的轉

---

⑩劉知甫，〈幻想與讀書——悼念父親龍瑛宗生命中的兩大支柱〉，收錄於《龍瑛宗全集》第八冊，頁二九一。

⑪文甫按：父母親洗澡對話的問題，使我想起我服務的大學前任校長講過的一段笑話。他妻子常常跟他講，「雖然你是大學的校長，但不是我們家的校長，回家以後你管不著我，家務事由我來決定」，跟我家如出一轍，她也要抓權力吧！雖然跟我家的情況不完全一樣。

換，在他身上造成更大的分裂，他像自我流放的作家一樣，書寫被困在某個邊境或高塔中，形容憔悴，與世寡合。跟許多流放作家的自我書寫一樣，一個憂鬱無所適從的流浪者，在這一點上他的杜南遠書寫極具現代意義，也是永恆心象。

在銀行前幾年只能說安全度過，他也不敢期望升遷，從一九五〇到一九五九都待在研究室，職別為專員，月薪二百二十元。他在這單位待了九年。

一九五一年九月，公布〈檢舉匪諜獎勵辦法〉，國民黨開始白色恐怖統治。他放低身段更為低調地過日子，這一年四月，鍾肇政第一篇文章〈婚後〉，發表於《自由談》月刊。他們即將成為文學莫逆，然而整個五〇年代他的生活是極為黯淡的，文學前景黯淡，家境貧困，還好這輩子在最低潮的時候往往會出現轉機，他等待那重出江湖的一天，平日他埋首書堆，閒時教兒子讀文學名著，文甫是個聰穎乖巧的兒子，個性像父親，教子讀文學，他也仍沉浸在文學中，這是他唯一的寄託與安慰。龍教文甫讀書，從阿部知二的《文學入門》入手，文甫認為父親曾造訪過阿部知二，他要兒子走一遍他走過的文學途徑，除了經典的俄國與日本文學，對於新感覺派特別用心，兼及普羅文學如小林多喜二的《蟹工船》，或痲瘋病人慢慢朝向死亡而在被社會隔離的特殊療養環境裡，過著被歧視與排斥的「癩文學」，他挑選的作品正代表他的文學旨趣與品味，正如文甫所說：

我總覺得父親挑選的作品，很多是描述著病弱或社會弱勢人群的人間風景，這或許也與他自身富於同情心的個性及虛弱體質有關吧。他對死亡有特殊的敏感性，從小時候就覺得自己活不過三十歲，常有一種被時間追趕的壓迫感。有感於生命匆促短暫，又感於客家人是弱勢族群，因此自覺必須格外努力，這種對生命焦躁的感覺，在戰前或許是造成他產生大量著作的原因。⑫

探討龍的「死亡情結」，可以得知他為何在三十歲左右創作量特別豐沛，父母與兄長的早逝，加上身體羸弱，他自覺活不過三十，過了三十等於多活，他正想拚出第二生命時，卻面臨時代與語言的斷裂，死亡的念頭一直圍繞著他，只是他沉默以對，不必是因為不幸福的婚姻，也不是因為李耐，而是常與死神交戰，說他是個厭世者也可以，尤其是大兒子的離去，讓他更覺末日將近。然李耐不知道他的心，卻知道他對自己身體的擔心，每天都要熬參湯為他補身，人參是如何昂貴的補藥，為此她特別節儉，扣下家人的糧食，好為他補命。

泰順街原本是日式老房子，孩子漸大，空間不夠，後來改建為四樓公寓，房子的空間夠大，生活漸步入穩定。

一九五三年，二哥劉榮殿過世，享年五十四歲。這個大他十二歲的哥哥如父親般照護著他，因為他是老來子，父兄長他甚多，他難免有小么子情結，哥哥如父親般疼愛他，如今父母、哥哥都走了，他才意識到自己太柔弱，在生活上十分依賴，這也是他離不開李耐的重要原因。

從一九四七年到一九六三年，龍幾乎未發表任何文學作品，只有一些日文短文。一九四九年到一九七六年，他度過長達二十七年的行庫生活，這段日子可說平淡而枯燥，他只有埋首書城，書中

⑫周芬伶，《憤怒的白鴿》，頁四七八。

的世界是安靜而美好的，有如淨土一般。

除了閱讀，他把文學的期望寄託在大兒子劉文甫身上，龍教他讀遍中西方經典，這孩子乖巧好學完全像他：二兒子外貌個性較像母親，圓臉漂亮身材又高，他讀書雖不如哥哥，運動與音樂天分可說宜動宜靜，可是這樣出色的孩子卻不受重視，常被母親責打，每有犯錯，父親並不打他，而是對他說理，說到他服氣為止。他越大就越偏向父親，排斥母親，也許越相似的人越互相排斥。母親對父親的吵鬧令他厭煩，他越來越護著父親，最後還是他一手打理父親的生活，母親的事向來沒人管得了，也就隨她去了。

中興法商學院畢業的劉知甫，後來娶了同班同學郭淑惠，與母親之間不是很融洽，備受排斥，但孫女抒芳的看法是，母親是職業婦女，祖母是女強人，兩個人的個性不合是兩個個性都很強，李耐與孫女的感情就沒問題，因為只要她說話，順從她的意見，她就很好相處。

小妹淑惠長得像爸爸，她生了一個女兒徐玫芝，東海大學畢業後，去美國讀環境工程，拿到碩士學位，在美國成家。她又生一個男孩徐兆東酷似龍，龍家的遺傳因子很強烈，後來拍龍瑛宗傳時，由他飾演龍的童年，親友間都說「好像好像」。

劉知甫在父親病後成為他的發言人，當他說出父母不合與母子不合問題時，哥哥文甫非常擔心與在意，從他的觀點看父母一起守護著這個家，母親尤其扛起所有的家務，功不可沒。他認為夫妻間的吵鬧很複雜，不能太單純而主觀地去評論；母子的不合，也不能單從恨意去指責母親的不是，做兒子的也該反省自己，不能忽視感恩。

龍的媳婦郭淑惠進入劉家後，對公婆的看法跟知甫一致，都是同情公公，不喜婆婆，她說公公是文學家的個性，不重視物質生活，對金錢也不經手，完全交由太太處理，連買東西也不會，外出時衣服鞋子都是太太打理，所以婆婆覺得自己功勞很大，她的個性是台灣人俗稱的「孤獨性」，喜歡一個人吃飯，所以他們全家很少一起同桌吃飯，有也是不交談。她很愛美，總是把自己打扮得漂漂亮亮，從日本探親回來購買的漂亮刺繡手帕，她自己藏起來。公公曾對她說：「你女兒的個性像你婆婆，要小心點。」劉知甫的兩個女兒都很美麗，抒芳教龍學國語，後來學設計在大葉大學當教授；二女兒曾當過空中小姐，小兒子仲岱則從小送到國外讀書。劉知甫除了在銀行上班，也做一點生意，郭淑惠在國中教書。

孫女抒芳自有自己的觀察與立場，她是同情祖母的，她在這樣的環境中成長，自己去上了一些心靈課程，自我反省能力很強，她不願意走上父親怨恨母親的路，她覺得自己的家人因太完美主義而苛求彼此，從來沒一句好話，像母親永遠在挑剔她，從無一句肯定，後來慢慢理解，那也是表達感情的方式，因為我知道你的缺點，能挑出來，表示我瞭解你夠深。

老一輩的感情表達通常很迂迴，溝通的障礙就是不會溝通或根本不溝通，導致越親的人越疏遠，她要走出來。

龍對子女的教育與職業非常關注，文甫在日本研究所研究經濟，知甫與妹妹淑惠都在銀行上班，一家子都跟經濟與銀行有關，這應該是受父親的影響。

在研究室期間，龍瑛宗曾與當時擔任約聘人員的李登輝同事約一年，又與當時擔任研究室主任的張我軍一起編寫《合作界》月刊，內容以農業經濟的文章編寫為主，與文學無關，再加上中文書寫還未起步，只能先以日文下筆，再請張我軍譯成中文刊登，這樣的編輯生涯是苦悶且尷尬的。

《棒球界》雖是與文學無關的雜誌，卻是他熟悉且喜歡的編輯工作，從《合作界》到《棒球界》，合庫的機關雜誌被他編得有聲有色，謝國城後來成為少棒之父，龍氏也覺得自己對推行少棒參過一腳。這時期他沒有放棄在文學上的努力，差別只在他不再想發表的事了。

私底下他仍不忘記在寫作上努力，一九五二年十二月，完成日文〈故園秋色〉未刊稿，這部作品並未發表，可能是找不到發表的園地，當時幾乎沒有刊載日文作品的文學刊物，不知他有沒有拿給張我軍看？這篇是他戰後重要的作品，水準仍延續戰前，裡面描寫戰後初期庶民的生活，相當具有時代氣息，初婚的年輕夫妻，原本生活甜蜜，妻子罹患傷寒，丈夫用盡心力照顧，妻子復元後自己也感染傷寒，在老家養病期間，妻子與初戀情人小會，回房後發現丈夫已氣絕身亡。這裡反映著戰後病疫流行與脆弱的幸福，在健康都很難擁有的年代，愛情相對地如何渺茫。根據《民報》的記錄，當時民間對「公共衛生」的意見與政府作法間的落差，指出「天命」（傳染病）也跟著光復了！文中敘述爆發情況、民間說法與官員作法，生動地表現當時對傳染病的忽略與無能為力。龍氏的疾病書寫，從〈植有木瓜樹的小鎮〉至今，用的還是以前的稿紙，白底綠格的四百字小張，兩頁八百，四頁一千六，連寫作他也精算著：

沈茂亭和彩雲走到擁擠的街上，人潮不斷地氾濫著。年末大減價的旗子和看板，飄搖在街上。霓虹燈像千萬朵花盛開在街上。鞋子和木屐的聲音變成混濁的雜音，隨著塵埃把街上埋沒，而且擴音機如悠緩的風吹著人們。沈茂亭和彩雲為要在故鄉過新年，今晚到街上去買禮物。

在那裡他們買了鄉下罕有的蘋果和要給孩子們的玩具。玩具是捲起發條就會跑的汽車等東西。於是趁便地，沈茂亭買了領帶，彩雲買了圍巾。沈茂亭的領帶花樣是彩雲給他選的，那是胭脂色布、有暗色波形的花樣。而沈茂亭替彩雲選擇了緋紅色圍巾。

他們收到摸彩券，就到排著西服衣櫥和腳踏車等的贈品處去，抽了籤，卻只中了兩盒火柴。於是沈茂亭回頭看著彩雲嘟噥著說：

「我們運氣不好呀。」

「噗嗤……」一聲回笑了他。

這篇作品寫的是一個婚姻故事，是作家少有的婚姻題材，裡面的疾病書寫十分深刻，隔年，一九五二年龍的二哥劉榮殿過世，享年五十四歲。是否二哥的病與死令他特別有感觸：

彩雲的臉頰由於發燒而紅著，宛如在潔白的床單上擱著一朵玫瑰，沈茂亭發現了有別於向來之美的她，那看來也像靜靜燃燒的美麗圖畫。然而，熱度逐漸上升，這個燃燒的女人的身體漸漸發生變化。由於厭食，身體逐漸消瘦，如今臉頰無血色，眼神閃爍不定，變成蒼白的臉了。消瘦而顴骨顯得外突。那是僅僅幾個星期之間的變化，那就像盛開著的花急遽凋零的過程，如實呈現了年輕美麗的女人以可怕的速度變成骸骨的悲哀。在短短的時日裡，彩雲已經沒有以前豐腴的樣子。那只是一個要被拖去叫作墳墓的泥沼的可悲物體而已。⑬

這種紅粉骷髏的寫照，對比著早夭的青春，寫出作者內心的秋意，其中的疾病書寫與死亡書寫，令人想到終戰時期的〈燃燒的女人〉，那是作者另一種自我的死亡，不同的是，一篇是男人眼睜睜看著燃燒的女人死亡，這一篇是燃燒的女人讓男人死亡。小說的筆力還維持在極盛時的水準。

戰後，各種傳染病因防疫的疏失，引爆流行，尤其是大陸大量移入的寄港傳染，讓台南發生

⑬《龍瑛宗全集》第二冊，頁二三八。

三百多起之霍亂，龍不寫霍亂而寫傷寒，可能是想小心翼翼反映時局，故而轉寫較常見的傷寒。但可能自覺這樣寫會有危險，故而未發表，或者找不到人翻譯？或者翻譯而被退？但這是他在沉潛時期的重要短篇。

一九五四年二月十日，〈日人文學在台灣〉刊於《台北文物》第三卷第三期。文中介紹日治時期的文學，他分為異國主義文學、寫實主義文學，又介紹文藝評論家矢野峰人、工藤好美、島田謹二等人，認為他們與其說是文藝評論家，不如說是英文學者；更重要的是他指出日人文學在台灣的特色，就是很難發現日本寫實主義的「私小說」，其原因是日本身為殖民者，抱持著支配者的強勢心理，跟私小說暴露支配者的卑賤心理是背道而馳的。這篇介紹相當精要，也說明龍的小說書寫為何走向私小說的重要原因。對於瞭解龍氏的創作及背景極有參考性。

一九五三年拜訪畫家賴傳鑑並與他和吳瀛

龍瑛宗（後排右二）與省文獻委員會委員們合影

濤、賴傳燦在中壢國小校園合照，當時的龍穿西裝打領帶，笑容可掬，看來是愉快的一遊，賴後來成為他的小說集封面的設計者，兩人之間也有極深的交情。賴傳鑑一九二六年生，比龍小一輩，但龍在晚年偏好與小一輩的文友往來，如鍾肇政、葉石濤、杜潘芳格等，賴曾以北埔街景為題材畫了一些畫作，也許是觸動龍之處，他的繪畫以動物或人的形體或隱或沒與背景交融的處理手法，論者以為與德國藍騎士畫派（Der Blaue Reiter）的Franz Marc（一八八〇—一九一六）非常相近。

一九五四年他與省文獻委員會委員們合照，裡面有郭水潭、黃啟瑞、楊雲萍、王白淵、吳新榮、吳瀛濤、吳濁流、黃得時、王詩琅等，都是重要作家與好友。時逢盛夏，大家都穿淺色短袖襯衫，他站在最後一排，時年四十三，烏黑的頭髮高高蓬起，臉與身形非常瘦，樣子很年輕，看來跟戰前差不多，笑得很開朗，當年一起為文學奮鬥的好友還能聚在一起，他很開心，對於這樣的聚會，他向來喜歡。

# 第六章
# 戰後初期的搏鬥

他的文學生涯的第二個十年（一九四七—一九五六）是十分黯淡的，因為經濟與政治的因素，他回到原點，還是行庫的新進行員，主要的作品只有短篇一篇，還是未刊稿，是沒寄出還是被退稿了呢？作品的水準還維持著，年當四十一，距離第一篇小說已十五年，他以重新出發這樣的心情書寫〈故園秋色〉，水果與溫度的意象依然如故，諷刺的筆調更為激烈，這裡埋藏著他對現實的不滿，他不認同國民黨的統治，新朝伊始，跳梁小醜橫行，他只能以小說表達自己的憤慨，他只描寫當下的生活，不留戀過去。

一九五九年八月，龍瑛宗從萬年辦事員改派任人事室專員兼一（職掌提升、調動、賞罰等）、二課，年近五十才從辦事員升為幹部，一般人以為他在銀行的生活很安定、順遂，其實不然，一九三三年進入銀行一直被調來調去，最後在一九四二年辭職，共待九年，都是低階辦事員，中間中斷十年，意外地又回到銀行，一九四九到一九五九年繼續做了十年低階辦事員，因此他自稱「萬年辦事員」，如果不中斷，慢慢爬也做到經理的位置，因為愛好文學而有此下場，讓他吃盡苦頭。

他的升遷主要是辦事認真與主管賞識，對銀行事物嫻熟，接任人事專員後他提出兩項建議，第一是任用新進人員，男性先需服過兵役；第二是如職員犯法，接受人事處分之前，得以事先辯護自己的行為，這兩項措施原先以為會有爭議，經試辦後，成果良好，也沒人提出異議，其他企業慢慢仿效合庫的作法，可見他在銀行業務的幹才，不能小覷，他的思考縝密，常有先見之明。一九六一年受到當時總經理王鎮宙的提拔，擔任人事室副主任一職，實際上乃掌有主任之權。人事室主任的權力很大，尤其是人事陞遷時，上級時常鬧意見難以定案。有一次總經理為提升一個人，一直得不到同意與蓋章，他只好磕頭拜託才得以通過，那時的主管多為留日大學生，比較起來，他在合庫的升遷還算可以，但他內心實有說不出的苦，幾年之內，人事幾度滄桑，並沒有影響龍瑛宗，他每日一如往常，穿著妻子李耐替他購買的「First」牌的素面淺色襯衫，搭配深色舊款西裝褲，上班打著領帶，下班抽下領帶，每天中午在公司用簡單的午餐，下班後絕對不逗留或者接受外人邀約的應酬事項，一成不變的生活模式代表著他一貫的堅持，那就是簡單、寧靜、公平、公正的原則，在人事紛雜的人事室中過著自我的生活，同樣是上班族，同樣踏實的工作，他的內心封藏著對文學的熱愛。

一九六〇年，全家拍了一張全家福照片，年將五十的龍瑛宗看來滿頭烏髮，面容十分年輕，只是眼眶深陷，憂鬱的氣息更濃，那一年文甫二十三歲，剛好大學畢業，知甫正讀中興法商學院，女兒淑惠十九歲，剛從泰北中學畢業，相片

龍瑛宗全家福

中的李耐穿旗袍，可能是自己縫製，鑲滾的細邊看來很別致，年當四十五，看來卻比龍老氣，兩個人肩併肩靠得很緊。這張六〇年代的黑白照，表面上看是美滿的家庭，裡面卻充滿裂痕，常跑進兒子房間喊著想跳樓的龍，這時心裡不知想些什麼？

一九六〇到一九七〇這十年可能是他內心最痛苦的時期，一來是當上合庫主管，工作上要求公開演講使用國語，看公文是如外星文般的應用文，他常覺得很丟臉，受日本教育的他，武士精神講究的受辱毋寧死，不識新文字不會說話，讓他覺得無臉見人；在創作上又無從表現，與他相近的好友一個個過世，吳濁流的小說被禁，文甫離鄉背井到海外求學，精神頓失依靠，最受寵的孩子一向是家庭的重心，現在夫妻的吵架越來越激烈，他心中有著懊悔，當初堅決退婚就好了，當初勇敢地跟兵藤在一起就好了，多年來他們一直保持聯繫，兩個人談的都是文學與心靈，他不敢問她婚姻幸福嗎？怕影響她的婚姻，但他真的很想問她幸福嗎？如果跟他一樣不幸，雖然不能怎樣，總算還能彼此安慰，如果幸福，他會祝福她，不再緬懷過去。他最珍貴的初戀是永恆的，這是他們兩個人之間的默契，有時他也會幻想如果跟她結婚，兩個人是何等幸福。但長久的戒嚴阻隔他們見面，總算等到一九六八年，兵藤晴子到台北，兩人約定一定要見一面，兩人見面時，他問她：「婚姻幸福嗎？」兵藤回說：「很幸福，丈夫很尊重我的意思。」知道她婚姻幸福，他只有給予祝福，但如果真不幸福，兵藤也不會說的，他太瞭解她的個性。他心中充滿悵惘與遺憾，妻子可能知道他不愛她，故而整天找他麻煩，得不到丈夫的愛，她也不讓人好受，無愛的女人只好愛錢，一生中她存了一千多萬元，對於這件事文甫的想法是母親個性節儉，她積了一千多萬，只是為了家庭經濟的穩定，父親也默認沒有反對。一般來講，人如果在家庭得不到愛，會在外面揮霍這筆錢來消除自己的寂寞或痛苦，可是母親並沒有啊！她也沒有把這筆錢作為手段去對付父親啊！文甫說：

普通人年老了，很多人都會在經濟上依靠子女，可是我母親活了九十幾歲，她自己的生活費以及住病院療養費，甚至死後的埋葬費等等，全部從自己的積蓄去付，沒讓子女負擔一分錢，沒給孩子添任何麻煩，我們覺得她很偉大，描寫她死要錢，實在太殘酷了。我現在學我母親，自己完全退休以後的生活費以及死亡後的各種開支，我也拚命積蓄一些錢，不想給孩子添麻煩。

這都是死存活存存下來的，丈夫說不過她，這讓她有勝利感，她就是要折磨丈夫，讓她知道沒有愛的女人有多痛苦。總之這段時間龍常跑進知甫的房間嚷著要自殺，對於龍來說，各種壓力逼得他心力交瘁，甚至想一死了之。這是心靈纖細、個性強韌的他最黑暗的十年。

一九六一年劉文甫服預備軍官役時，文甫著軍裝與父親合照於泰順街家門口，作家年已五十一，他把希望寄託在兒子身上，他建議他讀經濟，而文甫希望赴日留學，役畢旋即進入早稻田大學專攻明治維新為主題的日本經濟史，從碩士一路念到博士，指導教授為正田健一郎。在早大念博士時，經由戴國煇（一九三一——二〇〇一，桃園縣人，東京大學農學博士，亞洲經濟研究所主任研究員、日本立教大學教授）的介紹，進入日本通產省智庫亞洲經濟研究所擔任客座研究員。兒子的遠去讓他不捨，可也是他未完的夢想。五十出頭的龍看來有點發福，頭微禿，相隔三年，他好像老了許多，文甫服完兵役隨即出國，第一年非常想家，想盡辦法回國探親，卻遭到警備總部的刁難，差點無法回到學校，之後他就怕回國，大都是龍偕李耐赴日探兒孫，只有一次解嚴後因公到大陸出差，順道回台探望父母，那次知甫全程陪伴招待，兄弟

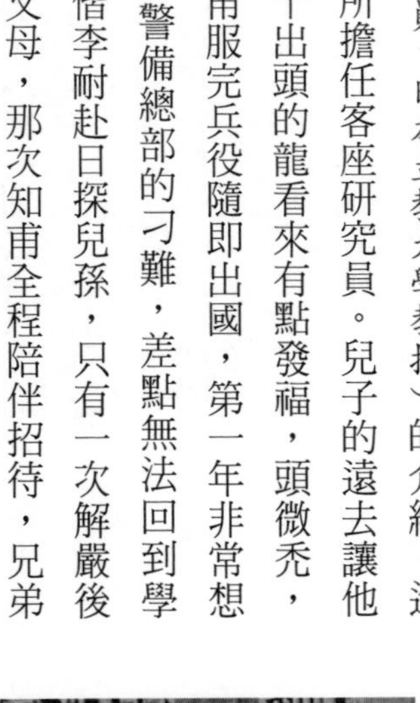

1963年與長子劉文甫於泰順街宅

相聚留下美好的回憶。文甫的文筆也優秀，常以化名投稿，退休後轉任埼玉醫科大學，仍借重他中日文俱優的長才，工作至今七十多歲。

一九六三年六月《今日之中國》創刊，龍終於有機會參與編輯事務。在創刊號上，他以日文翻譯文心〈海の祭り〉。他與文心交好，他本名許炳成（一九三〇—一九八七）。一九三〇年生，逝於一九八七年二月十九日，得年才五十八歲。他嘉義高級農校森林科畢業，受的也是完全日文教育，做的是跟文學無關的台灣省林業試驗所技術員；因為喜愛寫作，加入《文友通訊》後，經人介紹，進入台灣省合作金庫與龍為同事。有一段時間打「臨時工」，也擔任過家庭教師、繕寫員、會計員，甚至賣稿為生。

文心在《文友通訊》的自我介紹，如此描述自己對寫作的感懷與期望：

> 我從事寫作，至今四載有餘，愧無進步，幸蒙編輯先生和各位文友鼓勵與提挈，才有視寫作為己職的今天。我寫作的動機，是由於我必須寫作，此外，也許是因為我身上的一個缺陷，必須要有一種東西來彌補。於是我寫、寫，拚命地寫，「墨水寫乾了，蘸上眼淚再寫。」經過漫長歲月的苦鬥，我克服了缺陷，開始邁上新生活的第一步。但是現在我卻必須為每天的麵包忍氣吞聲！愚見認為：目前我們最重要的課題，就是怎樣提高我國文字水準，以致達到世界文學的領域！我們切不可為求名利而喪失藝術良心。願與各位前輩文友共勉。

一九五七年他從鍾肇政主導的《文友通訊》起步，文心與廖清秀的文學進展頗為類似，都是經由文藝函授學校，學習如何創作的，經由相互切磋，中文書寫快速進步。一九五二年以後，文心不斷有作品發表，散文、詩、小說樣樣都寫，比起戰後一起出道的文友，文心較早適應語言轉換問題。在小說創作方面，他也很快地建立了自己的作品特色，可說是《文友通訊》時期的作家群中，光芒四射的文學新銳，因為他連連得獎，得到當時文壇的肯定。有人說這跟他進入金融機構服務的現實經歷可能有關，這使得他的作品趨向溫和的風格和溫暖的性格，可說是從日文轉中文寫作成功的戰後第一代作家，同樣在合庫工作，吳濁流與文心能寫出自己的路，龍瑛宗為什麼不行呢？主要是一點漢文底子都沒有，日文表達太好，函授是針對初習者，像張文環與龍瑛宗這種日文作家，可能沒有用。

文心創作以小說為主，六〇年代之後將創作重心轉移到電視劇本編撰，並被聘為台視基本編劇。曾獲《中央日報》、《新生報》、《自由談》徵文獎項、台北西區扶輪社文學獎、教育部劇本獎。他的的小說創作大部分完成於六〇年代以前。他以樸實而真摯的文筆與文心，刻畫諸多充滿人情意味的世界，在平淡的文字背後，表達他對「平凡人物濃厚的關愛與深沉的悲憫之情」①。所謂平凡人物網羅了社會中各式人等、三教九流，他描寫這些凡夫俗子懦弱、市儈、善妒的人性陰暗面，一切都是現實所迫，最重要的是他最後會歸化為人性的超脫。

龍對文心的創作是以過來人的心情關注著他，他把他的作品翻譯成日文發表，那時的文心正年輕正走紅，但對朋友的成功，他一概給予祝福，有時也常給意見。

文心逝世時，年紀尚輕，龍瑛宗特寫一篇文章〈悼文心〉：

筆名文心的許炳成和我，於民國四十八年至五十六年，在同一個崗位上工作過，當時我是課長而他是我的部下。想起當時，我有一個奇怪的想法。雖然，我是課長但是稍微複雜的公文，竟以中文寫不出來，我終於把這個令人討厭的工作，推給文心來辦。②

在初進合庫時，龍的中文還不行，自學中文成功的文心幫他處理許多公文，共事八年，沒多久他紛紛得獎，離開合庫轉進電視圈當編劇，可能過於勞碌，活得並不長。

一九六四年《台灣文藝》創刊，吳濁流為社長，邀請龍擔任編輯委員，鍾肇政協助小說部分編輯，他與吳、鍾的往來日益頻繁。吳濁流為節省成本，將雜誌的紙質降低，零稿費，並極力爭取廣告費。為了增加銷售量，親自造訪銀行大公司負責人訂購，常常拎著重重的刊物，到零售店委託寄賣。吳老個性剛毅，做事有魄力，文友聚會時常提到想辦雜誌，說完不了了之，他說辦就辦，以前張文環、呂赫若一碰到他，便以日語叫他「牛」，他的牛脾氣還真把《台灣文藝》辦起來，他平生不肯向人低頭，為了雜誌卻向某財主深深鞠躬。後來鍾肇政接辦，為了籌措財源，還給某財主寫傳以受贊助。續辦人陳永興醫師把雜誌公司化，如此參與

成立《台灣文藝》，龍瑛宗（前排左三）

①許素蘭，〈埋在泥土裡的落花生——試論文心的短篇小說〉，收錄於文心，《文心集》（台北：前衛，一九九一），頁二三五。

②龍瑛宗，〈悼文心〉《龍瑛宗全集》第七冊，頁一四〇。

者都是股東，陳永興、巫永福是三股股東，龍瑛宗也參一股。

一九六八年吳濁流完成自傳性小說《無花果》，一九七一年遭查禁，那一年中華民國退出聯合國。隔年日本與中共建交，我與日本斷交。整個時代的氣息在絕望中，這讓龍也感到寒心。一九七六年吳濁流去世，更讓他覺得荒涼。一九七七年他寫了〈無常〉一文，以吳老之死為開頭「濁流老臨彌留時，他的生命欲脫離他的肉體飛翔於天空，本來，他打算明年東渡日本一趟，萬萬沒想到如斯地抵達人生的終點。」

一九六五年經當時國民黨中央黨部祕書室主任黃鏡峰推薦，受聘為「今日之中國社」編輯委員會主筆，此刊物分中、日文兩種版本，龍負責譯介台灣小說，這刊物是對日本華僑的宣傳刊物，社長為劉天祿，實際的主持人是文工會主任宋楚瑜。每個月所有編輯委員，聚餐一次，戰後第一個十年過去了，他的寫作還是以日文為主。

他在《今日之中國》向海外介紹並刊載文心、鍾理和、廖清秀、鍾肇政、鄭清文、陳火泉、林衡道、林海音、王藍、張漱菡、郭嗣汾等人作品，都是當時當紅的作家，他給予鄭清文不錯的評價：

> 中國的作家們不太做挖掘自我、尋找真實的工作，但這位年輕的作家，卻很難得地執意要寫心理性的作品。此短篇〈芍藥的花瓣〉透過活在沉淪之巷裡的年輕女郎之紋路，探求著人道，這讓人想起莫泊桑的《脂肪球》。莫泊桑於現實的動態中發現真實，這個〈芍藥的花瓣〉卻令人覺得是從作者的冥想和思考中產生的。③

再度回到編輯台上，讓他找到一線希望，他的中文已有進步，他開始與鍾肇政較頻繁的通信與往來，信上寫著：

肇政學兄：

大作《殘照》收到了。這一星期來忙著編務，昨天才全部送去印刷廠。我打算把吾兄的〈縊洪道〉刊在最前面。

然後我期盼著讀《殘照》。

希望您接連不斷地創作佳作。

就此道謝。④

他們的友誼由編輯《台灣文藝》的關係開始。鍾那時正年少出鋒頭，一九六〇年鍾肇政為反映當時的教育弊病，寫出《魯冰花》寄給聯副主編林海音，五天後竟在聯副連載，令他大受鼓舞。接著寫出《濁流三部曲》大河小說——《濁流》、《江山萬里》、《流雲》，開啟台灣大河小說創作，鍾肇政在戰後文壇的發端，他的出名要歸功於林海音與吳濁流，但他胸懷遠大，對於前輩、同輩、後輩的幫助可說不遺餘力。鍾肇政與吳濁流交往是開始於一九六一年底時，鍾肇政將《濁流》的文稿寄給《中央日報》後，不久即連載於副刊，自十二月三十一日迄隔年四月二十二日結束。連載期間，吳濁流主動寫信給鍾肇政，文中提起為什麼會以他的名字當成小說的名字，兩人因此密集

③《龍瑛宗全集》第八冊，頁一〇五。

④據錢鴻鈞整理結果為一九六四年，《龍瑛宗全集》第八冊，頁五六—五七。

的交往。這兩位作家，一位是活躍於日據時期，一位是戰後才嶄露頭角，開始熱絡的往來，也相互的補足彼此對於台灣文學的斷層，透過吳濁流，鍾肇政認識日治時期的台灣文學，也認識龍瑛宗，而他已沉寂好長一段時間。

反觀整個台灣社會，自五〇年代起官方支持「反共文學」，而本土文學卻受到各方的壓抑，但一九五七年四月起鍾肇政發起編印《文友通訊》，由廖清秀提供參與的文友：陳火泉、李榮春、鍾理和、施翠峰、鍾肇政、廖清秀、許炳成等七人，後續有楊紫江、許山木二人加入，迄一九五八年九月止共發行十六次而結束。鍾肇政透過郵寄依序文友的作品給下一個人，每個人在作品上寫下自己的評論，最後寄給鍾肇政統一彙整並油印，達到交流的目的。鍾理和的作品也是經鍾肇政轉寄給林海音後在聯副發表，給貧病交迫的鍾理和不少慰藉。可惜的是，這些文友大都在北部的聚會，鍾理和因病而無法參加，以至於鍾理和於一九六〇年病逝時，兩鍾仍緣慳一面。

文學上的兩鍾，鍾理和與鍾肇政是戰後較先崛起的作家，前者早逝，後者對台灣文學具有使命感，他在一九六五年十月為紀念台灣光復二十週年，主編《本省作家作品選集45》、《台灣省青年文學叢書》兩書，收入本土作家的作品共十輯。此套叢書，除鍾肇政《流雲》之外，都是合集，共收小說九輯，六十九家；詩一輯，九十七家，內文附有作者簡介及照片，為戰後第一部本土作家的作品選集，肯定戰後第一代本土作家的存在與文學成就。

關於編選這套書，鍾肇政受訪時說到：

一九六五年，所謂的光復二十週年，我編了兩套叢書，因為這兩套，特別是第一套，文壇社的。我開始注意聯副或其他比較可觀的副刊，還有文學雜誌等等，希望能夠發現到一些本土作家（現代說法）。那時候也沒有叫什麼本土啦，是本省籍。因為從作品有些東西很容易就可以判斷出來，這是本省籍的，每有發現就很高興。去信啦，反正就是要想辦法跟他聯絡上，跟他交朋友，給他一些鼓勵啦。那時候《台灣文藝》開始創刊，也吸引了一批第二代的，江上、鍾鐵民，還有一大批名字，那時候在《台灣文藝》發表一些作品，然後就變成文學的逃兵一樣的，有很多。文壇社的那十本，有一本我是公開徵求徵來的作品。很奇怪我那時候註明要本省籍的，經常登一些小廣告，不要廣告費的。被打成台獨就是因為那個小廣告，台灣文學叢書、台灣作家叢書，簡化成台叢，變成台獨。應徵來的作品，我當然也經過篩選，不過，淘汰掉的非常有限，幾乎沒有。那本是第八冊，裡面大概有二十篇左右，我忘記了。第九冊是我的長篇《流雲》，第十冊是詩集，五百多頁的。⑤

鍾肇政自己勤奮創作，也是台灣文學的火車頭，他成名後不但提拔新人，也對前代的文學大老照顧周到，可以說沒有鍾肇政，就沒有戰後初期的台灣文學，也沒有戰後初期的龍瑛宗文學，林海音雖大力提拔台灣作家，但她對日治時期的文學認識不深，許多本省作家受到這兩部書的鼓舞，龍瑛宗是其一，葉石濤更是。

後來龍瑛宗發表《紅塵》，鍾幫他翻譯，便是根植於這段情誼，這時他的中文閱讀能力想必不錯，因此先從翻譯開始，因為編務的關係，兩人時有往來，相互打氣，他也向鍾邀稿，請他執筆寫

---

⑤談戰後第二代作家之一：專訪鍾老之（四），時間：二〇〇一年二月二十六日上午九時三十分至十一時三十分，地點：桃園縣龍潭鄉龍華路五十三號鍾肇政宅，受訪者：鍾肇政先生，採訪、整理：莊紫蓉。

〈光復後二十年來的台灣文學〉，刊登在《今日之中國》上。

一九六四年十月，龍〈美麗島・台灣〉刊於《今日之中國》第二卷第十期。一九六五年五月一日經當時國民黨中央黨部祕書室主任黃鏡峰推薦，受聘為「今日之中國社」編輯委員會主筆，負責譯介台灣小說，當時「今日之中國社」分中文、日文二種版本，龍得以使用日文發表一些文章。

第七章

# 與語文搏鬥

文學紀元第三個十年（一九五七—一九六六），作家已來到中年，他的文學出現轉機，歷任過各種刊物編輯，他加入《台灣文藝》的文學群，雖然他的中文還未練好，但回到文學崗位與故交以文會友無疑是令人振奮的，不同的是，以前他的位置在吳濁流之上，現在倒過來，後起之秀也一個個出頭，他雖心急，但對自己仍有信心。

一九六四年他在《今日之中國》發表〈美麗島・台灣——其豐富的觀光資源——溫泉・海水浴場・名湖・廟宇巡禮〉，喜愛旅遊的龍寫過許多遊記，這篇算是觀光介紹文，詳細介紹台灣的特色與有名的景點，全文七千多字，可說是戰後他發展出的題材，這篇文章做了一些資料整理，頭段寫得較用力，他以美麗島的觀點切入，把台灣形容成大公園；另一篇是一九六七年親身的遊記〈澎湖紀行——蔓蔓夏草呦 身經百戰的戰士們無常的夢痕〉，他的旅遊散文夾雜許多歷史典故，這時他對歷史產生濃厚的興趣，這篇長文介紹許多少有人知的松島紀念館與妓院街「埔仔尾丁」，還有漁翁島的台灣第一燈塔，建於乾隆年間，守塔的都是外國人，其中英人巴厘斯的女兒瑪麗的墳墓就在燈塔的後方懸崖上，墓碑上的十字架刻著「一八八〇年瑪麗之墓」，在他筆下的澎湖是富於文化與歷史意涵的，日本人相信它就是浦島太郎去過的龍宮，豐富的漁產、珊瑚、文石、天人菊與木麻黃林……讓這篇充滿知性的遊記充滿浪漫氣息。文甫曾經把這篇文章送給恩師瀧川政次郎（一八九七—一九九二，國學院大學名譽教授，研究中國與日本法制史有名的日本法學者，戰後的東京遠東國際軍事法庭上，當過戰犯嶋田繁太郎海軍大臣的辯護律師），他看了以後覺得澎湖是一個非常有魅力吸引人的地方，不顧高齡，還專程跑到澎湖島看個究竟。

一九六八年，〈台北的今昔〉生動地描繪戰前戰後的台北變遷，最大的變化是繁華區由西門町轉向中山北路，大正町以前是日本人墳墓區，現在成為南京東路，大稻埕與圓環、萬華雖然還很熱鬧，已有沒落的趨勢，尤其是太平町與永樂町：

> 山水亭是比江山樓道地的中國菜，是帶著多少近代風味的台灣料理店。我認識山水亭的老闆，他是個古怪的男人，和日本人組織曼陀林俱樂部啦，當藝術家的資助人啦的，但戰後生意完全不行。
>
> 永樂町現在叫作迪化街，是棉布類和山海貨的批發街，但現在似乎比不上過去熱鬧。

鬧區的轉移，使台北市的發展由西往東，一九四九年國共內戰局勢明朗之後，台北市成為中華民國的實質首都，一九五〇年代台北市發展的關鍵，除了首都的設置與經營外，就是大量外省人台北新住民的湧入。當時大約兩百萬來自中國大陸的外省人，大多數以定居台北最多，加上一九六〇年代城鄉差距帶來的就業機會不均，吸引不少台灣中南部移民台北，讓台北市人口從戰後的二十萬迅速成長至一九六七年的一百萬以上，特殊的人口族群結構，讓它與台灣其他都市完全不同，這就是新移民印象中的新台北，外省人聚集的「溫州街」、「青田街」，還有舒國治記錄的「水城台北」，都是新台北的樣貌，真正的老台北應指馬關條約之前的舊城區吧。為了因應人口增長的趨勢，台北市除了將其行政區域擴展，納入了郊區的木柵、士林、南港等行政區，也積極開拓東區田野發展。市政府除了沿用日治時期已訂定的市區計畫外，更著重以土地高度利用為主的公共建設開發，並加速拆除市區大量舊建物。

一九六八年，有一天龍瑛宗要知甫載他去南京東路環亞飯店見一位從鹿兒島來的朋友，知甫騎摩托車載著父親前去，車子繞過圓環時，因誤闖快車道，被警察開罰單。這時龍五十七歲，兵藤晴子也六十了，她穿著樸實，皮膚黑黑的，身材中等，兩人晤談一個鐘頭才分手，知甫略通日語，但還聽不懂他們說些什麼，知甫聽到父親問：「婚後幸福嗎？」晴子回說：「很幸福！」龍說：「那就好，我就放心了！」婚姻不美滿的龍見到自己的初戀情人婚姻幸福，內心很複雜。多年來的重擔放下了，他別無所求，有這樣的紅粉知己就夠了，他們會是一輩子的好朋友。這次的見面對他意義重大，一來是確認對方的幸福，再來是他決心不再掙扎與衝突，就接受命運的安排吧！

每次跟妻子爭吵，他總懊悔自己的婚姻，憂鬱而氣憤，覺得自己活不下去了，現在能再看到晴子，心願已了，他不再痛恨自己的婚姻，也不會再追悔。

一九六九年七月，他又再一次到南方，住宿於潮州鎮，並寫了〈在潮州鎮〉一文，氣候很炎熱，沿途他看著撐黑傘的婦女，如盲人般拄著拐杖徐徐來去。對潮州鎮的印象是「這椰子與香蕉的小鎮。這是除了炎熱之外，別無特異處的小鎮，人口約四萬左右」。他特別打聽山地同胞的生活狀況，他們生活寬裕多了，有台灣人拜訪山胞家，進門要脫鞋，因為地板光潔，裡面布置有雕花霧玻璃、豪華沙發，還有日本製的電器產品。

躺在沒有冷氣的床上，他回想著許多年前與黃得時一起到墾丁，也曾路過潮州，如今人事皆非，想像著黑潮、白色燈塔、有著彩蝶繽紛飛舞與鬱鬱熱帶樹叢的墾丁公園，因而輾轉反側，感慨萬千。

一九七〇年文甫與古賀典子結婚，從日本寄來結婚照片，隔年孫女出生，他早當了祖父，六十歲決定要好好活著之後，他不再理會妻子的吵鬧，把自己關在自己的世界，只有閱讀能拯救他。

六十歲左右到底是什麼關鍵的因素，讓龍生出活下去的希望呢？除了見著兵藤晴子，兒子結婚，自己做了祖父，還有什麼心靈因素呢？奇怪的是，從一九六九到一九七二年，沒有任何公開活動與文章發表。這段時間上的空白，日本文壇連續發生兩起國際知名作家自殺事件，不能說沒有影響到龍。

一九六八年，川端康成（一八九九—一九七二）獲得諾貝爾文學獎，三島由紀夫（一九二五—一九七〇）推崇「川端康成是個永恆的旅遊者」；「生於日本的藝術家，被迫對日本文化不斷的進行批判，從東西方文化的交會中清理出真正屬於自己風土和本能的東西，只有在這方面取得切實成果的人是成功的。」兩人亦師亦友的關係頗不尋常，一九七〇年六月十六日川端來台訪問，參加在台北中泰賓館舉行的第三屆亞洲作家會議，由當時的會長林語堂主持，川端康成應邀在開幕典禮做了一場精闢的講演，他的講題「《源氏物語》與芭蕉」的內容與演說風采，獲得與會人士熱烈的掌聲。

第一次蒞臨台灣的川端，熱愛美術的他到外雙溪參觀台北故宮博物院，之後到板橋林家後代林柏壽位於陽明山的別墅，跟一九一〇年負笈東京求學的林柏壽會面，兩人見面格外親切，談不完的東京舊事，使川端稍稍消除旅途勞累；是夜，他又和林語堂先生做了一番無關政治的文學懇談，並會見以寫作《藍與黑》享譽文壇的作家王藍。

結束在台七天的活動返回日本後，川端寫成了一篇〈台灣．韓國〉的文章，記錄他來台的點滴見聞。

當時龍以興奮的心情去聽了演講，川端可說是他最讚賞的現代作家，沒想到能近距離聽他說話，龍覺得像做夢一樣。而演講台上的川端更像夢幻者，他淡淡談著日本的古典：閒散、空寂、月雪花、俳句、和歌，充滿優雅的文藝氣息。川端滿頭白髮，年老而不失童心，給予他深刻印象。沒想到這年年底十一月二十五日三島由紀夫切腹自殺①，不少作家趕到現場，只有川端康成獲准進入。川端康成很受刺激，對學生表示：「被砍下腦袋的應該是我。」三島由紀夫自殺之後十七個月，一九七二年四月十六日，川端康成也選擇含煤氣管自殺，未留下隻字遺書。這件事應該給予龍相當大的震驚，龍推崇川端的《雪國》，認為是日本最傑出的小說之一，他讀完作品，覺得有如浸潤在山溪潺潺流水裡的清涼感。沒想到剛見過面的諾貝爾文學獎文學大師竟悄悄無言地自盡，那陣子媒體與報紙瘋狂報導，他透過廣播，收聽日本的報導，不遺漏任何一絲訊息。個性喜歡冷靜分析的龍，想到文學家的生命如此脆弱，就算拿了諾貝爾文學獎也會自殺，文學救不了人，再高的榮耀算什麼？在意與不在意的都死了，好像他也跟著死了兩次，一次是在意的自己，一次是不在意的自己，看到實際的死亡讓他清醒，這絕不是他追求的，文學不是應該給人希望的嗎？如果他現在死了，也是無名且寂寞地死，他還有未完成的希望，那就是使用中文寫作，現在也只有活下去，看生命還會變出什麼花招，自殺太容易，活下去更難，他選擇更難的。

語言轉換的問題困擾他三十幾年，有些轉換沒問題的大都受過漢文教育，如吳濁流、鍾理和、

①文甫按：三島由紀夫切腹自殺的地方是陸上自衛隊東京市谷駐屯地，剛好在我工作的亞洲經濟研究所的隔壁，當時受到了很大的衝擊。

鍾肇政，原來中文底子就不錯，轉換比較快的如文心、王昶雄，其中葉石濤算是追著趕上；轉換慢的以龍為代表，完全無法轉換的以張文環為代表。

一九六五年對葉石濤的文學歷程是很重要的轉捩點。自一九五一年起經歷十多年的沉潛，從入獄到政治犯的標籤一連串的苦難，為基本糊口的工作而四處流浪、歷經結婚生子、各種經濟困境，現實生活中的挫折，讓葉石濤的心力交瘁，再無餘力關注於台灣文壇的進展。日常中最重要的精神寄託除了閱讀之外，寫作已成為奢侈的夢想。僅能透過零星的作品與片段的報導瞭解台灣文壇，生活上、經濟上的困境令他沒有餘錢買書，但每次回府城探望父母弟妹時，總免不了特地繞到書攤逛逛。有一回他發現一本《台灣文藝44》，這本不起眼的小冊子，讓葉石濤驚覺到自己與台灣文壇的距離是這麼的遙遠，而日據時代在台北就結識的文壇前輩吳濁流仍然在奮鬥著。另外於台南鬧區書店偶然翻閱到《本省作家作品選集45》及《台灣省青年文學叢書46》，葉石濤的驚愕與喜悅是難以言喻的。因為台灣文壇並沒有因為政治上的種種打擊而停止活動，雖然自己脫離十數年，但發現到……「二十年的蹉跎時光」，葉石濤遂於《台灣文藝》復出，先發表〈青春〉一文，後開始寫〈台灣作家論〉。

在這段期間，新一代台灣作家已經掙脫了時代、社會的重重枷鎖，重新上路，成為民眾生活的見證人。在此多重的刺激下，葉石濤決定重新提起創作之筆。他在〈楊逵先生瑣憶〉裡，甚至提到一九六五年的秋天，吳濁流為了邀他再為台灣文壇一同努力，曾經親身自台北南下到左營拜訪他，就是期許像葉石濤這樣跨越戰前戰後的作家，能起帶頭作用，帶領年輕一代的台灣作家，再次鼓起勇氣為台灣文學共同努力。

一九六五年二月十三日，龍出席《台灣文藝》舉辦的「漢詩座談會」，與會者尚有王詩琅、楊雲萍等人。他對詩的熱愛如今也只有寄託在漢詩或古詩。有時他想起久藏於筐底的戰前日文詩，彷佛與好久好久沒見面的舊情人相逢，並以焦灼的心情閱讀，讀了一段就熱淚滿眶，人雖漸老，詩仍未老，往日的心象與風景歷歷在目，他覺得自己的詩因政治而蒙上陰影，他想著有一天要將日文詩一字不改地翻譯出來，讓大家看看舞文弄墨的下場，而且是以詩人之名。

一九六七年九月一日，工藤好美教授訪台，出席於台泥大樓舉行的歡迎會。戰後工藤回日本，相別二十多年，師生再相聚，太多的回憶與感慨，讓龍說不出話來，老師仍是精神奕奕為文學努力，同時勉勵他繼續努力，他在心中暗自期勉。

一九七二年日本與中共建交，我與日本斷交。政治與文學都十分險峻，看到好友吳濁流的書被查禁，他為他感慨，但也覺得應該更加小心才是，大家都過得不好，能夠安靜不被打擾也是幸運吧。他那謹慎的個性，是不能容許自己出錯的。

一九七三年初，自泰順街遷徙至台北市信義路四段一棟公寓，這棟公寓在安靜的巷弄中，客廳與房間雖不大，但他有一間不小的書房，裡面擺滿書，進入這書城，可以讓他忘去一切煩惱，他與李耐在這棟房子住了近二十年，孩子都長大自立成家，兩夫妻住這小空間很足夠了。

說來他學習中文的過程也很坎坷，戰後初期的老師是張我軍，可惜只有短短幾年；之後他仰賴文心，文心開始寫作之後轉換跑道，然後靠兒子文甫給他惡補，文甫出國後，仰賴盧福地一段時間，然後是孫女，這中間沒有一個能長期且持續地教導他，他的口語能力原就不好，讀是早就能讀，寫雖進步緩慢，說國語則對他是酷刑。

然而擔任人事室副主任的工作不比擔任辦事員簡單，在許多公開會議上報告的任務，必須常常向總經理定期做匯報，當時台灣早已廣泛使用國語，這對生性內向緊張時會口吃的龍瑛宗而言是件苦差事，原本就沉默的他更不敢說話了。因此，龍瑛宗在人事室工作的前期，他都會找一個國語好的擔任他的左右手，早期有文心（即許炳成），晚期有盧福地。這點他受張我軍影響，不恥下問，借重與提拔年輕人。

文甫解釋父親的口吃問題，相當特別，「父親口吃的問題，在他緊張或激動時，講話會支支吾吾地無法接連下去。戰後首次來日本，看到好久不見的我以及第一次看到我的妻子以及孩子，激動得有一兩分鐘張開著嘴巴，發不出語言來。我記得上大學他教我日語時，講授一些文學的事，跟普通人的語氣完全一樣，沒有口吃的現象。」只要緊張就會口吃，講文學時很流暢，尤其是面對親人與好友。

雖然當時龍瑛宗已能使用中文發表文章，但連他最在行的文字尚且生硬，講國語更是困難，對於文言的公文書寫尤其頭痛；當時接替文心擔任龍瑛宗業務上的左右手者，有一位畢業於台大農經系的員工，協助過短暫的時間；接著後期協助龍瑛宗者，則為畢業於台灣大學經濟系的盧福地。

一九五五年畢業於台灣大學的盧福地，於一九五七年進入合作金庫台北總行工作，剛進去時擔任營業部處理兌換的工作，經由龍瑛宗的指定，一九六一年接到調派令進入人事室工作，龍特別喜歡台大的資優生。就這樣，盧福地成為龍瑛宗的助手。盧福地表示，在進入人事室之前，他並不知道龍瑛宗是誰，只在舊書攤看過龍瑛宗的幾篇文章，隱約知道龍瑛宗是個日文造詣頗高的文學家，並不知道龍瑛宗本名即是劉榮宗。在共事期間，龍瑛宗也從未提起他以前在日據時代的文學輝煌往事，他是一個沉默的文學家，這是龍瑛宗給予盧福地以及當時銀行同事的第一印象。龍瑛宗擔任的人事室副主任一職，在當時與現今的銀行界而言，都是相當重要的職位，據盧福地表示，當時銀行界有「三大金剛」的說法，第一為人事室的第一科長，負責辦理人事調動與升遷；第二為債權部科長，現在稱為業務部放款科長；第三則為財產科長。這三個跟人事、貸款、財產有關的科長，因為擁有的權力很大，總是權力鬥爭的目標。而龍瑛宗這樣一個不屬於任何派系的默默耕耘者，擔任人事室副主任如此重要的職位，只因他沒有派系，而且做事理性而公正。

龍瑛宗進入人事室擔任人事室副主任，卻兼任主任工作，並非真正的主任，這與當時合作金庫的一項不成文規定有關。在當年，合作金庫工作的領導階級者大都畢業於日據時期的大學，早期最優秀的人才大都前往日本當地就學，除了學業成績優秀之外，錢是不能忽略的重要因素。而當時要進入日本的帝國大學等學校就讀，多數人先在台灣設立的預備學校就讀三年，當時於台北的預備學校僅有一間，稱為「台北高等學校」（日本外地第一所高等學校，創立於一九二二年），也就是現在位於台北市和平東路一段的台灣師範大學校址所在，島田謹二曾經在台北高等學校教過書。後來，日本戰敗，許多人才離開了日本回到台灣，一時之間卻找不到工作，幸虧當時擔任合庫常務理事的朱昭陽介紹推薦，有少數人才才得以進入合庫工作，而這些人就成了早期合庫的主要人物。在當時就有個規定，擔任各部門主管者必須大學畢業，而這正是僅畢業於台灣商工學校的龍瑛宗不能夠擔任人事室主任的原因之一。

剛進人事室工作的龍，先是擔任人事室專員兼一課科長，在階級上專員是比科長高的。在這個部門，龍瑛宗擔任辦理人事調動與升遷的重要工作。由於職務上的需要，必須面對自己不熟悉的中文書寫以及講國語這件難事，尤其是文言文公文。此時對於公文的處理以及書寫最讓他頭痛，盧福地在這關卡扮演了一個十分重要的角色，然他自己也努力地學中文，讀在戰前應該就能半通，聽也勉強可以猜到幾分，最難的就是講國語，簡直是他的致命傷。在〈小老師〉一文中，即寫出了面對中文的尷尬以及困境：

二十年前在合作金庫人事室服務時，有一次地方經理的父親逝世，總經理叫我去弔唁並讀祭文。祕書室交給我的祭文是文言文。當時我的白話文猶未完全，況且古文呢？甚至有些地方連看也看不懂。原來，我的記性很強，偶爾碰到生字，一經翻辭典，我的記性不容易消失。但是隨著年齡成長，我的記性漸漸地衰弱了。近來，碰到生字，照例機械地翻翻辭典。嘿！辭典上已經看過了的記號歷歷顯現，尤其是最近為甚。質言之，我的老境難以掩蓋了。②

升任為人事室副主任後的龍瑛宗，又有新的窘境迎接他。首先就是必須定期向總經理報告業務上的重要決策及事項，這時候的龍瑛宗已能透過中文表達，但仍未十分通暢，當時的總經理是王鎮宙，是外省人，聽不懂客語也不懂日文。於是就在報告之前，把將要報告的內容大約告訴盧福地，兩人再一同去向總經理報告，由盧福地報告龍瑛宗所交代的事項，若有錯誤或缺漏，再由龍瑛宗隨時補充，就這樣，解決了升任副主任的首要難事。後來在一九六七年五月，由於副主任的任期到了③，龍瑛宗改調任稽核室副主任，再次面臨到另一個難題。當時合作金庫依部門的需要或有設立訓練所，訓練銀行新進人員或是剛進入該處室者，以期在短時間內達到工作成效，而稽核室即有成立訓練所。當時規定，合庫各部門的主要負責人皆必須向受訓練者報告各單位負責業務及相關事項，這樣的工作對於龍瑛宗著實是不可能的任務。盧福地敘述平時與龍瑛宗的對話，總是用日文來溝通，談論一些日本作家或者一些國際上發生的事情，又或者提提麥克阿瑟佔領日本的往事，這樣的對話只是偶然並非經常。平時的龍瑛宗據說始終是沉默的，也就是說在公開場合演講對龍瑛宗而言完全不行。於是當龍瑛宗上台報告時，在台下擔任學員的盧福地，對龍瑛宗的表現著實令他捏把冷汗，他事先都是反覆背誦，然後以非常不標準的「國語」背完，這時他眼睛直盯著天花板瞧，完全不敢望向台下的學員，只顧著能完整把話背完。

許多人以為龍有口吃的毛病，那是在緊張或公開的場合，碰對人或談文學時，表達十分流暢，根據劉知甫的說法是：

劉：我父親不會口吃啊，談文學他不會口吃的啦，那你叫他去上台講話啊，演講致詞的話啊，他講什麼你聽不懂，連我都聽不懂。

周：是啊，是會含在嘴裡還是怎樣？

劉：他講講講，講什麼我都不懂啊。像我一個表弟啊，那個，我那個尾妹那個啊，我姑媽喔，她的兒子是我的表弟啊，結婚，叫我爸爸去致詞，他講講講講，我一句話都聽不懂。他台語也不會講，國語也不會講。

周：用日文講啊，日文講會清楚嗎？

劉：那個時候的話，哪有說用日文？

周：不是，他如果講日文清楚嗎？

劉：很清楚啊，也不會口吃啊，都不會啊，跟我們講話都不會口吃，但是吵架的時候就會了，跟我媽媽一吵的話，就講不出來，氣到講不出來。所以我哥哥就形容我父親就是說，因為他的思想比他的嘴巴快，他是這樣子形容我的父親啊，他並不是會口吃的人，只是說，他一下子想得很遠去了，但是我嘴巴還沒有講出來，要從哪一句先講出來，不知道，這是我哥哥這樣形容他，

②龍瑛宗，〈小老師〉，《龍瑛宗全集》第七冊，頁一一七。

③根據盧福地口述，當時銀行機構的主任階級者，其任期皆有明文規定。而根據省政府人事局規定，人事室主任其任期則為三年一任，可連任一次，故最長任期為六年，如遇到特殊情況則得以延長任期。如盧福地後來接任人事室主任，共做了七年之久，乃因為內部同階級位置沒有缺額，調動不易，故延長了一年任期。

他是這樣子，不是口吃的人，那個跟吳濁流跟文學界的人談日文，你問那個，那個葉石濤，他們也不會說很口吃，不會，只是演講的時候，公共場合的時候，還有這個很急的時候，這個才會口吃啊。而且他平常也不講話的人，所以說他還是有，他的很沉默，大概跟他的口吃有關係啊。那個人家一直說他很寡言嘛，跟他的口吃大概也有關係，因為在公共場合啊，他不大喜歡講話啊。④

④〈劉知甫訪談稿〉，採訪者：周芬伶，記錄：郭昭妤，受訪者：劉知甫，採訪地點：台中市遼寧路，時間：二〇〇八年十一月十五日；下午一點至三點。

# 第八章

# 在死亡的邊緣——中文寫作的苦戀

一九五六年四月，鍾理和《笠山農場》獲中華文藝獎金委員會長篇小說第二獎。一九六〇年八月，鍾理和逝世。鍾肇政完成第一部長篇小說《魯冰花》。兩鍾的文學成績，讓人刮目相看。鍾理和死得太早，鍾肇政的文學生涯才正要開始，他在擔任《民眾日報》副刊及《台灣文藝》雜誌主編期間，不但提拔新人，對於文學先輩更是照顧周到。一九五七年四月，鍾肇政以油印方式發行《文友通訊》，共十六期。《文友通訊》創刊於一九五七年期間，由五〇年代中後期在文壇上的台籍作家施翠峰、廖清秀、鍾肇政、李榮春等人共同發起，鍾肇政負責聯絡主編。雖為同人性質（類似班刊、會訊等）油印刊物，以交友聯絡感情、作品評論觀摩為主要目的。刊物的內容包括三大項目：⑴文友動態，⑵作品輪閱，⑶作品評論。通訊直辦到一九五八年九月結束，整整持續了一年多。文友七人由老而少依序是：陳火泉、廖清秀、鍾理和、鍾肇政、施翠峰、李榮春、許炳成（文心）。他們這幾位本省籍知識分子，是當時社會中少數要努力跨越語言障礙的一群——他們受日文教育，慣用的書寫語是日文，母語則是閩南或客家話。難得的是，他們不但有志於中文創作，且多數已發表不少作品（鍾在一九五七年四月二十三日的首封召集信上已寫明「文友」三條件：「願意致力小說創作的，且確已有若干作品的，限台籍」）。這種本省籍寫作人謹慎心態不是沒有理由的，此時是一九五七年，距離二二八事件的一九四七年不過短短十年，我們還可對照半月刊《自由中國》雷震（一八九七—一九七九，浙江省人，日本京都帝國大學法學部畢業，政論家）於一九六〇年被捕，雜誌關門的同年，還是三年後的事。《文學界》在一九八三年重刊全份油印的《文友通訊》，確實給研究者提供了一份可貴的文學資料。這份刊物的存在形式與文本紀錄，本身就具體說明了那個年代，主流之外的一個文壇狀況。

一九六五年十月，鍾肇政主編，文壇社出版的《本省籍作家作品選集》（十冊），與《台灣省青年文學叢書》（幼獅文化出版），這兩套書的出版鼓舞許多省籍作家。

一九六五年十月，葉石濤發表復出文壇小說〈青春〉。並與吳、鍾肇政、鄭清文等文友，以書信聯繫，正式進入戰後文壇。龍與鍾的通信也從此時變得密集，在一九六五年十一月八日龍給鍾的信上說：

> 《本省作品選集》十冊收到了。多謝！如果沒有吾兄的努力，恐怕不會有這個成果的。對吾兄的幹勁，衷心感佩。它將會鼓舞年輕的作家，同時也是卓越的紀念碑。我想從這小說選集裡面譯出佳作，向日本介紹，敬請諒察。①

這時他的中文閱讀能力想必不錯，因此先從翻譯開始，一九六三年六月《今日之中國》創刊，參與編輯事務。創刊號上，翻譯文心的〈海の祭り〉。一九六四年十月，〈美麗島・台灣〉刊於《今日之中國》第二卷第十期。一九六五年五月一日經當時國民黨中央黨部祕書室主任黃鏡峰推薦，受聘為「今日之中國社」編輯委員會主筆，負責譯介台灣小說，當時「今日之中國社」分中文、日文二種版本，龍得以使用日文發表一些文章。

一九六六年擔任《台灣文藝》第一屆台灣文學獎評審。發表一系列日文短文，十月，〈澎湖紀行──蔓蔓夏草呦　身經百戰的戰士們無常的夢痕〉刊於《今日之中國》第五卷第十期。一九六八年一月，〈台北的今昔〉刊於《今日之中國》第六卷第一期。一九六九年一月一日，〈在潮州鎮〉刊於《今日之中國》第七卷第十一期。刊在《今日之中國》的文章還是用日文書寫，描寫的是風土民情，以及地方書寫，尤其是〈台北的今昔〉，記錄自己眼見的台北變遷，注重數字的他，細數著台北人口的變化，「據統計民國前七年（明治三十八年）人口僅有十萬人，而民國四年（大正四年）人口在十五萬三千之內，日本人佔三萬八千人，到了民國三十三年（昭和十九年）人口在四十萬之內，日本是十二萬二千人，這個十二萬人是在台北市的日本人口最高的人數，後來因戰爭疏散，人口就減少，台北市人口突破一百萬是在民國五十二年（昭和三十八年）」②。這些變遷也讓他有滄海桑田的感慨。跨越兩個時代，時經二十幾年，他由青年變成中老年，他仍然被閉鎖在文字盒子之中，舊的文字很難死去，新的文字仍未誕生。他已經近六十歲了，時代似乎已將他遠遠拋離。

一九六九年十一月一日，〈在潮州鎮〉刊於《今日之中國》第七卷第十一期。這篇短篇的遊記，紀錄了這個小鎮風貌，「這椰子與香蕉的小鎮。這是除了炎熱之外，別無異處的小鎮，人口約四萬左右」，雖無特異之處，但他描寫當地原住民生活現代化，卻不放心把錢放在銀行，不時要求

①《龍瑛宗全集》第八冊，頁五八。
②《龍瑛宗全集》第六冊，頁三〇七—三〇八。

看看他們的存款現金，寫得十分有趣，雖然這篇還是用日文書寫。

一九七一年，中華民國退出聯合國。吳濁流《無花果》遭查禁。這是寫於一九六七至六八年的作品，當時的他已五十六七歲，在第一章裡，吳濁流談到他的寫作動機：

在二二八事件已過去二十年的今天，忘卻的固然不少，也有無論如何不能忘懷的，仍留在我的記憶中。我想追憶著這些不能忘懷的心影，把我的所見所聞的二二八事件的真相率直地描寫出來……

但是，要瞭解這個事件真相，無論如何，非探求其遠因不可。沒有瞭解它的遠因而要捕捉事件的根本是不可能的。要知道這根本，就有檢討日本統治下的台灣人的境遇的必要……（頁三五）

吳濁流一生思考台灣人的命運並勇敢書寫，說是為文學拚命也不為過，但豪邁的他又有著詩人的超脫，「拚命文章不足誇，人生如夢夢如花。」吳的「拚命」是台灣文學的一種，龍的「自省」又是另一種。

七〇年代初期正是黨外時期，各種反國民黨的雜誌刊物禁了又刊，讓國民黨抓不勝抓，吳濁流敢在當時書寫與出版《無花果》可說是勇敢之舉，這是否也給龍一點勇氣，吳濁流算是起步較晚的，他在一九三六年，三十七歲那一年，才發表了第一篇小說〈水月〉。龍把他視為晚輩。

有一次知甫好奇打開父親的抽屜，每個月都有神祕信件。但見信封裡面隔著一層深藍色紙裡襯，從外面看不到裡面，那是警備總部每個月寄來的信函，裡面夾帶一張新台幣一百元。並點名注意警告行員，言行舉止，後面蓋著「閱後焚毀」四字。原來警備總部盯上副總經理謝國城的兒子謝南強，因他在日本留學時，參加台獨活動。當時龍立刻轉告謝國城要他小心，以報答知遇之恩，謝南強拿到碩士學位後，立即轉往美國攻讀博士。

銀行不是簡單的工作單位，龍因此格外謹慎，人事主任一天到晚有人送紅包，龍一介不取。據文甫回憶，有時一些人送禮儀性質的糖果之類到家，而在其糖果盒底下置放幾張鈔票，龍一發現會奪門追趕，拒收紅包歸還。有一次省政府大官的兒子，在營業部服務時，違法犯紀，照樣處分。還有一些請託送紅包不成的，怒罵他：「那個，客人仔！」

他在一九七二年六月十九日升任稽核室主任，這主任的權力頗大，年過六十的他，升遷算是順利。這一年九月二十九日，日本與中共建交，我與日本斷交。政治與文學都十分險峻，看到好友吳濁流的書被查禁，他為他感慨，但也覺得應該更加小心才是，大家都過得不好，能夠安靜不被打擾也是幸運吧。他那謹慎的個性，是不能容許自己出錯的。

有一次地方經理過世，總經理要他去悼唁並讀祭文，一看是文言文，心裡喊慘了，白話文還不通，況且是古文。那時文甫正讀大學，要他臨時惡補，整個晚上文甫一而再再而三反覆教父親演練，一句一句讀到最後，好像會了，結果隔天忘光光，文甫笑著又再三反覆教。一直到出差那天，在祭文旁填滿片假名為注音，總算糊弄過去。文甫出國後，換孫女當小老師，教過的東西轉身就忘，一日，一位外省籍的客人來訪，兩個人用國語交談，客人走後，小老師說：「爺爺，國語發音又錯了。」

像他這樣受完全日文教育的作家，連講個國語都困難，更何況使用中文寫作。自尊心很強的張文環早就放棄了，但熱愛學習的他，夢想著寫出流暢的中文。

他學習中文的歷程格外緩慢，現在讀是勉強讀，家裡除了一直訂《台灣新生報》（前身為《台灣日日新報》，龍在戰前服務過的報社）以外，還訂了《國語日報》。每天一字一句地重複看《國語日報》，那些字看來很熟悉，可是意思跟日文差很多，小學生的文章讀多了，他的文筆中也帶著稚氣。這是那個原先表達流暢的四大金剛龍瑛宗嗎？寫出來的字看來很彆腳，最可怕的是注音符號，念過幾百遍，複習時忘光光，而且《國語日報》中只有作文沒有文學，讀來一點味道也沒有。最後還是拿出日文書，那裡有他喜歡的文學。

龍喜歡買書，但藏書不多，因為不多，每本書都是熟讀，買了不讀是不可能的事。有些人藏書很多，他只要拿幾本翻翻，就知那人讀了沒有，他對那樣的事無法理解。偶有自稱喜歡文學的跟他聊天，他跟他提幾本書，那人沒反應，知道他沒讀書就不想繼續談下去，這是他給人沉默不語的印象之原因。

一個轉換國籍與語言的作家，彷彿死了一次，如果移民作家是「形而上」的流放，是「自動的他者」③或是「他者的他者」，他會經歷一段真空時期，變成空心人，然後成為另一種更頑強的人，因為他是自動的，還擁有些許的自由。那麼殖民地轉換國籍與語言因為是非自動的他者或者說是被動的他者，被強迫改造成另一種人，他會經歷一段類似死亡的黑暗時期，而且這段時間相當長，有些人熬過去就能重生，熬不過去只能成為前朝「遺民」，那是另一種死亡。

在這段漫長的黑暗時期，陪伴他的只有那些日文舊書，新的日文書購買不易，以前他覺得自己與日本文壇很接近，現在越來越遙遠，昔日的故友都忘記他了吧？日本文壇也已將他遺忘，被遺忘的感覺不是激烈的痛，而是持續性的隱隱作痛。

慣於忍耐痛苦的他，表面上看來很平靜，事實上內心湧動著死亡的黑潮，這時只有讀但丁的《神曲》才能安慰他，工藤老師建議他讀的希臘史詩也一讀再讀，最新的不能讀，只有回到古代，越古老越好．現在也只有閱讀才能得到平靜與救贖，那是他唯一的避難所。

現在他住在安靜的巷弄中，位於現在捷運大安站的旁邊，裡面有一間書房，擺滿他珍愛的書籍，尤其是一整套的世界名著及日本文庫，牆上掛著但丁《神曲》中貝德麗采的頭像，這是他心目中的理想女神與靈感繆斯吧，在這裡他可以安靜地看書，只要把門關起來，就能沉浸在書本的世界，一大套的文學書擺在書架上，他極珍愛這些書，只有文學書能帶給他快樂，也是他心靈的慰藉，他也在努力練習使用中文寫作，這便是他重生的希望。

一九七四年一月二十五日，〈新春閑談復興國劇〉刊於合作金庫《作業動態簡訊》稽核第八號，這篇顯然是他用學成的中文做條列式的報導：

△大概十幾年前的事，當時在迪化街有一座永樂戲院。筆者有年首次看過國劇，那個時候由胡安與顧正秋合演《武家坡》，不知為何所使然，感覺到我是中國人。

△筆者從小就生長在異國殖民地，青少年時完全受異國教育及文化，並以異國文字寫文章，筆者的祖籍雖屬福建與廣東的省界，但那究竟是從來未去過的遙遠地方，由於所受教育的浮刻影響，筆者迄今尚未能寫純正的國文，終身至感為憾。④

文字的轉換與浩劫在他的身上更為明顯，這樣寥寥數語對他來說已跨進一大步，對於自己不能使用中文寫作他是深以為痛的。一九六六年七月，葉石濤開始於《台灣文藝》發表台灣作家論。

---

③見朱耀偉，《當代西方批評論述的中國圖像》第五章，頁九四一。

④《龍瑛宗全集》第六冊，頁三一二。

一九六八年吳濁流完成自傳性小說《無花果》。龍與吳的友誼十分特殊，一個胖大能言善道，一個瘦小沉默寡言，一個喜歡漢詩，一個喜歡現代詩，一個喜歡李白，一個喜歡杜甫，兩個人不能說是互相欣賞，但因為是同事又住得近，時常往來，而且常吵得面紅耳赤。但人歸人，文學歸文學，龍曾給吳許多寫作上的意見，並為文評論，他建議《胡志明》改書名，因會讓人聯想到越南總書記胡志明，後來書名改為《亞細亞的孤兒》，主角也改為胡太明，這本書將吳推向台灣文學的重要代表，但早在一九四六年他就對初稿有評價，在〈傳統的潛在力量——吳濁流氏的《胡志明》〉中：

日文版小說《胡志明》

> 事實上，我讀著吳濁流氏的長篇小說《胡志明》，卻被一種不可思議的心情攫住，說來就是吳濁流氏的《胡志明》這篇小說，雖然以日文表現，可是小說的構成、節拍、神韻，無疑是都繼承著中國文學的傳統，因此《胡志明》這朵花是不可思議的花。同時讓人不得不感到傳統的根深柢固。⑤

〈胡志明〉在當時只是長篇的第一篇，看來整個作品還未成形，但龍認為它具有「風俗實錄的價值」。根據夏祖焯的描述：

> 吳濁流年少時住在新竹新埔，念新埔公學校，是林海音的父親林煥文最得意的門生。林煥文精通日語，卻教吳濁流漢文，對吳人格的塑造影響很深。他在晚年，每提及十一歲在新埔

公學校與林煥文老師的交往時，就禁不住老淚縱橫。他的《亞細亞的孤兒》一書，深刻的描繪了日治時代台灣人的悲憤和徬徨；中國人認為台灣人站在日本人同一邊；而日本人認為台灣人骨子裡還認為自己是中國人，所以兩邊都不信任台灣人，是名副其實的「亞細亞孤兒」。此書被公認為台灣文學有史以來最重要的經典之作。以後的「大河小說」，不論在思想性及藝術性上都難超越《亞細亞的孤兒》。吳濁流後來的著作《無花果》及《台灣連翹》則探索日本投降及二二八事變後台灣人的心靈傷痕。一九四六年吳濁流創《台灣文藝》雜誌，推動台灣本土文學。前五年的《台灣文藝》週年紀念合照上都有林海音出現。彼時吳濁流常到林海音家（純文學出版社舊址，一幢有榻榻米的日本房子）敘舊及請求協助。她那時剛由「聯合副刊」的「船長事件」下台，有相當高的社會地位以及文學地位，頗為熱心幫吳濁流。這不只是有林煥文與吳濁流的師生關係，都有客家血統，也因為那時她尚未創《純文學雜誌》及出版社，所以有較多的時間精力協助他人的文學活動。吳濁流臉紅紅的，像是氣色很好，客氣的對年輕的我說話，實際上臉紅是高血壓，後來他就斷送在那上面。

一九七五年九月，張文環長篇日本小說《爬在地上的人》由「日本現代文化社」出版，張文環也沒學會使用中文寫作。對他們曾經爬至某個高度的作家而言，與其用蹩腳的中文寫作，不如使用日文來得暢快。看到好友一一復出，龍也在等待時機。

看到張文環的努力，他認識到用日文寫作也許是條行得通的路，吳濁流的日文版小說還是他給

⑤《龍瑛宗全集》第五冊，頁二八八。

過許多意見，吳氏看重龍的日文造詣，常常求教於他。吳與張的自傳小說，讓他興起書寫日文自傳的想法。

作家與行員一直是他生命中的重要衝突，他只能選其一，他是專注的人，當他想寫作時就想離開銀行界，當他在銀行界，文學細胞也漸漸死亡，現在他真的要退休了，終於有時間寫小說，這對他來說是新的開始。

龍文學紀元進入第四個十年（一九六七—一九七六），他回到文學崗位，主要是編輯台，他喜歡編務，更喜歡寫作，這兩者對他來說缺一不可，但初期只發表幾篇短文，最後興起以日文書寫傳記的想法，這時他也到了退休年紀，於是向合庫申請屆齡退休。

一九七六年八月三十一日龍由合庫退休，退休金五十萬元。馬上進行日文傳記寫作，關於此事，龍瑛宗曾在〈身邊襍記片片〉之中有所陳述：

> 自從退休以來，我比較有充裕的時間，最近差不多於一年間，費了九牛二虎之力，將長篇小說《紅塵》寫完了。本來，欲以國文來寫，奈何我的國文還不如日文寫得流利，有很多的語彙無法用國文寫出來，於是不得不以日文創作。⑥

退休後的他，每天早上散個步，回來時到陽台澆花並觀賞片刻，吃過早餐，一邊品茶一邊看書，現在終於有充裕的時間寫東西，他很滿足這樣的日子。

⑥龍瑛宗，〈身邊襍記片片〉，《龍瑛宗全集》第六冊，頁三二八。

# 第九章
# 重要的轉折

一九七七年夏天，龍於台北市中山北路中央大樓巧遇日據時代作家北原政吉（一九〇八—二〇〇五，岐阜縣人，具有台灣風土的日本詩人）。當時北原正在看畫展，龍跑到他身旁小聲問道：「你不是北原先生嗎？我是龍瑛宗。」「啊！是你，你還健在，真是太高興了！」龍激動地握手說不出話來。北原問他還寫作嗎？這觸到龍的傷心處，說了分別多年來一直無法以中文書寫的問題，北原勉勵他以日文寫作，彼此聊了好一陣子。北原在戰爭時期與西川滿主編《華麗島》雜誌，並與龍瑛宗、黃得時為「台灣文藝家協會」成員，兩人可說相當熟識，他在台灣經歷了童年時代、青少年時代，戰後他也經常來到台灣。他是一位詩人、一位畫家，也是一位馬拉松選手。出版過《影》、《候鳥》、《龍》、《北原政吉詩集》等詩集，經過三十六年再度相逢，恍如隔世，北原看到龍非常感動，還寫了一首〈淡水河〉感懷：

像以互愛　互相瞭解
但流在兩個人面前的

淡水河
不是同一條河

尤其在心的深處
現在仍在暢流的
回憶是
完全不一樣的水流

只有默默分離而去
你和我
像默默流走的
淡水河的流水那樣

從這懷念的第三水門邊
被拉開分離
像飄流物般
流向鹹味的潮浪湧起的海口去

北原將遇見龍之事立刻轉告同行來台的熊本縣《彼方》雜誌編輯發行人宮崎端，他伸出熱忱溫暖的手，邀請龍瑛宗創作小說，讓他想以日文書寫〈夜の流れ〉自傳性小說，刊登於自己發行的雜誌。他開始進行〈夜流〉與〈月黑風高〉的寫作，停筆近三十年的小說創作，重新出發，讓他興奮莫名。

與北原的重逢於龍是莫大的激勵，他彷彿找回當年的信心與活力，老朋友都還在文學上繼續努力，他也要開創文學的第二春，一切還不算太晚，六十幾對小說家而言剛好是成熟之年。

〈夜流〉即是復出後的首篇作品，距離第一篇小說〈植有木瓜樹的小鎮〉，恰好是四十年，隨後〈斷雲〉以及〈勁風與野草〉也都屬於自傳性質的小說，作品裡頭的杜南遠即是龍瑛宗的化身。隨後〈夜流〉與其他日文創作，在一九九三年集合七篇，由龍瑛宗自行翻譯成中文，由次子劉知甫協助出版中日對照版。這種出版方式是盧福地出的點子，在一次與龍瑛宗聊天中隨口提到：「你的那些文章喔，如果有那個日文跟中文對照的，對這個學生來說應該很有用處啦！」①這樣的建議讓龍瑛宗覺得頗有可行之處，假若中文對照本完成，則龍瑛宗的文學能更深入不同時代下的學子心中。就這樣的，《夜流》的中日文對照本終於在一九九三年五月發行。

《夜流》的中日對照本除去新作〈夜流〉，還收入從日文譯寫中文的〈黃家〉、〈村姑娘逝矣〉、〈白鬼〉、〈夕陽〉、〈崖上的男人〉、〈植有木瓜樹的小鎮〉等六篇，他的中文寫作是通過交互譯寫而練成，細查其中的篇章，大都跟第一本預備出的小說集幾乎不重疊，只有〈黃家〉、〈崖上的男人〉收錄，當年被他認為是「過去式」的〈植有木瓜樹的小鎮〉倒拿出來了，也許他在發表上是常常把作品當過去式，在寫作上卻不斷回到過去。還好拿出來了，這篇小說後來幾乎成為

---

①根據附錄中〈盧福地訪談稿〉的資料，頁二〇。

龍的標誌，〈村姑娘逝矣〉、〈白鬼〉是受讀者歡迎的舊作，而〈夜流〉、〈勁風與野草〉、〈斷雲〉可說是早期杜南遠系列小說之延續，杜南遠作為杜甫的化身，相隔快半個世紀，當時是富於實驗精神的私小說，現在成為回憶錄的傷痕文學，清新靈秀之氣轉為時代的哀歌，這首哀歌唱了半個世紀，這是三吏三別的詩史，也是追憶逝水年華。

在殖民體制下，個性堅強者以反抗為抵制力量，個性軟弱者以沉默自傷為抵制力量，我們注意到（外在）流亡文學的離散，他們的文學或逃或困，卻沒多關注（內在）流亡文學的分裂與停頓。外在的流亡指自願或被動移向他國，在文學上呈現意識瘋狂的狀態；後者指那些留在母國的殖民地遺民，國籍被迫轉換呈現另一種意識的瘋狂，在龍後期書寫的杜南遠將自己自喻為「小丑」，在〈斷雲〉中吶喊：「他是日本國民，流著的卻是中國人的血。在日本人面前高喊著『日本萬歲』，其實肚子裡流著暗淚，噢！猛然想起了，小丑在舞台上做出滑稽動作，但在背後卻暗吞眼淚。」[2]這種身分的荒謬轉換，心靈呈現分崩離析的狀態。

依薩伊德論及的流亡，絕不只是地理的遷移或家鄉的遠離，指向的更多的是「形上的流亡」，這種形上的流亡同樣適用於殖民地作家內部的流亡，內部的流亡是邊緣往中心移動，最後是從中心流向邊緣的過程，在這過程中作家經歷死亡的威脅，從而力求重生，從這裡或可理解他想求死的精神，以及頑強地追求重生，在這點上絕不能說他是軟弱或屈從的。龍瑛宗的一生完整表現了這樣的過程，有些人在半途中消亡，有些人成功，然而龍的中文書寫的內在意義大於形式上的藝術性。薩伊德並未論及殖民地作家「內部的流亡」，它跟移民作家外部的流亡相通之處是，文化臍帶的斷裂與身分記憶的殘缺。對於後殖民文學家而言，個人的漂泊與民族的苦難是彼此糾纏不清的。在書寫上，個人的漂泊與國家苦難正如身體和影子的關係，如同杜南遠他代表的是作家個人的漂泊，也是現代人心靈中的流浪者，另一方面他又是國家與民族的象徵，整個時代的苦難壓在一個人身上，他成為歷史的負荷者與負傷者，他是身體也是影子，對某些後殖民作家來說，特別是那些試圖從歷史失憶、殖民創傷、文化失音、母語失聲的逆境中尋求民族復甦的作家而言，他建立的「文本世界」往往不是一個經驗的事實世界，而是一個隱喻的、重建的「意義世界」，因此杜南遠一系列書寫，並非只是經驗的重複書寫，而是作家自我建構的「意義世界」，充滿隱喻性。差別在於，戰前的杜南遠是「邊緣向中心」（from margin to center）的流動者，戰後是「中心裡的邊緣」（margin within center）的吶喊者。

一兩年之間他一篇篇推出新作，有短篇有長篇：一九七七年十月，日文〈夜流〉脫稿。十一月，日文〈月黑風高〉脫稿。一九七八年一月，《紅塵》脫稿，刊載於日本《台灣長篇小說集一》。十月，張良澤翻譯〈植有木瓜樹的小鎮〉刊於《前衛叢刊》第二期。

一九七八年十一月《大學雜誌》第一一九期「文學・時代・傳統」專題，刊出多位作家訪談紀錄，其中有龍瑛宗訪談整理成的〈日據時代的台灣文壇〉一篇。一九七九年再推敲《紅塵》至二月底。鍾肇政翻譯，連載於《民眾日報》副刊。遠景出版社出版《光復前台灣文學全集》，其中第七集收有先生之〈植有木瓜樹的小鎮〉等七篇小說，由張良澤、鍾肇政翻譯為中文。七月，日文自傳小說〈夜の流れ〉（即〈夜流〉）刊於日本。八月，自譯〈夜流〉刊於《自立晚報》。十一月二十三日，自己以中文寫成的〈斷雲〉脫稿。

這幾年楊逵搬到大溪的兒子家居住，兩人常往來，楊早已以中文寫作，鼓勵龍也試看看，鑑於

②龍瑛宗，〈斷雲〉，《杜甫在長安》（台北：聯經，一九八七），頁八一。

《紅塵》的失敗，他決定用中文寫作，他跟王詩琅說：「讓我們用中文開始寫作吧！」結果王寫出〈沙基路上的永別〉，那一年他開始由日文轉向中文。算一算他在文字的轉換上花了三十四年的工夫，從小兒牙牙學語，到勉強能表達。

這時的他才六十幾，對於小說家而言，正是成熟之年，於是他大膽地向長篇邁進，之前他的小說都為中長篇，中篇的表現最為亮麗，如〈植有木瓜樹的小鎮〉、〈趙夫人的戲畫〉、〈黃家〉；短小的如杜南遠系列自傳小說是短篇的連綴，從年輕寫到老，長達三四十年，如果把它們都串起來，可比普魯斯特（Marcel Proust，一八七一——一九二二，法國意識流小說家、評論家，與喬伊斯、卡夫卡被認為是二十世紀最重要的作家之一）《追憶逝水年華》般龐大。

意識流的寫法也是現代主義式的，晚期的作品則有後殖民的風味。從這點來看，《紅塵》是極有意義的，如果吳濁流的《亞細亞的孤兒》是殖民時期的作品，那麼身歷兩個時代的龍氏，可說是後殖民書寫的代表，對於此書，他也說：

> 我雖屬老者，還是覺得不得不寫，為什麼呢？我三生有幸，經過了兩個時代，即殖民地時代與光復時代。在黑暗時代裡，不計其數的被壓迫者抱著怏怏憂鬱的心情棄世了，現代的年輕人也不知道殖民地時代的滋味。
>
> 為了殖民地時代的死靈魂，勢必寫一篇鎮魂歌吧！本長篇主角之一是殖民地時代日本人公司的工人，因為日本帝國主義的挫折，兼之土地改革之成功，時代轉變後，他竟成了企業家了。從此台灣由農業邁進工業時代，我想，在這裡有歷史性的意義。

除去歷史性意義，台灣剛好發生金融風暴，一生大都在銀行度過的龍氏，見過許多知名的金融界人物，也看盡其中的黑暗，尤其在改朝換代之後，這些人物的醜陋嘴臉，是他想捕捉的，他對人性的黑暗面一直具有探索的熱情，根據知甫的說法是「主要起緣於他親身所見，因合作金庫是全省信用合作社的監理機關，每個月舉行的理監事會議中，曾見到某位小學程度的信用合作社理事主席，憑著不擇手段，炒地皮做股票，發跡賺大錢，財大氣粗。每每以鄙視的口吻，用台灣話喊叫合庫常務理事朱昭陽先生，稱呼朱先生為『朱阿昭陽』，朱昭陽先生，早歲遊學日本，於東京帝大經濟學部在學中，即通過行政、司法兩科的高等文官考試及大藏省的就職考試，連中三元，這在日本是鮮有的紀錄。東大畢業後，進入日本大藏省（相當於財政部）就職，曾位至敕任官，擔任專賣局總局的主計課長，是日治時代台灣人最高行政官。大戰後，他毅然放棄大藏省的優厚職位，回台迎接新時代的來臨。沒想到新時代帶來的是幾乎令人滅頂的滾滾紅流。父親靜觀這個社會的倫理道德淪喪，遂以長篇小說《紅塵》一文敘述內心的觀感」③，但初次寫長篇，一開始想用中文寫作，平常很少講話的龍為此常跟知甫討論到底要用中文好還是用日文，考慮很久，認為中文程度不夠成熟，還是辭不達意，最後決定用流暢的日文創作，在書寫過程中長篇的篇幅長，在架構上很容易出錯，這一點，連作者也自覺了：

我經過了三十數載的空白之後，生平第一次試作長篇小說，又因體力的關係恐怕也是最後的一次。沒有寫過長篇小說的人，就無法知道布置局面的苦心，我用四個重要人物，要看適當的時候請他們交互登場，不然的話，將其中某一個不理擱置一旁，久未登場，非但讀者們，連作

③《龍瑛宗全集》第八冊，頁三一三。

者也忘掉他的存在吧！④

然而長篇小說《紅塵》讓他遭到嚴重的打擊，這篇以日文書寫，由鍾肇政翻譯的長篇連載（一九七八年六月二十一日至十月二十三日）於《民眾日報》副刊上，表現晚年再起的企圖心：

這個長篇小說是敘述台灣經濟的成長，一個白手起家的民族產業家竟以發了跡。我的看法是台灣經濟的發展和繁榮，脫離了帝國的桎梏，才告實現。肇政兄為我小說迻譯，並登載於《民眾日報》副刊，但是讀者們不賞光。肇政兄看苗頭不對，把結尾削去了小部分，匆匆收場。⑤

從文中可看出龍瑛宗對《紅塵》強烈的企圖心，他以《紅塵》作為自我文學生命再出發，小說裡有他所熟悉的場景、人物以及事件，開頭也以〈荔枝鎮上〉渲染氣氛，令人想到〈植有木瓜樹的小鎮〉，寫作手法也有自然主義的風格，這雖是他第一個長篇，但他等待太久了，這次一定要成功。然而，現實的殘酷讓龍瑛宗的理想隨之幻滅，事實上，《紅塵》的刊載並不順利。

紅塵的失利有幾個原因：

第一是時間點不對，《紅塵》的故事背景大約在五〇年代左右，那是一個經濟衰退到漸趨成長的年代，銀行界的奇異生態，各色人種，反映一個時代的樣貌。而《紅塵》由鍾肇政譯介，時間點雖是一九七八年的台灣，然台灣還在戒嚴時期，社會仍存在著肅殺的氣氛，一般人對那一段不堪的年代不願回顧，一九七八年的台灣鄉土運動與民歌正盛行，鄉土文學論戰與黨外運動正如火如荼展開，人們關心的是現在與民主。不是鄉土就是現代，龍氏那帶有懷舊氣息，與追憶的年代，恰恰是那時的台灣人不願面對的。

第二是他隱隱藏藏，並沒有放開來寫，根據劉知甫先生的訪談他的解釋是，戰後的龍瑛宗對日文創作仍有所渴望，因為中文並非他所熟悉的文字工具，而不斷地試圖向外尋求日文閱讀資料之時，又得時刻防範他人的密報，這對於曾活躍於日據時代文學界的龍瑛宗而言是多大的打擊。也或許正因為新政府曾帶給龍瑛宗在文學上的絕望，雖然事隔二十年，在大社會環境裡仍舊處於戒嚴時代的台灣，其思考的跳躍、記憶的斷裂，讓《紅塵》在龍瑛宗不自覺之中禁錮了部分思緒，選擇性的省略或隱藏。

第三是重複的情節會在不同的篇章中再次出現，重複的句型、相同的回憶似乎在不同的篇章間不斷地上演，作者的自言自語不時穿插在作品之中，龍氏也感覺到了：

> 再讀一遍看有沒有錯字或文章不通順的地方，赫然發覺犯了老人病了。文章多囉唆而且重複的場面也不少，不覺長嘆一聲，歲月不饒人哩！世間長江後浪推前浪，老年人總是腐朽之。⑥

第四是透過翻譯，已有距離感，且做刪減，結局草草結束，難窺小說全貌，根據譯者鍾肇政表示，這是因為當時讀者反應不佳所做出的決定，因此只得將《紅塵》原本十一章的布局刪減成十章，而將第十一章〈媽祖也去日本〉的一小部分節錄出來與第十章〈沾滿灰塵〉整合在一起，試圖

---

④《龍瑛宗全集》第六冊，頁三二九。
⑤龍瑛宗，〈一個望鄉族的告白——我的寫作生活〉，《龍瑛宗全集》第七冊，頁三三。
⑥龍瑛宗，〈身邊襍記片片〉，《龍瑛宗全集》第六冊，頁三二八。

在不影響小說情節發展之下而又能提早將小說做一總結，是以龍瑛宗的《紅塵》在當時並非完整的呈現。

當時鍾肇政對書名很有意見，他說紅塵太多人用，改為黃塵如何？當時龍很堅持自己的書名，他說如果改書名乾脆不要出了。他在小節上很溫和，但他對有些事堅持到有點強硬，他個性看似溫和，其實也有強硬的一面。

經過國族轉換的認同危機與語言的轉換，作家產生語言阻斷與延遲的現象，尤其是經過殖民與身分轉變，龍的「晚期風格」令人想到薩伊德的「晚期風格」所言：「在他們的晚年作品中並非表現得成熟與圓融，反而表現得更孤僻，更不守常規，展現了精神上的自我放逐，一種刻意不具建設性的、逆行的創造。」「在藝術史裡，晚期風格是災難」，通過製造災難，通過把自己變成一場災難，藝術家實現了自己在美學上的自由。

傳記，轉譯，重複，改寫，正是龍瑛宗的「晚期風格」，正如薩伊德提出的「晚期風格」，「晚」（lateness）並非指「暮年」（senility），薩伊德認為「晚」在阿多諾的著作裡可視作「遲晚」或「不適時」，甚至有點「不合時宜」（untimely）的意思，暗含作品與當下時間及時尚風格不協調甚至矛盾的風格特質，這裡引伸出「晚」的另一層意義：被視為「晚期風格」的作品，其實比同時代作品在「前衛」程度上「早熟」，也就是更為反向或稱逆行創作。

這些問題同樣出現在張愛玲的身上，轉換國籍與身分，卻不能適應現實，心靈仍滯留在過去；在語言上使用第二語言寫作，技巧生澀，感覺上好像是兩個人寫出的作品。

龍的文學前十年，其貢獻已足以成為第一流作家，跟張愛玲處境相似，都在戰爭時期的殖民地或租界崛起，活躍的時間只有幾年，寫作都帶有多元文化的混雜風，之後是書寫上的轉換與空白，面對新語言的寫作屢遭挫折，歷數十年難以翻身，因無明確政治信念，而遭汙名化，一個被冠上

「皇民作家」，一個被冠上「漢奸」，必須指出，這些富於爭議性的作家，他們的艱苦歷程，是政治問題也是文學問題，最後受傷害的都是他們的作品。

龍瑛宗晚期的作品不能與早期作品相比，就像張愛玲的《易經》不能與前期作品相比。傳記作者除了釐清問題，還給傳主公平之外，必須面對前期與後期不均等的問題，張與龍屬戰爭時期的作家，在成名要趁早的壓力下，前十年的成就可以抵上一輩子，至於後期，是文學史的問題，更是創作心理學的問題。

還好他第一篇以中文完成的自傳小說，反應算是不錯，他的努力終於再度受到注意。以現在眼光來看，《紅塵》記錄了五〇年代的台灣商界，跟反共與懷鄉小說走了相反方向，卻保留一個時代的現實與黑暗，人物也算生動，不能說是失敗之作，而是另類書寫。

《紅塵》受挫讓他想到試試中文書寫，雖然不如日文流暢飽滿，卻是第一手，不必藉由翻譯。經過這事件的衝擊，他想自己翻譯自己的作品，一九八〇年，他想把日文小說〈白鬼〉翻成中文，翻好後拿著稿子跑到松江路《民眾日報》鍾肇政的副刊辦公室，在他口中的「好好先生」看了他的稿子握著紅筆笑著說：「老兄的文章，受日本文學的影響太深了，可稱病入膏肓了。有的地方，中國人看不懂，〈老黑喬〉的英文詩刪除好了。老兄以為怎麼樣？」

龍心中嘀咕，這是創作以來，首次用英文，為了紀念他的嘗試，他反對刪除英文，鍾對他的堅持也莫可奈何。

一九八〇年四月他的遊記〈走馬看東南亞〉比較平淡，跟以前的日文遊記有明顯的落差，然中文表達已無問題；〈兩個臉龐——往鹽分地帶〉顯得出色些，他喜歡用兩個臉龐說明人性的兩面性，這跟原住民兩個太陽的信仰有點類似，它既是雙重也是分裂的，台灣文學與其說是抗議的文學，不如說是兩個太陽或雙重（分裂）的文學，台灣從未獨立完整過，一直處在被殖民與壓迫的狀態下，抗議只是少數人的生命主軸，大多數人以沉默忍受分裂的痛苦：

看著乘客的進出動態顯然有了感觸，兩個時代的臉龐截然迥異了。四十年前的乘客由於過勞且營養不足體格枯瘦，服裝也破爛不堪，大多數是赤腳仙；所謂殖民地統治下的勞動人群。四十年後的今天，面目全非。個個都是營養足夠血色好看，而且服裝也整齊並穿鞋。所以看不出城市人與鄉下人的差別。這次到鹽分地帶來參加文藝營，假如四十年前的日據時代有如此盛況，連做夢也想不到的事。這也是兩個時代所使然。⑦

⑦《龍瑛宗全集》第六冊，頁三六一。

第十章

# 旅行與歷史的回眸

一九八〇年七月，淡水紅毛城正式歸還我國解禁，《聯合報》副刊主編瘂弦邀請日據時代十二位老作家，前往紅毛城憑悼。晚餐時主編突然提議，讓這些曾活躍文壇的老作家重新出發，擬創「寶刀集」以示寶刀未老，龍因而有小說〈杜甫在長安〉之創作。八月二十六日生平第一次以中文創作的短篇小說〈杜甫在長安〉完成。

這篇歷史小說比較大的問題是以日文資料寫成，參考的計有石田幹之助的《長安之春》、前島信次的《玄奘三藏》、吉田幸次郎的《杜甫私記》，難免有些東洋味，想像的層面居多，裡面的杜甫讀來十分陌生，不如說作者藉杜甫書寫自己，《杜》一書的重要性在於：它的文字與出版現象反映了戰後台灣的歷史情境，卻又在文本當中對應了不同的歷史時空，以一個作品集來說，它所指涉的意涵是多重且複雜的，它是歷史的亦是個人的，是個人的亦是集體的，當然它也是怪異的，是跨文化的跨界作品，充滿混雜風，它並非正典漢文學，是從遙遠的邊界發出的回聲：

老么，原諒老爹罷。老爹只會作詩，不會賺錢。老爹只會愛國憂民，不會巧言令色拍馬屁。

竟意料不到未做河西尉的後果，果然不久人間慘事變成了事實；幼子餓已卒，里巷亦嗚咽，所愧為人父，無食至夭折。杜甫痛哭不已，但無濟於事，這是後來發生的事。

杜甫的回憶溯及到年輕時期：性豪業嗜酒，脫落小時輩，結交皆老蒼，飲酣視八極，俗物都茫茫。憶當年，我是多麼精神飽滿啊！促膝談論著文學的諸前輩們，如今均物故了。東下姑蘇台，已具湖海航，到今有遺恨，不得窮扶桑。剛才擦肩碰到的似乎是日本留學僧，年輕時，既然來到蘇州，順便有機會到日本去看個究竟，如今漸入老境，萬事休想矣。①

短短三段鑲嵌著杜甫的詩句，這是龍以前寫小說所不為也。他為杜詩做註腳，自比杜甫，除了貧病不得志，主要是詩人身分的認同，他以寫詩開始創作，詩名卻不被承認，這是他內心的隱痛，而以杜甫作為漢文化的代表，說明他對經典的戒慎惶恐，他的中文如何能與杜甫相比呢，莫怪乎通篇是杜詩，在那個時代，是有股怪異氣息。

莫怪乎有人說，「當龍瑛宗的身影進出作品之際，其實就是龍瑛宗在進出自己的歷史與記憶」，作為龍瑛宗第一本以中文為主的作品集《杜甫在長安》，反映出戰後國民黨「再中國化」政策下，對台灣社會所形成的傷害。〈夜流〉、〈斷雲〉、〈勁風與野草〉這三部戰後才寫成的自傳作品，跟之前最大的不同是強調自己客家人的身分，在不同時代皆受到排擠，導致無法由衷說出自己的傷痛。

早在一九四六年他以日文寫過一篇以唐朝為背景的〈楊貴妃之戀〉，描寫赴京趕考的書生被狐女搭救而相戀的故事，因歷史資料不足，楊貴妃並未出現在小說中，在文末「作者附記」中寫著：「這篇小說不依史實且是虛構的。還有，有關楊貴妃的文獻未能入手，如若他日入手的話，我想改寫。雖然如此，倘能在這荒唐中看出真實，那就是作者望外之幸。」可見他對歷史小說亦有偏愛。

然日文比中文好很多的事實，常常令他感到綁手綁腳。儘管如此，對他來講已是奇蹟，文章發表後，連孫女也不敢相信祖父的中文已經進步神速。

〈夜流〉描寫杜南遠〔龍瑛宗〕家族用好幾條人命鋪成的遷台血淚史，因此自己孱弱的身體也常與死神交會，因而耽溺於華麗幻想的心靈世界在日式教育下塑造成的扭曲性格，夜在這裡除了象徵黑暗，也象徵死亡；〈斷雲〉則描寫杜南遠被派遣到南投分行，受盡日本同事的歧視，連談戀愛的自由也沒有，「斷雲」代表的是流浪與中斷；〈勁風與野草〉則描寫杜南遠與朋友鶴丸五郎的交遊，以及太平洋戰爭對兩人帶來的不同命運。由此可知作者對於原鄉意識與先祖來台開墾的重視與強調，二來也經常在作品當中看見有關日台之間差別待遇與民族歧視的情節描寫。

在〈青天白日旗〉與〈從汕頭來的男子〉這兩部作品中，所描述的不僅僅是對於中國到來的遲疑，以及對台灣人在戰爭期中所扮演的角色的反省，事實上也顯示出台灣人在戰後初期所面臨到的內心轉折與困惑。台灣人固然以日本軍伕的身分參加了太平洋戰爭，但也有部分的台灣人趁日本勢力在華南作威作福，還有的台灣人是站在日本的對立面、直接到中國去參加對日的戰爭。面對戰爭期中台灣人立場如萬花筒般的多樣性，龍瑛宗在反省與質疑中樂於擁抱接踵而來的國民黨政府，卻反而在不久之後，用〈心情告白〉為戰後台灣人的普遍疑慮提出了申訴。

他的中文寫作因痖弦的鼓勵而開始，仔細比較，中文寫作較華麗而用力，採用的是客觀寫實的手法，寫杜甫則有疏離感，日文主觀而朝向意識流發展，較能流暢地表達自己。寫到杜甫家貧么子夭折的內心獨白，第一人稱觀點與第三人稱觀點交織在一起，造成觀點上的錯亂，但就這錯亂，更

---

①《龍瑛宗全集》第三冊，頁一九二。

說明他在語言與表達上的錯亂。

一九八一年起他在《台灣文藝》介紹一系列台、日老作家，張我軍、廖漢臣、張文環、王白淵，他認為「描寫台灣人的風俗文學，到現在為止超出張文環的作品，似乎還沒有出現過」，時當鄉土文學興盛後期，它們的寫作重點在人物與語言上，對民俗風土的捕捉不是重點，主要是國民黨統治下的台灣，民俗已被驅趕到極邊緣地帶，民俗研究也極為冷門，如果說日殖時期的鄉土小說根植於民俗，那麼七〇年代的鄉土文學則根植於印象。在地書寫的並不多，可以說是城市人的懷鄉書寫，然而其寫實求真的精神是一脈相承的。

一九八二年二月十五日，〈勁風與野草〉刊於《聯合報》副刊。十月以小說〈勁風與野草〉獲聯合報特別獎。六月二十日至六月三十日，七月五日至七月十一日之間，極短篇〈神兵隊〉、〈理髮師〉、〈催繳單〉、〈詩人的華爾滋〉、〈月下瘋女〉、〈強盜〉等陸續脫稿。

一九八三年四月，以長老的身分回鄉觀看新竹大隘開闢一百五十週年慶。這時他年紀已七十有二，他應該是開心且感到光榮，寫作帶給他的快樂讓他充滿生命力。

然而他的中文稿子有時也會踢到鐵板，一九八三年八月底，他開始歐洲之旅，包括埃及、義大利、瑞士、奧地利、法國、德國、荷蘭、比利時、丹麥、英國。一九八四年三月十日，〈瞭望海峽的祖墳〉遭《聯合報》副刊退稿。四月十二日〈小小的支那人〉遭《聯合報》副刊退稿。四月二十一日〈夕陽與牧童〉遭《聯合報》副刊退稿。

一九八五年五月由蘭亭書局出版《午前的懸崖》，共收十四篇日據時舊作，鍾肇政翻譯。台灣進入八〇年代，邁向多元分化的年代，魔幻寫實、後設技巧吸引著新世代作家，政治、女性、原住民、生態文學眾聲喧譁，這本書並沒有得到太多注意，但卻是他早期作品較完整與精彩的重現，這個集子原應在四〇年代終戰前就出刊，因為命運乖違，遲來了四十年。

作家老矣！依然壯心不已，他還有旅遊夢待實現，年輕時只去過日本，或短暫的島內旅行，現在他的經濟稍寬裕，台灣雖在一九七九年開放旅行，然有能力出國旅行的並不多，主要是機票昂貴，那時中等收入為五六千，一張飛美國的機票就要五六萬。然而好不容易有時間有金錢，此時不玩更待何時？生活清簡的他，從年輕時代就熱愛旅遊，領到第一筆獎金就到日本旅遊，短短幾年之間去兩次日本，在三十歲之前已經跑遍台灣，南投、花蓮也住過，他可說是「帶著死神旅遊的流浪者」，他是相信行萬里路讀萬卷書的，沒有機會留學的他，把旅遊當作學習，他信服川端康成「永遠的旅行者」之說，台灣未開放旅遊之前，他去了離島澎湖，開放之後，喜歡西洋文學的他，首選是歐洲，一九八三年他展開歐非之旅，並寫了遊記〈歐非之旅〉，這一團三十多人，平均年齡超過六十五，最高齡是七十八，龍七十二排第三，其他是日據時代第三高女的校友，算算最年輕的也近六十了，他們第一站是埃及，龍戴著阿拉伯帽子，騎穿著彩衣的駱駝，他覺得埃及現今是個落伍國家，連文物也蒙上塵埃。之後到羅馬、維也納、法國、荷蘭、德國、丹麥、英國，這篇登在《開南校友通訊》的遊記，蜻蜓點水式的旅遊與報告，有點流水帳，但明顯感到他中文書寫已能捕捉人性微妙之處：

> 我們登了漢堡的最高塔瀏覽全城的夜景，旅客們還往酒店喝啤酒。我以羡慕的心情，看著女旅伴喝著大杯的琥珀色液體，竟覺我與酒無緣。旅客們趁微醉探訪漢堡的風化區，車子熄了燈火，躡手躡腳地爬進了港埠黑暗的地方，那裡神女站著不穿長褲，而穿短褲等待著嫖客。雖然，那晚有點奇寒。②

旅遊至日本，去探望兒孫，正好ＮＨＫ播放「阿信」受到熱烈歡迎，同時「星星知我心」也在台灣熱播，主角池秋美因而大紅。他對電影與電視也有著喜愛，在電影上他喜歡黑澤明，電視劇他喜歡「星星知我心」，還特地寫了一篇〈電視劇的再肯定〉，說明看片挑編劇與導演，而不是看演員與故事，這算內行之見：

台灣的一般觀眾，只喜歡看電視劇的故事過程，而並不太注意劇本的作家和導演是誰？當然，一般觀眾欣賞各演員的演技，固然有其必要，但是劇本作家想表現什麼和導演操縱演員想告訴什麼才是重點。

一九八五年他去了日本大阪、金澤、黑部峽谷、東京，之後寫了一篇〈黑部峽谷秋色〉，雖然還是有點流水帳，但中文書寫更流暢一些，形成特有的龍式旅遊書寫風格，「我們的專車奔馳秀麗的日本海海邊風光，彎彎又彎彎、復行又復行。早晨片刻太陽露面，不一會兒霏霏秋雨打車窗，日本海陰沉沉地暗淡起來了。海邊的老松樹，像剪影般站立著浪濤旁邊。」③

龍瑛宗（中）與妻子李耐及日本孫女

一九八六年一月十六日龍參與益壯會，於八條通舉行聚會，與會人士共十七人。益壯會是日據時代作家組成的聯誼會，由王昶雄發起，其中以《新民報》的退休人員為最多，也有《福爾摩沙雜誌》的老將，成員有李君晰、施學習、郭水潭、吳坤煌、黃得時、劉捷、吳松谷、陳宗福、巫永福、王昶雄等，後來還有鍾肇政、趙天儀、李魁賢等「新秀」加入。四月一日至四月三日，與益壯會以及新聞局方面人員共三十人一同旅遊，從台北至南投，再至永康，以屏東為終點站，由葉石濤擔任領隊，杜文靖擔任副領隊。

阮若打開心內的門，就會看見五彩的春光，雖然春天無久長，總會暫時消阮滿腹心酸，春光春光今何在，望你永遠在阮心內，阮若打開心內的門，就會看見五彩的春光。阮若打開心內的窗，就會看見心愛彼的人，雖然人去樓也空，總會暫時給阮心頭輕鬆，所愛的人今何在，望你永遠在阮心內，阮若打開心內的窗，就會看見心愛彼的人。

這首台灣家喻戶曉的歌曲為呂泉生作曲，填詞的是牙醫作家王昶雄（一九一六—二〇〇〇），也是益壯會的發起者，年紀小龍五歲，個性爽朗豁達，談笑風生，交遊廣闊，在團體中是鋒頭人物，如果沒有他，龍在最後的十幾年不會如此多采多姿，走遍他夢想的國度。他本名王榮生，小學就讀於淡水的公學校，日本大學齒學系畢業。求學時期就積極參加文學活動，加入《青鳥雜誌》、

---

② 《龍瑛宗全集》第七冊，頁八三。

③ 《龍瑛宗全集》第七冊，頁一三一。

《文藝草紙》等季刊，並在《台灣新民報》上發表作品，以日文小說〈奔流〉享譽文壇。他以日文寫小說、散文、詩、評論，質量都很可觀，小說創作雖以短篇為主，但也有數篇中篇的佳作，如〈淡水河邊〉、〈漣漪〉、〈奔流〉、〈梨園之歌〉、〈鏡子〉等。他在受訪時說到〈奔流〉的產生並不容易：

> 日治時代，台灣總督府保安課的檢查十分嚴格，像〈奔流〉這種小說很難通過檢查，所以很少人寫這種題材的小說，〈奔流〉是唯一的一篇。當時在《台灣文學》發表時，張文環為了這篇小說跑了十幾趟保安課，後來文字稍加更改才通過。
>
> 在那種時代，要寫這種題材，表現反皇民化的小說，十分困難，所以必須採取含蓄、曲折的手法才能發表，當時的人都能理解這種情況，大家也都能看出我所要表達的意思。④

他可說是台灣「戰爭時期」的傑出作家，年紀比四傑更小，沒來得及趕上他們的風潮，但〈奔流〉一文可說奠定他的地位，跟龍相似的是在小說、散文、詩或評論跨類書寫表現皆不凡，後來因醫務繁忙，沒有時間從事創作，但仍斷續發表遊記、散文等著作。作品雖然不多，但文字簡潔優美，曲盡人情，「常見人所常見，道人所不能道」，可說是人緣好、個性活潑的作家。

戰後，王昶雄繼續當牙醫師，因中文轉換還不熟練，曾經暫停文學活動一段時間，不過，很快的他就跨越了語文障礙，開始進行中文寫作，五〇年代時就有翻譯文章和創作發表，以及不少的新詩、隨筆和台語歌詞。一九五三年，王昶雄將其「照安齒科診所」遷至台北市中山北路一段巷內，忙碌的門診，使他無法像少年時期一樣，「本職」與「副業」兼顧，但是他並沒有停筆，他曾經說過：「醫學是側室，文學是元配」，足以證明他對文學創作的執著與熱愛。時有散文作品發表，最可貴的是他的中文，練得明麗流動，尤其在歌詞表現上與呂泉生教授合作的台語歌曲：〈阮若打開心內的門窗〉、〈結與結〉、〈我愛台灣我的故鄉〉、〈失落的夢〉，每每扣人心弦。

他以高齡參加益壯會，即自比老當益壯。跟他相處過的人，都沒有年齡、代溝的問題，比他年輕者偶爾感嘆時不我予，就會被他調侃。他被年少文友稱為「少年大的」，一點也不以為忤，反而沾沾自喜，他最看不慣倚老賣老的人。

從王昶雄的日文隨筆，那種隨興之所至的隻言片語或片段小品，可以發現他的用心記錄及文體布局。譬如對於藝術的感觸及體悟：「不僅是用押韻法聲調變美，使灌竹葉摩擦的聲音響得有格調，實在巧妙。作者感傷的心弦，和微風擺動沙啞出聲的竹葉摩擦聲音相和。只用日月雲雪等印象的語句，就能將高潔崇高的高山之神描寫出來，真是大手腕。」他心目中的英雄，是反英雄：「或許是因為在思春期經歷了敗戰所致吧！我總是對正義的英雄無法坦然地熱中。我終把目光焦點投向像哈利・萊姆〔英國電影「黑獄亡魂」（The Third Man）中，演墮落枉法角色的Harry Lime〕那樣子激烈地穿越亂世的反英雄了。」

以中文重現文壇後，王昶雄的文學風格轉為著重於表達自我，作品也改以散文為主，一九八〇年以散文《人生是一幅七色的畫》震動文壇。王昶雄終其一生創作不輟，並全力推展文學運動，參與「益壯會」、「台灣筆會」，擔任《北台灣文學輯》總編輯，二〇〇〇年元旦，王昶雄因胃癌病逝。

---

④主題：淡水河畔的美麗漣漪——王昶雄專訪，時間：一九九七年四月六日，地點：照安齒科王昶雄醫師宅（二樓），採訪記錄：莊紫蓉。

在一九八九年〈文學夥伴王昶雄〉一文中，龍提到他和王相識是經過黃得時的介紹，《台灣小說集》出版時，被選入的作家張文環、呂赫若、王昶雄和龍，被出版社老闆邀去吃飯泡溫泉，因大家都沒拿到版稅，呂赫若說：「你們台灣作家，統統都是笨蛋，還好我在大木書房借到數冊書籍，如果老闆不給我版稅，那麼，我決心不還。」龍認為呂聰明伶俐，知道先取擔保品。實則這幾個人個性皆不同，張忠厚活潑，呂機智又纖細，王爽朗熱情，龍木訥謙退，在此文他提及這些往事，並高度讚美王的〈奔流〉，認為王的人物塑像，「把好像是日人其實是台灣人的朱春生描寫得栩栩如生，由此光復前文學，留下紀念碑的作品」，曾有人指為皇民文學，龍則以為是客觀的譴責小說，從這裡可看出他對皇民文學的看法，最後他以感性的口吻說：

寄語王昶雄，幾年前我們搭乘火車，共赴台中城參加楊逵的告別式。那個時候，在車廂上我告訴王賢弟、王前輩說：「王桑，作家最需要的並非散文，應該多創作小說。」您還記得嗎？

王以散文集《人生是一幅七色的畫》引起矚目，又以作詞〈阮若打開心內的門窗〉一曲膾炙人口，龍對王的期望則在小說，他不斷叮嚀王多寫小說。

在旅遊中喜歡向他請教文學問題的還有杜潘芳格，她小龍很多，個性熱情開朗的她，喜歡熱鬧也喜歡交朋友。

一九八七年七月十五日台灣解嚴，前年的九月二十八日，民主進步黨已在政治困局中成立，在策略上用地方包圍中央的方法，進攻地方選舉，龍明顯地偏民進黨的立場，主張政治改革。文甫曾經在一九九四年回台時，由著有《一名白色恐怖受難者的手記》（二〇〇五年出版）的陳紹英紹介，拜訪過陳芳明，當時他是民進黨文宣部主任。

龍欣賞康寧祥，只因他的風度，第一次聽政見發表會讓他感觸良多，而寫了〈旁觀看選舉〉：

我去東門買鞋子，鞋子買完，我的五十年老友住在永康公園旁邊，恰好在那裡開政見發表會而大書著康寧祥，我一輩子未曾聽過政見演講會，老友不在家，那麼聽聽政見演講會吧。台上演講的便是台大畢業的蘇助選員，這個口才好且富幽默感，台下頻頻湧起笑聲。最後由康寧祥登台，康先生由於奔波選舉關係吧！聲音有點沙啞氣味，滔滔不絕地數出執政黨的弱點。他最後講出一句，令我感動，大家如果不中意我康寧祥，那麼懇請大家支持其他的「民主進步黨的同志」。⑤

之後他又寫了一篇〈許信良有罪嗎？〉，表達身為作家，知法論法，必須確認事實之後才能發表意見。既然黃信介等反對人士發表聲明，許信良在菲律賓因持假護照被捕，他的意願是回台，不想被國民黨遣返美國，那麼許某應該回來坐牢。此所謂求仁得仁。

一九八八年，龍開始他的大陸行，玩了十八天，從廣州到桂林、北京、南京、蘇州、杭州，大江南北走了一大圈，之後寫了一篇〈我的大陸行〉，不可避免的仍有行程表與流水帳，也有龍獨特的視角與腔調：

我由蘇州大飯店十二層大樓，俯瞰下去，遙眺早晨風景。路上全是人影，而且全是騎自行

---

⑤《龍瑛宗全集》第七冊，頁一四六—一四七。

車。人群之多恐怕勝過紐約和東京。勿論你向東還是人群人群，向西還是人群人群，向北還是人群人群，向南還是人群人群也。⑥

作家七十七歲了還能做長途旅行，彼時大陸還很落後，衛生條件不好，他的體力與腦力狀況還是不錯。

一九八九年他還自爆自己的羅曼史，在〈扶桑姑娘的故事〉中，他還懷著那段感情：

我與扶桑姑娘，偷偷摸摸地交往，被外人揭露了。因此，不久調動到本店勤務，我不得不說出真心話，我與扶桑姑娘的交往，並非結婚為目的的交際，而且是知識分子的交往。今年，我已經是七十九歲，她也上了八十多歲了。到了今天，憶起那段交往令人懷念不已。⑦

1989年龍瑛宗於日本埼玉縣長子劉文甫家

快八十歲為何突然憶起這往事？據知甫的回憶，那扶桑姑娘不像一般日本女人那樣溫柔多禮，說話直接，兩眼一直瞪著人看，知甫事後回憶，她是個強勢的女人，父親為什喜歡的都是強悍的女人？那個晴子跟那個男人結婚以後，她又來拜訪這個龍瑛宗，她說我結婚了，我爸，我父親就問她說，幸福嗎？嗯，很好。他說，我父親就說，嗯，這個先生蠻理性、很理性。

沒有完成的戀情是最雋永的，讓作家懷念一

輩子，相隔五十幾年，回想還歷歷在目，這是他畢生的初戀，也是唯一的美好戀情，至死都難忘。

「阿舅好久沒來花蓮，請你來玩嘛！」住在花蓮的外甥聲聲呼喚，龍特地去到花蓮，抵達時春雨沛然落下，外甥正迎接著他，經過快半個世紀，以前到花蓮不是搭汽車就是輪船，現在搭的是火車，讓他覺得很神奇。外甥是計程車司機，開車帶他與妻子、孫女遊覽，進入瑞穗鄉，他想起日治時期，曾因出差來過瑞穗，在山中溫泉度過一夜。回憶前塵竟已五十歲月，一路上皆是感懷，不勝唏噓。

這年冬天他又去了一趟日本，在東京他脫隊拜訪西川滿，他信仰媽祖，在日本設立日本天后會，吸收許多會員，又設立「人間之星」出版社，他們已經四十年未見，西川非常歡喜，共進午餐後，臨別時送了他一本作品，竟是長篇異色小說。對於這次見面文甫敘述：

當時，西川先生住在東京都杉並區阿佐谷，我帶著剛從北海道旅遊回來，住在我埼玉縣毛呂山町家幾天的父親拜訪他。這時父親已是七十九歲的老人，來回的路上有好幾次找公廁小解應急，原來他在兩年前，動過攝護腺肥大症的手術，上午抵達西川先生家時，主人及澄子夫人兩位很熱情地招待我們。由於西川先生戰前住在台北大正町（現在的中山北路一段與林森北路一帶），離我家住的建成町（現在的華陰街與中山北路一段之間）不是很遠，兩家偶爾有來往，父親對西川先生伉儷很早以前就很熟悉，在客廳很自然地聊起天來。

⑥同上，頁一九三。
⑦同上，頁二〇五。

西川滿（前左）與龍瑛宗（前右）、西川滿夫人（後左）、劉文甫（後右）

話題不外乎談了父親旅遊日本的印象以及戰前的一些塵封往事，時間很快地就過去。西川先生請我們吃鰻魚便當，飯後我們並沒有立即告辭。父親對西川先生豐富的藏書感到興趣，從書架中拿下幾本靜靜地瀏覽，西川先生則在自己的書桌繼續做他的工作，這時讓我感覺到他們是文學上的故知，重溫舊情。過了約兩個小時臨走之前，西川贈送一本他的作品《ちょぷらん島飄流記》（一九八六年出版）給父親，「ちょぷらん」是花蓮縣南部秀姑巒溪的諧音，這本書描寫江戶時代後期有一位日本船員飄流到秀姑巒溪口，開始他台灣東部荒涼地區的冒險，是一篇描寫原住民風俗的長篇小說。

父親回台後，西川先生還用郵寄送給我他的兩本著作《台灣縱貫鐵道》（一九七八年出版）以及《西川滿中國小說集全二卷》（一九七三年出版）。

這次的造訪，是父親戰後見到西川先生唯一的機會，以後兩人就沒再見過面。⑧

戰前的兩大金剛的會晤，彼此的感慨必定很深，年紀都這麼大了，一切的記憶還恍如昨日。

一九九〇年，是馬年，他寫一篇賀新春的文章，文中提到杜甫，他說：「如果，杜甫走進時間隧道，投胎於台灣，而且住在貧窮家庭裡，那麼，一九九〇年代的他，嚮往哪一個政黨呢？由於杜詩來看，他老杜甫一定是投票給民主進步黨吧？」⑨

解嚴後的台灣，活力旺盛，民心思變，多元價值分化，龍也為文鼓吹雙語教育，他自嘲有人笑他日文九十分，國語七十分，閩南語不及格，其實他都聽得懂，只是不太會說，他尊重福佬人的優雅文化性，也尊重原住民的生活，他的多元與開放胸懷早已有之。

一九九一年，在「長風萬里樓」碰見許久未見的文友楊雲萍、黃得時，談及王昶雄悲切地呼喚：「不求利，不求仙，只求還我當初美少年。」說中了大家的心病，彼此相看，大家都老了，醫生告訴龍他有白內障，還不至於開刀。長期嗜讀的他，八十歲才有此症，算是老康健。

在益壯會中，他與杜潘芳格有書信往來，基於文學晚輩對前輩的尊敬，聯繫著他們的還有同鄉及同為客家作家之誼，他們的書信往來，也為龍增添一些生活樂趣，這對忘年之交，一起旅行，杜潘活潑熱情的個性，又是龍的粉絲，只是一個好動，一個好靜，一個信主，一個無宗教信仰，似乎談不來，但她與李耐倒是有話講，因李耐的疑心病重，杜潘拜訪龍都帶著先生一起，雖然如此，李耐的目矚還是金金看。

有關他們的交遊可從以下的訪談看出一二：

---

⑧劉文甫，〈同時代的兩位作家——龍瑛宗與西川滿〉，《新竹文獻》第四十九期，二〇一二。

⑨《龍瑛宗全集》第七冊，頁二一八—二一九。

周：杜媽媽那你那個時候什麼時候開始跟龍瑛宗有往來，或談話的機會？

杜潘：是那個益壯會喔。

周：那是什麼時候？

劉：那很久嘍，那是王昶雄辦的嘛，王昶雄他是發起人嘛！

杜潘：嗯，王昶雄常常在那個忠孝北路那邊。

劉：開始的時候你就去了嗎？還是說以後中斷以後才去？

杜潘：我想開始喔，他們老人家，不知道幾年開始喔，只是和我先生去的時候喔，還在喔，你爸爸寫的那個也都還在，他有寫那個台灣的詩。你爸爸啊很靜，我去的時候，就看到，這麼有名的文學家龍瑛宗，每一次來啊，就一個人坐在一邊，跟人家坐不同邊。我就去問，「你是龍瑛宗嗎？是寫那個〈木瓜樹〉的龍瑛宗嗎？」我不信啊，我去益壯會啊，他就靜靜的啊，不跟人家打招呼。劉捷和你爸爸啊。

劉：劉捷現在好像不在了喔？

杜潘：不在啦，劉捷和他和我都有寫，一個是胖胖一個是瘦瘦喔。有一次聚會結束，完畢他（指龍瑛宗）是要走啦，我就跟上去，跟在他後面，問：「你是那個龍瑛宗先生嗎？」

周：那時候你幾歲？

杜潘：那時候已經不是二十多歲了，已經有和我先生結婚以後喔，很那個來說也是有三十幾歲了，孩子也有了，要看那個益壯會的那個蓋章，我一直看那個《伊呀》啊，這裡沒有寫我的名，益壯會的，統統寫男人嘛，也沒有我先生的名字。

劉：益壯會那時候好像沒有女的？

杜潘：女性，好像沒有，啊，好像有日本人。

劉：那個不是益壯會的會員吧？

杜潘：不是，但是那個時候會請他們來。益壯會是常常請那個日本的大文學家來，那次大家是沒有吃飯啊，開會啊，吃飯啊，你吃什麼自己去，不要吃也好，你爸爸是常常不吃。

周：你那個時候去問他他是有回答你嗎？

杜潘：他好像很奇怪的臉。

周：他沒有講話喔？

杜潘：好像他是說「嗯」這樣，他是那個龍瑛宗就這樣，「做什麼？」這樣，就走了，他不要給人家隨便這樣。所以我看他的作品喔，他說他最喜歡的是〈來自汕頭的男子〉。

杜潘：我又想說他拿到獎嘛，所以那個〈木瓜樹〉最好啦，我是這樣想啦，但是最後的結論是發瘋了或是死掉啦，是很悲哀啦，所以我是想人是很孤獨。後來你媽媽跟我說那她那個等等等等等，後來是坐人力車回來啦，你爸爸是回來啦，慢幾天回來啦，你媽媽很高興的，「我先生回來啦！」很高興很高興，她是跟我說。我是想喔，男人喔，你也是男的喔，但是你爸爸喔，沒有膽，像你媽媽喔，對文學沒有什麼興趣瞭解什麼的，只是知道眼睛看得到的這個先生是很有名的喔，我要拿什麼支持他，一點都沒有那樣的，大概是眼睛看得到的統統沒有價值的，只有心靈啦，所以你媽媽的心靈的是對他只看得到形象，其他都沒有真實感的。大概是那時候他不是很認識我，所以我講：「龍先生你對宗教有什麼看法嗎？」那時候他是說沒有興趣。那是大概看我喔很年輕喔，又小姐樣子喔，什麼都不知道的那個女的喔，這樣問他宗教的看法。那是說共產主義沒有宗教嘛，那這樣子是合起來嘍！為什麼？共產主義的人是沒有信神，沒有信那個托爾斯泰講的永久的神明，他是用那個科學，統統可以解密，統統都可以拿出來講啦！所以你爸爸的腦筋大概是科學的，所以他最後還是說沒有神。他對宗教、佛教或者是其他的教，其實他都很懂，所以他說你要信什麼教，是沒有什麼教，只有杜媽媽講的最上面那個沒有名的那個，他已經到最頂端的去了，他是底下那個沒有影響。⑩

杜潘在一九九〇年寫給龍與夫人的信：

「所有的現象是歷史法則的顯示」，這是您複印給我的作品中的句子。

我們一起做了很好的旅遊。

尤其是黃河那清澄的水。河床雖是乾涸的，而炳靈寺差不多五分之三至三分之二的佛像，如今卻埋沒在河床的那個石窟。小鳥築巢於碩大巨佛的肚子上和胸部，爬上爬下的情景。

還有沙漠、清真寺、哈薩克青年和馬。

木瓜黃色的果實現在也纍纍地結在樹上，那城市，就是台灣，回歸大地的生命讓美麗的粉紅鳳凰木之花盛開的海島。生命璀璨活著的龍先生、太太、孝順的知甫先生。幸福！

無神論是不行。要是相信命運的人，內心必定存在著神。⑪

從這封信可約略看出他們出遊與交遊的情況，龍是無神論者，而杜潘卻是虔誠的教徒。

芳格女士：

大函拜領，多謝。說真的，我很想看《奧菲爾的遺言》（法國Jean Cocteau〔一八八九—一九六三〕導演的最後一部電影，有許多超現實的處理。他也是詩人、戲曲作家、小說家）。可是，卻無可奈何。我在台灣見過楊千鶴女士一次面。她依然健壯。Ladwig Feuerbach（一八

龍瑛宗登上西安大雁塔

〇四──一八七二，德國的哲學者）的《基督教的本質》（一八四一年出版）應該讀。

美濃鍾理和夫人，鍾鐵民的令慈，是一位可以和宗教無關而值得敬愛的人。

如遇到劉捷先生，煩請代問候。郭啟賢先生有令人擔心地會豪飲呢。一說到酒，我和酒完全是無緣的。我把原百代的《武則天》全部八冊都看完了，還看了一半紀伊國屋的《我的昭和史》。⑫

寫完歷史小說〈杜甫在長安〉，他對歷史小說產生濃厚興趣，旅遊至西安，他的心情特別激動，特地去爬了大雁塔，知甫背著他一階一階爬上去，他默數著台階的數目，眼淚差點掉下來，只說了一句「數目跟我寫的完全相同」，這難道又是一次預知嗎？原來他寫小說之前，讀了許多杜甫與長安的資料，對長安是個熟悉又陌生的城市，

---

⑩〈杜潘芳格訪談逐字稿〉：時間：二〇〇八年三月一日十點四十分至十二點四十分，地點：桃園縣中壢市中平路一一六號自宅，採訪者：周芬伶，受訪者：杜潘芳格，出席者：劉知甫。整理者：劉昭妤。

⑪《龍瑛宗全集》第八冊，頁八四

⑫《龍瑛宗全集》第八冊，頁八二。

他對杜甫的認同感從年輕到老從未改變，杜甫中晚年的國仇家恨與不得志，跟他的際遇差不多，他能體會他的心情，〈杜甫在長安〉就以杜甫登大雁塔寫起：

潦倒的窮詩人，以敏銳的直覺在詩裡表現其悒怏的憂心。

這時候杜甫已經登了五層二百五十尺，覺得氣促，上氣接不了下氣，而且春夏和秋冬之交，皮膚發癢感到不舒服。於是他停腳靠著窗邊深深吞了一大口秋風，好像喝了新鮮的果汁，感覺好甜美。他自言自語道：「唉，老夫年邁了，歲月不饒人！」⑬

寫此書時他才七十歲，現在已經八十出頭了，他感到時日不多，更要好好珍惜這次的旅行。但在四川，遊完杜甫草堂，他再也起不了床，體力不支讓他差點昏迷不醒，知甫也差點以為父親完了，還好經過休息與吃藥，龍醒過來了，這次旅遊根本是冒著生命危險，作家的身體不行了，但知甫還是覺得值得，因為他知道這是父親的心願。

杜潘每次想接近龍請教文學問題，李耐的臉色都很不好看，她的疑心病重，只要有女讀者來信或女性來訪，她都會吃醋，杜潘拜訪龍常是和丈夫一起前往，但還是感到不友善的眼光。只有在兩個女人獨處時，她才會說出自己的苦處。

杜潘：你爸爸和我們一起去旅行的時候，我都很想要問他很多事情，但是那個小姐都說不行，「你怎麼一直勾勾纏」，她來跟我說，「不要跟他講話，講得太久血壓會高，心臟病」，那個小姐都說不行跟你爸爸說話。但是，你媽媽說可以啦，媽媽可以跟我講很久沒關係，小姐不會講說「你不要跟劉太太講話」，所以你媽媽跟我講很多很多，像你現在說你媽媽離家出走三天喔，但是顛倒的事情，你爸爸去美國（應是口誤，實為日本），大家回來啦，那個國際會議，那個台灣那時候還是日本的啦，代表日本的文學界去啊，她說喔，那時候坐人力車啊，不是三輪車，一個人拖一個人的人力車，一個一個代表台灣去啊，誰也有回來，你媽媽都知道啦，那她先生就不回來，不回來台灣乀。所以你媽媽想，「完蛋啦，我這些孩子統統沒有爸爸啦」，她又聽說日本有一個小姐啊，我不知道是不是那個小說裡面的，我不知道啦，你媽媽就說，「他已經沒有那個心啦，是愛上那個小姐啦」。你媽媽是這樣跟我講。

劉：我要為我爸爸來辯護啦！我媽媽有時候會講……

杜潘：你好那個啊，還有你爸爸和媽媽，你媽媽要拿藥給你爸爸吃，你知道嗎？你爸爸那樣，所以你媽媽一定早上是什麼藥，旅行嘛，十四天嘛，我就一直在注意，兩個，爸爸媽媽的房間是吵起來的，你媽媽聲音好大。後來出來你媽媽就跟我講，是藥啦，藥忘記吃啦，不知道怎麼樣。你有沒有管爸爸的藥？沒有嘛！⑭

一九二七年杜潘芳格出生於新竹縣新埔，比龍小一輩。潘家是極為富裕的客家人，杜潘芳格從小就在富裕的環境中成長，可是，由於看到嬌生慣養的姑姑們嫁給同樣有錢的貴公子之後，婚姻生活都不幸福，所以，她從小就希望能夠嫁給一個出身窮人家的男孩子。杜潘芳格的祖父重男輕女，

---

⑬《龍瑛宗全集》第三冊，頁一八七—一八八。
⑭〈杜潘芳格訪談逐字稿〉：時間：二〇〇八年三月一日十點四十分至十二點四十分，地點：桃園縣中壢市中平路一一六號自宅，採訪者：周芬伶，受訪者：杜潘芳格，出席者：劉知甫。整理者：劉昭妤。

她雖然是長孫女，卻並不受祖父的愛護，好在她曾經留學日本的父親並沒有這種觀念，對女孩子的教育同樣重視。所以，杜潘芳格才能受到相當完整的教育。她十七歲上新竹女中，後來又到台北讀女子高等學校，在日治時代，女孩子能受這麼多教育是很難得的。除此之外，潘家還請老師到家裡來教女孩子學習插花、泡茶、縫紉、歷史、詩歌等等才藝，在這樣的家庭背景下長大，杜潘芳格從小對文學、藝術就產生了興趣。

一九四八年，杜潘芳格嫁給開業醫生杜慶壽，移居桃園縣中壢市，正如童年時候的期望，她的丈夫家境並不富有，婚後，她一連生了七個孩子，這段時期，她不但要忙著帶小孩，幫忙先生的醫務，還要擔任插花教室的指導老師，生活忙碌而艱辛，由於生活困苦，有好多年，杜潘芳格連在麵攤上吃一碗陽春麵都捨不得，有一次她下了狠心到市場去，在攤子上叫了一碗最普通的切仔麵，她一面吃，一面不停的掉眼淚，最後，連麵湯都變鹹了。不過，這樣困苦的生活經驗，反倒豐富了杜潘芳格的文學視野，讓她的寫作領域更為寬闊。

雖然具有文學天賦和興趣，也曾經在年輕時代用日語寫過作品，可是，杜潘芳格也和很多二次大戰前出生，受到完整日文教育的台灣作家一樣，在創作上必須跨越語文的障礙。因此，儘管心中一直存在著詩的影像和種籽，卻直到一九六〇年代，杜潘芳格才開始使用中文寫詩，她在一九六五年加入「笠詩社」，從此展開詩人生涯，她最初用中文發表的作品是〈春天〉和〈相思樹〉。不過，直到一九七七年三月出版中文和日文的新詩合集《慶壽》之後，這位客家女詩人才受到詩壇注目，兩年後，也就是一九七九年六月出版的，標榜「戰後最具代表性的台灣現代詩選」的《美麗島詩集》中，就選入了杜潘芳格的十首代表作，到了一九八〇年代中期起，她更嘗試使用母語，也就是客家話來寫作，這種新嘗試，更拓寬了她的寫作之路。

由於經歷了一九六七年九月間丈夫身受重傷的一場大車禍，杜潘芳格開始積極參與在客家地區傳播基督教福音的工作，此外，她也對文學活動相當投入，除了加入笠詩社之外，也擔任過台灣文藝雜誌社的社長和女鯨詩社的社長，這些社會活動不但使杜潘芳格活得更有意義，對於她的創作觀點也有正面影響。杜潘芳格曾經這樣闡釋她對詩的觀念，她說：「我的詩觀就是死觀。死也無悔，不把今天善惡的行為帶過明天。每一天都好好活著，這是我的理想，對於現實的此時此刻，無論是人與人的關係，自然的風景，路旁的小孩的笑臉，都成為我珍貴的懷念。語言是映照心靈的鏡子，不能只耽於空虛的幻夢，因此，超脫生死線的意象，就是我的『詩觀』。」這樣豁達的看法表現在詩裡，形成了杜潘芳格獨特的，具有豐繁的現實性、神祕性，還加上抒情性及思想性的作品，台灣文學界以「深邃」兩個字來形容杜潘芳格的詩作特點，可以說是相當深入而精闢的詮釋。她的重要詩集有《慶壽》、《朝晴》、《青鳳蘭波》、《芙蓉花的季節》等，她的作品溫暖而美麗：

相思樹，會開花的樹
雅靜卻華美，開小小的黃花蕾。

相思樹，可愛的花蕾
雖屢次想誘你入我的思維
但你似乎不知覺
而把影子沉落在池邊，震顫著枝椏
任風吹散你那細小不閃耀的黃花。

排檔四　速率三十

剛離別那浪潮不停的白色燈塔
就接近青色山脈
和繁茂在島上的相思樹林啊。

或許我的子孫也將會被你迷住吧
像今天，我再三再四地看著你。
我也是
誕生在島上的
一棵女人樹。

杜潘芳格自謂：「我這一生，二十幾歲年代是日本人，三十、四十歲年代的二十年間是慘勝的中國人。五十歲年代，完成了一件大工程：移民美洲大陸。」晚年她常在飛機上飛來飛去，信仰是她生活的重心。

龍與笠詩社的往來，更為親近的是陳秀喜，一九八八年他與陳秀喜、葉石濤、劉捷、王昶雄一起南下到恆春去看哈雷彗星，結果並沒有看到它展開美麗的尾巴，讓大家大為失望，陳秀喜寫〈少女與哈雷彗星〉：

思想天空的少女知道
哈雷彗星是
海王星的八個俘虜之一

少女想像太陽借引力
夢想捕捉它
怕它帶著大小尾巴跑掉
天下已布滿浪漫氣氛
彗星越接近地球
少女煩惱的花也綻開了

龍曾寫文〈讀《玉蘭花》〉，並稱許她為「跨越時代的詩人」，在〈我讀陳秀喜的詩集《灶》〉一文中，稱許她在中文書寫上的努力，「據說，陳女士於民國六十五，才以中文寫作。我於六十末年，才無須經過翻譯，以自己的筆寫文章。這樣子看來，詩人陳女士，是我的前輩。」龍對陳秀喜的詩諸多讚美，對杜潘芳格的詩則少評語，大約是年紀差太多吧！或者杜潘較順遂富裕的生活，使兩人無法產生深度共鳴。但他跟笠詩社的兩位女強人可說是很談得來呢！

被文壇青年稱為「姑媽」的陳秀喜生於一九二一年，比龍小十歲，新竹人，生父陳買是漢詩詩人，陳秀喜出生滿月後剛三天，就被剛剛失去新生兒的陳金來、李壁夫婦領養，成為養父母唯一的掌上明珠。養父母對她十分疼愛。一九二九年，她進入新竹女子公學校就讀，一九三四年畢業之後沒有繼續升學，由養父聘請女家庭教師來教她學習漢文。因為這樣具有不錯的漢文基礎，成為她日後成為詩人的養分，語文的轉換不致那麼困難。陳秀喜極具語言和文學天分，一九三六年十五歲的時候就開始用日文寫詩、短歌和俳句。一九四〇年曾經代表新竹市前往日本參加女子青年大會，返台後擔任公學校的代用教員。

一九四二年陳秀喜和在上海三井洋行任職的張以謨結婚，在戰爭時期沒留在台灣發展，而到上海、杭州奮鬥，故而未列名戰爭時期詩人，一九四六年回到台灣，一切重新開始，她擁有的「大陸經驗」成為特色。三十六歲從注音符號學起，開始用中文寫詩。一九六八年正式加入笠詩刊社，一九七一年出版第一本中文詩集《覆葉》，這是陳秀喜努力學習中文的豐碩成果。同年起擔任笠詩社社長，直到一九九一年去世為止，共有二十年之久，總共出版了四本中文詩集：《覆葉》、《樹之哀樂》、《灶》和《玉蘭花》。

陳秀喜在婚姻較為坎坷，作為舊時代的媳婦，她備受婆婆虐待，五十七歲時又因為第一任丈夫外遇而離婚，不久後再婚，卻仍然不愉快，甚至夫妻對簿公堂。在她的詩中，也表現出對婚姻的無奈和對坎坷人生的哀愁，例如：〈棘鎖〉這首詩，就是批判傳統婚姻對女性的壓迫。但是，儘管晚年生活並不順遂，陳秀喜對於後輩的年輕詩人卻始終愛護、提攜，因此，文壇上都稱呼她為「陳姑媽」。

早年用日文創作的陳秀喜，經過很長一段時間努力，才能使用中文來寫現代詩。而且成果豐碩，這一點，讓龍佩服，因為陳秀喜的日文詩寫得好，而且戰後不久就能以中文寫作，跟龍相似的是，她的婚姻不順遂。一向同情且愛護女性的龍，對這兩位女詩人自然是愛護有加。

笠詩社發起人有十二人之多，計有：吳瀛濤、詹冰、陳千武、林亨泰、黃錦連、趙天儀、薛柏谷、白荻、黃荷生、杜國清、古貝和王憲陽，其中詹冰是龍的舊識，也許是這樣，他跟笠詩人往來頻繁，他替陳千武寫評介，一九八九年北原政吉編了兩冊《台灣現代詩集》，並在日本出版，裡面共收集九十二位詩人的詩，其中有周伯陽、吳瀛濤、羅浪、衡容、趙迺定、葉笛、黃靈芝、黃騰輝、黃荷生、曾妙容、旅人、林鷺、林清泉等老詩人作品，也有較新一代的詩人，《朝日新聞》給予很高的評價，龍也為文祝賀，其中並未收錄龍瑛宗的詩，他心中必有苦楚，但仍說「好哉！慶祝《續台灣現代詩集》的出現」。

文學紀元第五個十年（一九七七——一九八六），可說是他創作的第二次高峰，計有自傳日文中篇小說〈夜流〉、〈斷雲〉；中文中篇小說〈杜甫在長安〉、日文長篇小說《紅塵》，以及數量不少的短文，在日治時期他的第一本短篇小說集未能出版，可說運氣不佳，這時不管中文、日文都相當順利。但真正對他的文學定位有幫助的是一九七九年遠景出版社出版的《光復前台灣文學全集》，其中第七集收有先生之〈植有木瓜樹的小鎮〉等七篇小說，由張良澤、鍾肇政翻譯為中文。以及一九八五年五月由蘭亭書局出版《午前的懸崖》，共收十四篇日據時舊作，鍾肇政翻譯。在這裡他的重要作品再現，讓人驚訝早在半世紀前的台灣小說便如此細緻與現代，而當中扮演推手的角色以鍾肇政為主，張良澤為輔，鍾可說是他文學上的伯樂。

進入第六個十年（一九八七——一九九六），疾病與友人的死亡摧殘著他，一九八七年文心過世，年才五十四，多年的老同事與文友一個個走了，他感到哀傷，前一年他還高高興興地環島旅行，又到日本看兒子孫女，在一張與李耐合照上，他的精神看來甚好，但老友的一個接一個凋零讓他撐不住了。

# 第十一章

# 病榻

龍從小體質就很差，除了氣喘的問題，最困擾他的是腸胃出血，這是他一直身體瘦弱的原因。結婚前龍的母親對李耐千叮嚀萬交代他的身體不好，要好好照顧，婚後李耐每天用人參茶或雞湯保養他的身體，之後身體漸壯，幾乎沒生過大病或看醫生。對這點李耐覺得自己功勞很大，加上兒子有出息，女兒貼心，地位也越來越重要。

每天喝參湯，花費不小，在收入微薄的時期，李耐只好剋扣其餘家用，除了必要的花費，絕不亂花，雖然一九六〇年之後，經濟改善，李耐對錢沒安全感，省到極點，把錢握在自己手裡，家中的經濟才穩固。

在龍最黑暗的二十幾年，他的身形明顯消瘦憔悴，龍家男人代代早夭，尤其是男性，祖父死時才三十四歲，父親死於六十五，母親六十六，四個哥哥，大哥十四歲早夭，四哥出生不久也夭折，三哥三十四歲亡故，二哥得年五十四，到一九五三年他的祖父母、父母、兄長全死光了，龍家男人只剩他一人，那年他才四十出頭，早夭的家族讓他覺得自己活不過六十，死亡的陰影一直威脅他，這也有可能是他想自殺的原因。

很幸運的，李耐非常盡心照顧他，讓他成了龍家最長壽的男人，這一點他很感激她，晚年出國一直帶著她同行，算是報答她的恩情。李耐嚴密注意他的飲食與起居，親力親為，連兒女媳婦也不能插手。

一直到一九八七年九月九日那天，他感到身體不適，先至和平東路蘇診所看診，經建議轉至國泰綜合醫院。

九月十六日，因攝護腺肥大和膀胱結石開刀，住院半個月。出院後一週，十二指腸潰瘍，緊急徵求血漿急救。

劉知甫說到父親那次得病，仍是餘悸猶存，父親是個不吭聲也不喊痛的人，流了大量的血仍在忍耐，讓兒子非常不忍，他知道父親喜歡旅遊，特地向任職的銀行請假帶父親旅行，有時還要推著輪椅，銀行不准假，知甫還是執意硬請，結果回國後發現自己被降級，但為了父親，一切都值得。龍出院後給杜潘寫的信精神還是不錯：

劉知甫與龍瑛宗（右）絲路之旅

我住進醫院兩次，最近才出院。第一次病名是膀胱結石，還有攝護腺肥大，即是所謂老人病。第二次自以為是胃出血，其實是十二指腸潰瘍。因而輸血一千CC，好歹逃回人世。但還沒回復精神，仍然委靡不振。

我正在看《魯迅專輯》，其中寫著我的前輩張我軍先生的兒子！哈佛大學教授張光直的事情。我格外感到懷念。張光直教授變成卓越的學者了。我栩栩如生地憶念起四十年前張我軍逝世的情況。張我軍對台灣新文學來說是不可忘記的人。①

這次的病況他還寫了一篇〈紙尿褲——住院雜記〉自我調侃一番，他因為尿失禁自己看小診所，醫師診斷是膀胱炎或結石，吃了藥無效，還是要包紙尿布，只得到國泰看診，結果是攝護腺的問題，並施行摘除手術，出院後發現血便，再檢查是十二指腸潰瘍，出血嚴重，需要輸血一千CC，這次的誤診對他的身體造成很大的傷害：

我已經達到七秩晉七的年齡了，這與六十五年十月逝世的吳濁流，巧合同齡。雖然，納了這麼多的公帑，也在所不惜了！

七十六歲的他，思考依舊清晰活潑，兒子知甫知道他很想四處旅遊，但他身體狀況不適合旅行，他想陪著他去。

---

①《龍瑛宗全集》第八冊，頁七八—七九。

一九八八年首次赴大陸，遊北京、桂林、南京、上海等地。一九八九年秋天，本擬赴大陸，適逢六四天安門事件，轉赴日本，看望兒孫，遊北海道函館、札幌、網走等地。並訪西川滿於杉並區阿佐谷的住宅。

一九九〇年初夏再赴大陸，新疆、西安絲綢之旅。一九九一年二月一日由前衛出版社出版的「台灣作家全集」《龍瑛宗集》上市。這個文集讓現代讀者較完整地瞭解龍氏的創作，文前收入羅成純〈龍瑛宗研究〉，是龍氏文學研究的前行者，之後陸續有人跟上前去。

一九九二年七月八日拜訪位於成都的杜甫草堂，之後遊歷長江三峽、黃山。

一九九四年由於健康狀況不佳，約於年底由信義路搬至復興南路與次子知甫同住。知甫說：

父親的忍耐力很強，毅力也很強，那一次攝護腺開刀之後，他一直血流不止，等到發現的時候，全身的血十二單位已經流掉八單位，一打顯影劑，人馬上休克，問他怎樣，他總是說：「不會痛，不會難過。」有個護專的小姐就說：「從來沒見過像你這麼堅強的病人。」所以爸爸的作品裡面，結局沒有一篇是高高興興的，每一篇看起來都很憂鬱。他一生不快樂，這就是為什麼我要趕快帶他去西安旅遊，我知道他喜歡杜甫，寫過〈杜甫在長安〉，一定要帶他去看大雁塔，莫高窟，他很喜歡中國文化。於是我向服務的銀行爭取兩個星期的假，即使被降級也在所不惜，旅遊回來後五個月，我從銀行經理被降為一級稽核人員。但是，我不在乎，我已達成父親一生心願，爸爸的一生實在太可憐了。②

之後因病，龍與妻子搬到二兒子知甫住處，母子的關係更加緊張，李耐堅持自己照顧丈夫，一切自己包辦，這時的龍已幾乎全天躺在床上，意識不是很清楚，話更是不能說，常常只瞪大眼睛看人，而此時的李耐因為重聽，更是難溝通，媳婦郭淑惠就說：

因為她心直口快，講話很傷人，所有的親戚來家裡一次，第二次就不願意來了。我們的溝通一直有問題，尤其是她重聽之後更困難，我覺得婆婆從小是個「查某仔王」，不知道如何尊重人，以前跟她聊天，沒聊幾句馬上翻臉，後來再不敢和她聊天了。她講話總要佔上風，處處都要支配別人，她沒辦法控制她的情緒，主觀很重。有一次還把我們趕出去，說不要臉住她家，出去！所以，我跟丈夫孩子在景美租屋住了八個月。③

知甫為照顧父親，五十幾歲就從薪水優渥的銀行退休，現在他幾乎扮演父親專業經紀人，之前他對父親的文學並不瞭解，當他越讀父親的作品，越能進入他的內心，父親雖不得志，但對自己的作品有信心。知甫比任何一個學者更加能理解父親的作品，他的地位會越來越重要，他以父親為榮，更加肯定自己的眼光。知甫還記得那次，父親的身體已無法承受長途旅行山水跋涉，他只能推著輪椅陪同父親走過莫高窟、行過新疆、抵達長安城，龍坐在輪椅上，緩緩的、一步步的，透過自己的雙眼，搜尋那已經幻想過無數次的景致，感受那早已熟悉的氣味，那一刻，龍瑛宗的心中是激動的，他原先堅持自己爬上大雁塔，然而大雁塔的木梯很窄也很陡，最後支持不住，知甫背著他走到塔頂，隨後環繞塔的四方，尋找那些筆下寫過的細節，一項一項比對。隨後滿意的笑了：「完全

②周芬伶，《憤怒的白鴿》（台北：元尊，一九九八），頁三四—三五。
③同上，頁二四。

共樣」（客家話，「完全一樣」的意思），他的研究與計數的正確，是他最大的驕傲。

之後，龍瑛宗的身體漸漸不良於行，再禁不起旅程辛勞，讀書成了龍瑛宗唯一的樂趣。最後幾年的時間，總在復興南路住處餐廳的桌邊，靜靜的沉默地閱讀，似乎是隨時隨地的，龍瑛宗總不忘將一本書擺放在桌上陪伴他晚年的時光，那是龍瑛宗生前替自己一生文學最忠實的告解，似乎像一個儀式般，莊嚴的進行著。

一九九一年二月一日由前衛出版社出版的「台灣作家全集」《龍瑛宗集》出版發行，這套全集由鍾肇政擔任召集人，張恆豪、彭瑞金、林瑞明、陳萬益、施淑、高天生為主編，這套在解嚴初期出版的台灣作家全集，為台灣本土文學研究做出「集大成」的作用，如同緒言所說：「本全集可說是集以上四種叢書（《日據下台灣新文學》、《光復前台灣文學全集》、《本省籍作家作品選集》、《台灣省青年文學叢書》）之大成者。在《龍瑛宗集》後，羅成純的《龍瑛宗研究》算是針對他的戰前文學較早也較全面的研究，在寫作上她認為：「龍瑛宗於〈植有木瓜樹的小鎮〉以後，便不曾寫過與之匹敵之作。七七事變，中日戰爭之後，在太過於理念之探求下，使他的小說人物與結構成類型化。讀龍瑛宗的小說，並無故事情節發展的樂趣，而是一連串理念的探求，作家自身與外在世界平衡的追求。也因此由他的小說可以清楚的看到當時台灣人內心苦惱與葛藤的掙扎。」④羅在這篇論文中有為龍「文藝台灣派」平反之意，指出他的文學觀與「外地文學」是不相容的，之後又舉出他「屈從與傾斜」的文學性格，這些說法皆有先見之明，至於說他後來的作品皆未超越〈植有木瓜樹的小鎮〉則過於褊狹，至少他的杜南遠系列小說，從戰前橫跨到八九〇年代，是具有現代主義風格的自傳小說，也是追憶逝水年華式的心靈史，半個世紀猶書寫不盡，更說明語言的難以承載與無力，他一生與文學奮戰不休，語言是他的利器亦是致命傷。

如果早生十年，與賴和同時，他的漢文底子不會輸於同輩作家，那麼他可能作品更多更好。無奈的是他的第一篇作品就達到高點，然後遇上戰爭，被推為代表作家之後，跟政治一掛鉤，作品難以自由表現，唯有以逃避者寫下自白文學，之後的文字浩劫更不用說了。

有關龍瑛宗的研究，早在一九六五年，葉石濤於〈台灣的鄉土文學〉一文中提出：「到了龍瑛宗之後，台灣的小說裡才出現了現代人心理的挫折，哲學的冥想以及濃厚的人道主義。」⑤肯定了龍瑛宗小說中所展現的現實主義精神，但對於曾經參加「大東亞文學者大會」發表言談的龍瑛宗，仍有所批判⑥，這是龍氏文學遲遲未被肯定的原因之一，經過二十幾年，直至解嚴後羅成純的〈龍瑛宗研究〉⑦，雖能流利的透過日文以觀覽龍瑛宗的文學之美，卻僅透過〈植有木瓜樹的小鎮〉與戰時文學的內在精神及主體意識，來評定龍瑛宗的性格為「殖民地社會的精神荒廢」；或是將龍瑛宗前期的創作，判定為「『屈從與傾斜』的現實逃避主義」，這樣的論斷似有失偏頗。而陳芳明則於〈南國崩壞〉一文中以為，龍瑛宗會有如是「屈從與傾斜」的文學生成，乃是「龍瑛宗處在一個價值崩壞的時代，他的小說具體刻畫了歷史的傷口，而他自己的文學生涯則是那個傷口的最痛」⑧，至此對龍氏文學有初步的定調，此為第一步。

---

④羅成純，〈龍瑛宗研究〉。收錄於《龍瑛宗集》（台北：前衛，一九九一），頁三〇九。
⑤此文於一九六五年寫成，引自羅成純〈龍瑛宗研究〉。
⑥在葉石濤、鍾肇政主編，《植有木瓜樹的小鎮》（台北：遠景，一九九七年三版），頁三〇。葉石濤在〈光復前「台灣文學全集」總序〉中曾在題為〈屈服〉的內容中表示，「在這種日漸惡劣的處境裡，除非懷有透視未來理想社會的堅強信念，否則動搖和投降是免不了的。於是有些台灣作家有犬儒主義式的逃避，有些作家有奴顏婢膝的行為，但並非所有台灣作家都屈服的。儘管在『大東亞文學者大會』席上的台灣作家之中，有人做了『感謝皇軍』之類的愚蠢發言，但像楊雲萍就有不同凡響的發言。」筆者以為，葉石濤這裡所認為做了愚蠢發言的可能就是指龍瑛宗。
⑦寫成於一九八三年十一月，現刊載於《龍瑛宗集》初版的書後。
⑧引述於陳芳明，《危樓夜讀》（台北：麥田，一九九六），頁一八二。

一九九六年，學者注意他的女性描寫與氣質，林瑞明〈不為人知的龍瑛宗——以女性角色的堅持和反抗〉中更深刻推測，「在時局的巨大漩渦中，龍瑛宗無力自拔，只有隨波逐流，甚至險遭滅頂，這是日本籍台灣作家的無奈，但亦緣於龍瑛宗個性之不善於應對（如果是別人，可能有辦法閃避）」⑨，認為龍瑛宗文學與現實中所展現的卑微或逃避，也許與其個性有關。然而，龍瑛宗並非完全沒有反抗精神，在這篇論文裡，林瑞明針對龍瑛宗對女性書寫的透澈，以葉石濤的說法印證「龍瑛宗也是心懷民族解救美夢的台灣人作家之一」⑩。以為龍瑛宗的抗議精神乃透過柔性的女性為其代言；再者如一九九九年周芬伶在〈龍瑛宗與其《女性描寫》〉一文，指出龍瑛宗在《女性描寫》一書中所含有的精神意義：「一、反映戰後初期女性的問題及生活，也是戰後鮮有的以女性為議題的評論集。」「二、它是一本精闢的文學評論集。」「三、為龍瑛宗創作生活的重要紀錄。」⑪除了可以認識龍瑛宗對女性議題的關懷之外，更可視為是自我對社會現實的柔性抗議。另外，周芬伶又在〈龍瑛宗與杜南遠的自傳書寫〉⑫中，將其分成兩種系列，其一為虛構性的作品，另一則為自傳性的作品，而在〈龍瑛宗與杜南遠的自傳書寫〉則集中討論龍瑛宗的自傳性作品，以期完整詮釋作家生命歷程與心理層面。其自傳作品著重在文學性，在龍瑛宗的小說中主要以杜南遠為主角陳述。在這篇論文中，揭露了龍瑛宗以自傳小說書寫的企圖心，以及作者對於身分認同的焦慮，其社會性十分強烈，不單單如日本私小說般的流於滿足讀者窺探的欲望。

此外，進而以龍瑛宗身為客家人的身分，來推測他在文學上表現的必然與質疑，例如葉石濤〈論龍瑛宗的客家情結〉，以為龍瑛宗的「客家人」身分帶給他巨大的損害，使其作品中表現出知識分子濃烈的絕望、悲觀和虛無，加上殖民地知識分子的身分造成了龍瑛宗文學「被壓迫」的意識，此雙重身分的壓迫，變成被異化、被疏離的龍瑛宗文學的主題⑬；而蔣淑貞〈反抗與忍從：鍾理和與龍瑛宗的「客家情結」之比較〉，則透過比較的方式將外界一般認定的「客家情結」予以區分，以為鍾理和的反抗奮鬥和龍瑛宗的忍從調和，乃因為地域性生存環境之不同而有所差異，因之，不再主觀似的認定所謂龍瑛宗的文學即是絕對的「客家情結」精神。接著，更明白的指出龍瑛宗在作品中所展現的「被壓迫感」，「恐怕並不是來自於日本殖民者，也非福佬系作家的歧視，而是其在北部客家聚落生活中早已拓下的烙印。」⑭這算是在二十世紀末對龍氏文學研究的第二步。

二十一世紀初，學者跳脫龍瑛宗性格探討，進一步談論龍瑛宗在作品中擅長描寫的知識分子與女性角色分析的論文，例如呂正惠〈龍瑛宗小說中的小知識分子形象〉，指出〈植有木瓜樹的小鎮〉所提出的三個問題：

一、台灣小知識分子在殖民統治下社會上升管道的困難；二、他（指陳有三）因此產生一種性格上的自我扭曲，藐視自己的民族與文化，仰慕統治者的「文明」「進步」；三、因找不到精神上的出路，最後走上墮落、頽廢之道。⑮

⑨引自林瑞明，《台灣文學的歷史考察》（台北：允晨，一九九六），頁二六七。
⑩同上，頁二八六。
⑪周芬伶，〈龍瑛宗及其《女性描寫》〉，《東海學報》第四十卷第一期，一九九九年七月，頁一七—三七。
⑫周芬伶，〈龍瑛宗與杜南遠的自傳書寫〉，《中國文化月刊》第二三一期，一九九九年六月，頁七八—九九。
⑬葉石濤，〈論龍瑛宗的客家情結〉。收錄於《杜甫在長安》（台北：聯經，一九八七），頁四。
⑭蔣淑貞，〈反抗與忍從：鍾理和與龍瑛宗的「客家情結」之比較〉，《客家研究》第一卷第二期，二〇〇六年十二月，頁二八。
⑮引自於呂正惠，《殖民地的傷痕：台灣文學問題》（台北：人間，二〇〇六），頁一七。

以為知識分子喪失了鬥志的覺醒，多少來自於經濟因素所致，盼望藉此逃出困境卻不得所願的屈服；或者如王淑蕙〈試論龍瑛宗小說中「多餘的人」與「無能者」〉，透過將龍瑛宗小說中的主人公進行分類分析，將知識分子定位成「多餘的人」與「無能者」，進而將其生成進行區分⑯。

對其長篇小說《紅塵》的討論也漸多，如施懿琳〈認同矛盾掙扎下的雙鄉人——試析龍瑛宗長篇小說《紅塵》〉⑰與陳翠英〈失落與重建——試論龍瑛宗《紅塵》的歷史記憶〉⑱，以及郭昭妤《龍瑛宗《紅塵》小說美學研究》，對龍氏的年表生平多有補充，尤其是較不為人知的合庫時期。許維育的《戰後龍瑛宗及其文學研究》，有系統的將龍瑛宗戰後的文學分成三個時期：一為戰後初期；二為沉潛到復出；三為退休後的第二個文學夢。許維育透過龍瑛宗戰後生活傳記形式的記載，再帶入龍瑛宗的文學生活，可謂融入得宜，對於《龍瑛宗全集》尚未出版之前，讓龍瑛宗後期的文學有著較全面性的介紹以及詮釋。

二〇〇六年十一月《龍瑛宗全集》的出版，對於龍瑛宗的論述有日益增多的趨勢，其研究多是全面性的，分別是莊蕙甄《龍瑛宗小說研究》（二〇〇六）與李秋慧《龍瑛宗及其小說研究》（二〇〇六）。二〇一〇年清大舉辦「戰鼓聲中的歌者：龍瑛宗及其同時代東亞作家百年冥誕紀念國際學術研討會」，集中討論龍的作品，注意他的評論家地位與台灣東南部風土的書寫，然他生命的全面其實巨細靡遺地表現在他的作品裡，說他是個人主義或自然主義作家皆有偏頗，他跟

台北建成町住宅前

殖民地作家卡繆（Albert Camus，一九一三—一九六〇，出生在阿爾及利亞，法國小說家、哲學者、評論家，一九四二年發表《異鄉人》成名）類似，以自傳或擬自傳為體，風俗表現為旨，跨界與跨文化的混雜風格，讓他的作品充滿現代性。

現在他住在兒子家，脾氣還是一樣，更是不說話了，他像嬰兒一樣躺在床上，臥病期間，他依然常拿本書放在面前，就算意識不清，有沒在看，面前一定要有書，李耐攬下所有照顧他的事務，兒子媳婦為怕起衝突，都不願跟她說話，有話就由女兒傳達。這種奇特而苦悶的家庭氣氛，一般人很難理解，在一九九四年到一九九九年之間，筆者數度拜訪劉家，並做過李耐的採訪，外表上她長得蒼白秀氣苗條，保養得很好，打扮得清清爽爽，看來只有六十幾歲，八十歲出頭的她依然體力旺盛，說話條理也清楚，在她的觀點，她的世界很小，非常愛美，希望一切事情照自己的意思來，在

---

⑯王淑蕙，〈試論龍瑛宗小說中「多餘的人」與「無能者」〉，《台灣文學評論》第二卷第三期，二〇〇二年七月，頁五一—八一。以龍瑛宗小說〈植有木瓜樹的小鎮〉、〈黃昏月〉、〈黃家〉、〈趙夫人的戲畫〉、〈貘〉、〈白色的山脈〉、〈不知道的幸福〉、〈一個女人的紀錄〉等進行角色分析。此類論文尚有葉笛，〈中外小說上「多餘的人」系譜之探索——龍瑛宗的「植有木瓜樹的小鎮」和「羅亭」「貴族之家」「奧勃洛莫夫」「浮雲」的比較〉，《文學台灣》第三十三卷，二〇〇〇年一月，頁一〇二—一一五、陳建忠，〈殖民地小知識分子的噩夢與脫出——龍瑛宗小說「黃家」析論〉，《台灣文學評論》第三卷第二期，二〇〇三年四月，頁二六—三八、陳龍廷，〈日治時代台灣知識分子的內在殖民論述——以「植有木瓜樹的小鎮」為例〉，《文學台灣》第五十四期，二〇〇五年四月，頁二一六—二三七。

⑰施懿琳，〈認同矛盾掙扎下的雙鄉人——試析龍瑛宗長篇小說《紅塵》〉，《中國現代文學理論季刊》第七期，一九九七年九月，頁四〇九—四二一。

⑱陳翠英，〈失落與重建——試論龍瑛宗《紅塵》的歷史記憶〉，《文史哲學報》第四十九期，一九九八年十二月，頁一—二八。

晚年病中的龍瑛宗

過去少受教育的女性，又生長在備受寵愛的寬裕家庭，如果個性又好強，是很容易成為「女王」般的個性，這樣的家庭最受氣的是丈夫，然後是孩子媳婦，但她自己的看法是：

我自己也喜歡出去旅行，一出去就愛買衣服，我愛穿漂亮衣服，但他不注重衣著，隨便穿不會挑。

我穿再漂亮他也不知道，孩子以前的衣服都是我做的，讀小學時還穿，讀中學時嫌不好看，就不穿了。我自己的身材沒什麼改變，一、二十年前的衣服現在還穿得下。可能是體質的關係，我沒什麼保養，身體一直很健康，今年八十二歲了，除了偶爾膝蓋會疼，沒什麼毛病，倒是他，小時候氣管不好，婆婆過世前交代說他的身體不好，要用補品給他吃，我就用人參燉水，第一年吃三兩，第二年三兩半，慢慢加。後來他的身體變好了，五十年沒看過醫生，小毛病自己買藥服一服就好了。只有民國七十七年那一次開刀之後，腳就不太能走路，人也不清醒，現在變成這樣，都是我在照顧他。現在我老了，也不去想什麼，就這樣過下去就可以了。[19]

做採訪時，龍先生就坐在床上，人瘦弱到像小孩，鼓著眼睛看人。在這繁華的東區，劉家寬敞舒適的環境，提供龍安穩的養病環境，而這個家總是過分安靜，凝重的空氣令人不敢喘氣。

李耐與兒子媳婦的關係雖緊張，跟孫子孫女的感情倒是不錯。知甫、淑惠夫婦年輕時，為了生活的奔波都在上班工作，孩子們全交給祖母照顧。據徐玫芝回憶，祖母對孫子孫女們照顧得很周到，讓大家度過健康而快樂的童年，她一直感謝忘不了祖母的慈愛。個性乖巧的抒芳，常安安靜靜

1997年龍瑛宗（左）與次子劉知甫捐贈文物給文化資產保存研究中心

聽祖母向她傾吐心聲，這時的李耐慈祥和藹，說的話充滿無人瞭解的無奈與辛酸，從小抒芳已習慣家中的緊張關係，父母很明顯地維護祖父，但她越來越大，越瞭解作為傳統女人的壓抑與痛苦，她愛他們每一個人，不免更加同情祖母。

一九九六年四月，〈文學魂〉刊於《台灣文藝》第十一期。這可能是他最後清醒寫完的文章，漸漸地他發現自己無法思考與寫作。

一九九七年，龍知道自己漸漸不行，在某個清醒的時刻，生平第二次對知甫提出要求：「帶我去鹿兒島，我想見她。」知甫知道父親說的是誰，就是多年前父親要求他帶他去看的兵藤晴子，父親對這女人也太癡心了，以他現在的身體狀況連下床都有問題，他沒答應，室內的空氣陷入痛苦的沉默。

她是他永恆的貝德麗采嗎？原來書房裡掛的那張貝德麗采的圖像是龍心中永恆之戀，連在死前也想見她最後一面。

一九九七年六月，由鍾肇政翻譯的長篇小說《紅塵》由遠景出版社出版。八月，行政院文化資

---

⑲同上，《憤怒的白鴿》，頁二九—三〇。

產保存研究中心籌備處通過「《龍瑛宗全集》搜集、整理、翻譯、出版計畫」，計畫主持人陳萬益。劉知甫對父親的創作十分瞭解與看重，認為父親的資料交由公家收藏最為安全與光榮，對全集的出版也積極參與，他可說是龍的代言人，對研究者的採訪常是知無不言，連家中父母不和的事也明白直說，他說：「事實就是事實，要尊重事實。」這時在劉家出入的，還有陳教授的研究生幫他整理書目，陳芳明與陳映真都曾來探訪。同時作家影像系列《龍瑛宗傳》也在進行拍攝，影片中除去他生平與作品介紹，其中龍的角色由他的外孫扮演，長相酷似，裡面還穿插陳萬益、柯慶明、周芬伶對其人其作的解說。作品拍攝完畢還未剪接，一九九九年九月二十六日，龍因肺炎併發急性呼吸衰竭，敗血性休克，於下午六時三十五分，病逝於台北市立仁愛醫院，享年八十八歲。導演緊急剪接，得以在葬禮上放映他的一生。

# 第十二章
# 尾聲

龍死後，李耐搬出兒子家，獨居於泰順街老家，在電話中還常常跟兒子大吵。

「走開，你們都走開，我要一個人！」李耐咆哮著。

父親死後，劉知甫一直未能從悲傷中修復，這輩子他得不到母親的愛，照顧生病的父親，讓他擁有父親的信任，那是他心靈重要的依靠，父親死後三年，也就是二〇〇二年，他發現自己罹患攝護腺癌，本是較容易控制的癌症，沒想到轉移很快，已到了骨頭，自知生命有限，他為父親蓋了墓園，如今他也是老病的人，恐怕沒辦法像照顧父親一樣照顧母親。

剛開始李耐一個人自己打理生活，知甫禮拜一、三、五去陪母親，她的個性還是一如往昔，每天從早到晚對年已六十幾的兒子罵個不停，知甫撐了一段時間就不敢再去，李耐三天兩頭跑到里長那邊告狀，說兒子遺棄她，里長打電話給知甫，他只好再去應付一下，如此循環不已。

父親走了，知甫的哀傷與懷念與日俱增，他在老家北埔為父親建造廣大的墓園，憂煩時常在這裡流連，父親過世時他才五十幾，英姿勃發，現在已是全身病痛的老人，這世界變得無比寂寞，因此他更瞭解父親的寂寞，天底下有多少父子知己能像他們一樣生死以之？他想著有一天父親的文學知己會如潮水般湧進這墓園。

二〇一二年，年已九十六的李耐，又要到里長家告狀，在路上跌一跤，髖骨斷裂，被送進加護病房，看著母親躺下來，知甫心軟了，這就是他的母親，沒得選擇的母親，母子的恩怨終於和解，也許在爭吵與怨恨的背後正是濃濃的愛。

「你父親呢？為什麼沒來看我？」意識不清的李耐常抓著兒子問，讓他更難過。

「父親走了，死好幾年了！」

「什麼？為什麼我不知道？」

這樣的對話一再重複，母親已經插管，還是嚷著要兒子買東西給她吃，說她有錢，知甫打開存摺，存款一千多萬，母親竟然節省存下這麼多錢！他望著存摺哭笑不得，這樣的母親是他一生痛苦與幸福的來源，看著母親，他更想念父親。

他自己的身體越來越衰弱，仍關注著有關父親一切的報導，並希望父親的傳記早日完成。

劉：沒有辦法。所以說我們家這個我碰到這個我媽媽這個人喔真的是，第一個就是說不可理喻那種人，而且是任性到我要什麼就馬上得到，現在也是一樣喔。我每天都是兩次去醫院去看她，她說，「我肚子餓你馬上給我買東西」，你要馬上去買，那我說「等一下我買給你」，反正她現在也不能吃嘛，她是鼻胃管嘛。好，晚了一點去買回來，她不吃了，她發脾氣啊，她又不吃啦，她是這種人哪，真的是很難伺候。我兒子跟我講一句話，「我好

龍瑛宗墓園

像在媽媽的肚子裡面就聽到阿公阿嬤兩個人在吵架啊。」我兒子他都這樣子講啊。

周：你爸爸能跟她吵喔？

劉：我爸爸不會跟她吵，以前會很生氣的會回應她，到年紀大了以後就不回應你了，他說你要叫你自己去叫，我看我的書啊。可是呢，你不生氣，我爸爸不生氣啊，他就看書啊，她就「凍抹條」（台語）啊，我媽媽就「凍抹條」（台語）啊，就在你旁邊，耳朵裡面一直吵吵吵吵吵，吵到你生氣才為止喔，你不生氣，我再繼續吵。繼續……

周：一整天喔？就一整天，從早到晚？

劉：你不生氣，她就一直念，同樣一件事情一直念念念念念，念到你生氣，啊我「甘願」（台語）了。有這種，實在是很難很難去碰到這種人哪！以後我們親戚都不會來啦，因為大家都怕她，每一個來，每一個罵，每一個來，每一個罵，所以大家都不來了。所以我們家從來就沒有親戚來過。

周：有沒有比較大的，發生比較大的事件，或者是？

劉：那這個我都講過啦。但那個大概是五十幾歲的時候啦，他每天都是吵每天都是吵，吵到沒辦法就是他跑到我的房間門口，他又不敢進來，就是那個時候。

周：五十幾歲。

劉：那個是五十幾歲，後來到了六十歲以後，他又跟我講一句話，「我不會再自殺，因為我年紀大了，我不會了」，讓我們安心嘛，他不會。

周：所以他很少主動跟你講什麼？

劉：很少。

周：非常少？

劉：譬如說我帶他去那個絲路啊，有一次陳萬益說，「他主動跟你講嗎？」我說，「不是，我有暗示他。」他不是寫〈杜甫在長安〉嗎？我有暗示他說，「你想要去西安嗎？」就長安嘛，他就……我就知道你的意思了，我就知道我父親的意思，我就開始計畫要怎麼去帶他去了啦，我就開始。他從來不會去要求你的，只有一次，一輩子只有一次要求我去看晴子啊。

周：看什麼？

劉：兵藤晴子啊。

周：喔，看他的那個……

劉：他是主動，他從來不主動的，只有他要死之前的兩年之前，他主動告訴我，「你帶我到鹿兒島去。」只有他一輩子的一次，可是……①

「帶我去鹿兒島！」是龍最後的心願，也是最後對兒子的要求，第一次主動說出他的心願，他的心深不見底，他的心有多深邃，他的人生就有多深邃。

二〇一三年四月初，數十年來的母子糾結終於結束，劉知甫發給筆者的簡訊寫著：「周老師：我媽媽李耐已於三月二十七日下午六點五十二分因肺炎病逝於新北市耕莘醫院，享年九十八。」文甫感嘆父親過世時，弟弟還會通知我，母親過世時，他叫妹妹通知我，自己不願意通知我。他恨母親，看不起妹妹一家，奪取二樓房產後就開始疏離我，怕我找他麻煩。

多愁善感的劉知甫也病了，他年已七十幾，對父母錯雜深刻的情感卻從未結束。

①〈劉知甫訪談逐字稿〉，採訪者：周芬伶，記錄者：郭昭妤，受訪者：劉知甫（龍瑛宗次子），採訪地點：台中市北屯區遼寧路上劉知甫女兒自宅，時間：二〇一二年十月二十一日約下午一點五十分至三點二十分。

# 後記

這本傳記從發想到完工歷經十七年，加上出版，整二十年，想來不可思議。主要是我的貪懶，真正花在寫傳上，大約五年，訪談近十次也要一些時間，最多的時間花在等待。

等待靈感，等待全集出版，正要開始寫時，他的資料全捐給國家文學館，如此一等八年，全集對我的幫助不小，作家不放過任何小事，每次讀都有新體會，可是為什麼這麼久？連我都無法原諒自己！

那是一九九六年楊淑慧還在遠流時，她計畫出版台灣文學作家傳，聚會在台大附近的「挪威的森林」咖啡屋，預定陳芳明寫楊逵，王浩威寫賴和，我寫龍瑛宗，聚會完，我馬上進行訪談與收集資料。

全集未出版前就開始寫，初稿很順利，一口氣寫到六萬，第一、二章大致完成，這時發現，他最精彩的生活是在戰前，戰後的生活平淡加上停筆，四十幾年的生活好空白，這是第一次放棄，只有等待全集救援。

全集出版後對我的進度大有助益，那一年衝到十萬字，沒想電腦當機，又回到六萬，如此士氣大挫，停工三年；這兩年聽說劉知甫先生身體不好，我的愧疚日深，於是又再奮起，這時除了要求傳記的完整，還要營造時代氣息，當時的文壇真是精彩，一時多少風流人物，我要一個個召喚他們出來，而龍的心理與個性常在他的文章中就說得很清楚，但有些事是靠推敲出來的，譬如他與張我軍的關係，如果張多活幾年，或者把更多的心思放在寫作上，也許龍的中文寫作會提早一些，他對張的仰慕與學習，可說與新文學接軌，可惜時間太短暫，中年早逝，龍與張文環頓失精神依靠；又譬如說，他與工藤好美的師生關係，龍因他變得更加嚴謹，或者工藤對當時台灣文學的影響，超乎想像。

「歷史是波瀾壯闊的舞台」，我想搭起歷史與文學的舞台，無奈總覺得越寫越貧瘠，傳記作家莫洛亞堅持材料的真實可信，同時也要懂得在理性中注入情感，注重描寫傳記人物的性格和心理特徵，強調傳記人物的個性。從小我熱愛讀傳記，讀過莫氏所寫許多傳記，他除了詳實地掌握資料，還不忌諱進入作家的私生活與內心世界，像他寫雨果與妻子與朋友同住的三角故事，以及雨果旺盛的精力與性欲，這已超出傳記作家的客觀性，卻讓我們深入傳主的內心，他也不放過傳主的重要作品，將他們的作品銜接成一顆顆寶石，這些對我作傳都是很好的示範。

龍傳難寫，因他生活規律，一生都以工作與寫作為重心，此外生活沒太大變化，跟張愛玲剛好相反，她的生命史比她的小說還要精彩，這是龍傳第一次擱筆的原因，拚命找出口，當我初次做劉知甫的口述歷史，他說出父親與母親長期不和的家庭情況，做成整理稿之後，本來已預備在副刊刊出，當時龍的文學地位正在升高，但我心中十分不安，保護傳主似乎是傳記作者常會有的同理心，雖然知甫先生說「事實就是事實，登出來沒關係」，然而經過慎重考慮，還是臨時抽稿。我怕單篇發表會被視為八卦，只有與其他口述歷史放在一起，方能顯現它真實的意義。

婚姻生活不幸福是他的悲劇之一，中文書寫與日文書寫水準相去懸殊是悲劇之二，他的生不逢時是悲劇之三……抓住這幾個重點進行書寫，我還是覺得他的一生過於安靜，就像他的人一樣。因寫作時間過長，當事人的觀點不斷改變，經過父喪與母病的劉知甫對母親的看法已不同，他肯定母親對家庭與家務的貢獻，我卻不能一直修改，畢竟知甫先生是讓我進入龍的世界的引領者，他提供許多一手資料，我不能不尊重他的想法，可我也不能繼續改下去啊！只能在這裡說抱歉。

要進入傳主的私生活談何容易？

正要付梓時，一天收到劉文甫的信與提供的資料，我馬上跟他通信，並寄上最新的修訂，他看完後對父母親的描寫可以「震驚」、「憤怒」說明，多年來我數度想採訪文甫先生未果，而他也不知有人為父親寫傳，有關家庭生活的描寫都經由知甫先生口述，我犯了一個極大的錯誤，就是過於相信一面之詞。對於文甫先生的不滿充滿愧疚，一度想放棄這本傳記，後來人如龍般厚道的文甫先生，願撩下去做修訂的工作，以他嚴謹治學的態度，糾正許多錯誤，有時還在補註中大開玩笑，真是溫暖的一個學者兼長者，讓我如沐春風。作傳雖是吃力不討好的事，可是在田野上你總會遇到光，給予你神奇的驚喜。

傳記雖曾是中國文學重要的文類，在新文學之後也有一波自傳與傳記熱，但真正的傳記作家不多，傳記由散文的主要文類，變成邊緣文類，重視傳記書寫即是重視文學延續與傳承，胡適先生提倡傳記文學有兩句很重要的話：「為文學開生路，為史家找材料。」傳記到底是文學的還是史學的？我理想中的傳記是六分史學，四分文學，寫傳也是散文書寫的延長與擴大。

因為以史學為重，無論在年表的編製與口述歷史上花了許多工夫，我並非文學的歷史主義者，但我覺得沒有嚴謹的史學方法，就沒有良好的支柱，在這支柱下可以允許一點文學的抒情與誇飾，謹守著太史公「好學深思，心知其意」的準則，有些事是建立在文獻上，有些是根據事理深思並推理，在無法深入傳主內心之時，因有足夠的理解而能「心知其意」，如果猜錯說錯，或想太多，還請讀者原諒。

傳記是如此龐大的工程，對我是心志的淬鍊，這輩子半途而廢的事不少，感情課題尤是。但我非完成不可的動力就是我麻煩過、採訪過，以及對我有託付的人，我不能辜負他們，「它」變成我最良心的良心事業。

初寫傳時，年當不惑，在寫作與情感上卻處於前所未有的徬徨，我欲衝出鐵籠子，卻差點粉身碎骨，這本書伴我走過迷惘之年到文字的火煉場，只為鑄出一把劍。

就算不是好劍，它也已從生鐵融化變成有鋒芒的長劍，悠悠二十年，蘇武牧羊已歸來，王寶釧走出寒窯，可我的心還不夠安靜，深邃，但願漸漸的漸漸變得安靜深邃。

# 附錄

# 龍瑛宗年表①

周芬伶編製・製表／劉知甫增訂

| 中曆 | 西曆 | 日本 | 年齡 | 生平紀要 | 著作年表 | 國內文壇紀要 | 國內、外時事紀要 |
|---|---|---|---|---|---|---|---|
| 民前一年 | 一九一一 | 明治四十四年 | 一 | 八月二十五日（農曆七月初二）亥時，生於新竹州竹東郡北埔庄，本名劉榮宗。祖籍廣東省潮州府饒平縣石井鄉，曾祖父劉萬助一代從廣東潮州府饒平縣石井鄉帶六個外甥和姪子渡海來台拓墾，和親人被出草的泰雅族馘首。祖父劉世覺，本名劉阿角，娶彭桂妹為妻，於茶園耕作時被泰雅族斬首，時年三十四歲。父親劉源興（生於一八六九年九月十五日）十七歲入贅彭蘭妹，未幾，彭蘭妹卒，時年二十三歲。 |  | 三月三日，梁啟超由日來台。 | 四月一日，公布台灣施行貨幣法。<br>十月十日，辛亥革命成功。<br>十月二十六日，開始採用本島人為巡警。 |

①此表筆者主要根據：(1)國家台灣文學館籌備處於二〇〇六年十一月出版之《龍瑛宗全集》中文卷第八冊文獻集頁二三三所附之許維育所撰寫之龍瑛宗生平年表資料有所增訂以及修正；(2)周芬伶著《憤怒的白鴿——走過台灣百年歷史的女性》（台北：元尊，一九九八）；(3)許俊雅主編《王昶雄全集》第八冊日記書信卷（台北縣政府文化局，二〇〇二年十月）；(4)鍾肇政著《鍾肇政回憶錄（二）》（台北：前衛，一九九八年初版一刷）；(5)劉知甫著〈幻想與讀書　悼念父親龍瑛宗——生命中的兩大支柱〉，《龍瑛宗全集》中文卷第八冊文獻集，頁二八九—三一六；(6)陳明柔著《我的勞動是寫作【葉石濤傳】》（台北：時報，二〇〇四年初版一刷）；(7)張金牆碩士論文《台灣文藝研究》，一九九七年六月；並參照國家台灣文學館出版之《龍瑛宗全集》中之資料等，於二〇〇七年五月加以增訂，並於二〇〇八年九月進行修訂及增補，以標楷體字體做區分；(8)在二〇〇八年與學生劉昭妤編製之年表基礎上再增訂之。

| 中曆 | 西曆 | 日本 | 年齡 | 生平紀要 | 著作年表 | 國內文壇紀要 | 國內、外時事紀要 |
|---|---|---|---|---|---|---|---|
| | | | | 後又娶其妹彭足妹（龍瑛宗之母），生於一八七四年三月二十二日），生五男五女，龍瑛宗排行第八。五男分別是，大哥劉榮輝於十四歲夭折，二哥劉榮殿（生於明治三十二年，西元一八九九年十二月十日）是巡查，三哥劉榮瑞（生於明治三十五年，西元一九〇二年三月二十二日）為公學校教員，四哥出生後不久夭折，劉榮宗為第五個兒子。其五女分別為，大姐劉義妹，二姐劉五妹，後被送到彰化二林當童養媳。三姐劉六妹，四妹劉尾妹。小妹劉屘妹（戶政事務所上登記為「劉滿妹」，生於民國四年，西元一九一五年一月十九日。事實上，為生於民國三年，西元一九一四年十二月底。卒於二〇〇五年七月一日），出生兩個月即被送至花蓮壽豐人家當童養媳。父親劉源興本與叔父經營雜貨店與樟腦為生，再度與原住民起衝突，叔父被馘首。父後遂經營鴉片與兼作占卜師。 | | | 有「中華民國棒球之父」稱號的謝國城出生。 |
| 民國一年 | 一九一二 | 大正一年 | 二 | 才不過一兩歲的龍瑛宗，常爬至慈天宮門檻，全身躺著跨越過去，令母親稱奇。 | | | 一月一日，中國民國成立。<br>七月三十日，日本明治帝崩。 |
| 民國二年 | 一九一三 | 大正二年 | 三 | | | 三月十一日，巫永福生於埔里。 | 三月，苗栗羅福星為謀革命響應祖國組織。 |

| | | | | | | | |
|---|---|---|---|---|---|---|---|
| 民國三年 | 一九一四 | 大正三年 | 四 | 體弱多病的他，有氣喘、口吃及色盲，氣喘發作時常喘不過氣來，然後就有種種鬼魂的幻象向他襲來。 | | 四月，呂赫若生於台中豐原。 | 三月，台北廳組風俗改良會革辮髮、纏足、鴉片等惡習。八月，日本對德國宣戰。 |
| 民國四年 | 一九一五 | 大正四年 | 五 | 五、六歲時，是個夢遊病者。在這段時期，最喜看漫畫書。此時尚不識字。 | | 十二月十五日，鍾理和生於屏東。 | 三月，新莊楊臨糾合民眾組黨反日，事發被捕七十人，是為新莊事件。八月三日，爆發「噍吧哖事件」（又稱「西來庵事件」）。八月九日，總督府圖書館正式開館。 |
| 民國五年 | 一九一六 | 大正五年 | 六 | 十二月十日（或國曆十月五日）②龍瑛宗夫人李耐女士出生。生於新竹縣芎林鄉，家中開茶行。 | | | |
| 民國六年 | 一九一七 | 大正六年 | 七 | | | 二月二十五日，王昶雄生於淡水。 | 十二月，台灣新聞紙令通過。 |
| 民國七年 | 一九一八 | 大正七年 | 八 | 到彭家祠受啟蒙，旋為日警關閉，自小無機會學漢文。 | | 朱點人公學校畢業，進入台北醫學專門學校當雇員。兒童雜誌《赤い鳥》創刊。 | 六月，廢止明治四十六年府令發布之台灣違警例。十月，美國威爾遜發表十四點和平宣言。 |

②李耐女士出生年月或有二說，一為根據戶籍上資料顯示為十二月十日，另一為根據周芬伶著《憤怒的白鴿——走過台灣百年歷史的女性》，頁二一一中的口述資料，「我是國曆十月五日生的，小時候聽媽媽說我的命好」。

| 中曆 | 西曆 | 日本 | 年齡 | 生平紀要 | 著作年表 | 國內文壇紀要 | 國內、外時事紀要 |
| --- | --- | --- | --- | --- | --- | --- | --- |
| 民國八年 | 一九一九 | 大正八年 | 九 | 入北埔公學校，開始學日語，校長為安部守作先生，當時一年級有兩班。 | | 七月，《台灣時報》台灣總督府發行。林海音出生於頭份。 | 一月四日，由總督府公布「台灣教育令」。五月四日，五四運動。 |
| 民國九年 | 一九二〇 | 大正九年 | 十 | ＊公學校二年級，導師為李梅山先生。＊平日不賭的父親一時湊熱鬧與家人賭一桌，不想巡查大人剛好經過，把他抓進派出所，罰他跪在辦公桌邊，他第一次感到作為殖民地人民的悲哀。 | | 七月，佐藤春夫旅台約四個月，撰寫取材自台灣之小說《女誡扇綺譚》、《霧社》。 | 中華民國正式加入國際聯盟。十二月，林獻堂、蔡惠如等籌辦台灣議會。 |
| 民國十年 | 一九二一 | 大正十年 | 十一 | 公學校三年級，導師為官有梅先生，龍與導師同製作學校新聞，擔任畫圖工作。 | | 十月，賴和加入台灣文化協會，並當選為理事。 | 一月二十六日，廢止中國人登陸台灣條例。十月十七日，台灣文協創立。中日軍事協定取消。 |
| 民國十一年 | 一九二二 | 大正十一年 | 十二 | 公學校四年級，導師為何禮紅先生，十分注重聽寫，提升學力不少。始讀日本童話。 | | 四月，台灣文化叢書創刊。五月一日，陳千武生於南投名間。 | 四月，開始實施日台「共學制」。 |
| 民國十二年 | 一九二三 | 大正十二年 | 十三 | 公學校五年級，遇文學啟蒙師成松先生，開始教授《萬葉集》，龍因此於十三、十四歲間，不間斷地拜讀《萬葉集》。習作〈暴風雨〉被收入《全島學童作文集》，並向東京少年雜誌投稿。 | | 四月，台灣白話文協會成立。十二月十六日，賴和因治警事件第一次入獄。 | 一月八日，總督府施行治安警察法。十月十二日，留滬學生張我軍等人創「上海台灣青年會」。 |

| 民國十三年 | 民國十四年 | 民國十五年 | 民國十六年 |
|---|---|---|---|
| 一九二四 | 一九二五 | 一九二六 | 一九二七 |
| 大正十三年 | 大正十四年 | 昭和一年 | 昭和二年 |
| 十四 | 十五 | 十六 | 十七 |
| ＊公學校六年級，日籍老師見到他寫給朋友的信，誇讚其日語程度。<br>＊在十四、十五歲時，開始閱讀屠格涅夫的《初戀》、《父與子》、《處女地》等書。 | 公學校畢業，為第二十二屆畢業生。報考台北師範學校，筆試合格，但口試因口吃和色盲不合格，落榜，進入北埔公學校高等科（二年制）。至好友彭瑞鷺家中讀吉田絃二郎的散文集。購買第一本文藝雜誌《赤い鳥》。 | 高等科二年級。 | 公學校高等科畢業。報考台灣商工學校，以最高分錄取，同級生還有劉發甲（為台中東勢客家人）。四月入學由劉榮瑞陪同上台灣商工學校，負笈北上，此時常至書店立讀。 |
| | | | |
| 一月，賴和出獄。<br>四月，張我軍發表〈致台灣青年的一封信〉，抨擊舊文學。 | 池田敏雄隨家人來台，轉入台北旭小學二年級。<br>七月，陳逢源任《台灣民報》記者。<br>十一月，葉石濤生於台南。<br>十二月，張我軍自費出版台灣第一本詩集《亂都之戀》。 | 五月三十日，楊友濂（雲萍）當選東京台灣青年會評議員。 | 二月，王詩琅、吳松谷等人因台灣黑色青年聯盟事件被捕。<br>四月二十四日，留日學生許乃昌、楊雲萍、楊貴等人於東京組織「社會科學研 |
| 三月，政府以違犯治安警察法起訴台灣議會期成同盟會員蔣渭水等十五人。 | 十月，彰化蔗農發生「二林事件」。<br>台灣總督府編《台灣匪亂小史》。 | | 七月十月，台灣民眾黨於台中正式成立。<br>十二月，第一回合全島農民組合召開大會於台中。 |

| 中曆 | 西曆 | 日本 | 年齡 | 生平紀要 | 著作年表 | 國內文壇紀要 | 國內、外時事紀要 |
| --- | --- | --- | --- | --- | --- | --- | --- |
| | | | | | | 究部」。楊逵應文化協會之召回來。 | |
| 民國十七年 | 一九二八 | 昭和三年 | 十八 | 作文常受老師誇獎，並將作文讀給全班聽。 | | | 三月十七日，政府公布「台北帝國大學組織規程」置校址於台北市水源地。十二月，台灣總督府以律令第三號公布台灣新鴉片令，即鴉片吸食新特許，台灣民眾黨強烈抗議。 |
| 民國十八年 | 一九二九 | 昭和四年 | 十九 | 受到國文老師加藤的器重，初期創作風格受其影響。 | | 三月，蔡培火於台南武廟成立羅馬式白話字研究會。十月，矢內原忠雄《帝國主義下的台灣》刊行。 | |
| 民國十九年 | 一九三〇 | 昭和五年 | 二十 | ＊三月十五日台灣商工學校畢業，畢業成績第三名，而劉發甲得第一名。三月十七日獲得佐藤老師的推薦，入台灣銀行台北本行服務，月俸金二十五圓。<br>＊四月調南投分行，除龍瑛宗外，其餘皆日本人。其職務是辦理儲金、匯兌、日台翻譯。由於他是客家人，不懂閩南語，故常受日人斥責。 | | 許炳成（筆名文心）出生。十月二十五日，「台灣言論出版自由獲得座談會」於台北市召開，試圖組成「台灣言論出版自由獲得聯盟」，提出申請，終未能成立。 | 八月，台灣地方自治聯盟成立，出席盟員二二七人。十月二十七日，爆發「霧社事件」。 |

| | | | | | | | |
|---|---|---|---|---|---|---|---|
| 民國二十年 | 一九三一 | 昭和六年 | 二十一 | | 十二月，〈動靜二三〉發表於《開南》。 | 七月，郭秋生等人掀起台灣白話文論戰。王白淵出版台灣新文學史上第一本日文詩文集《荊棘之道》。 | 九一八事件。 |
| 民國二十一年 | 一九三二 | 昭和七年 | 二十二 | | 九月二十日，〈週期性景氣變化的崩壞以及影響〉刊載於台灣商工學校創校十五週年《開南紀念號》。 | 一月一日，郭秋生等人出版《南音》。二月十三日，台灣文藝作家協會於台灣舉行第一回座談會。 | 五月，台灣地方自治聯盟開全台理事大會於台北，決向總督及日拓務部要求台灣全面實施自治制度。十一月，菊元百貨店落成，為台灣第一家百貨公司。 |
| 民國二十二年 | 一九三三 | 昭和八年 | 二十三 | *二月十七日祖母去世，享壽八十四歲，日籍經理不允假回家奔喪。<br>*四月，從南投回北埔觀看新竹大隘開闢一百週年紀念。<br>*七月一日，派令由見習生升為正式行員，月俸金為三十圓。<br>*與日籍女牙醫兵藤晴子來往，分行副理干涉警告。 | | 十月，郭秋生、廖漢臣、黃得時、陳君玉、林克夫等人組成「台灣文藝協會」，推郭秋生為幹事長。 | 三月，實施台、日人通婚法。總督府殖產局應日農林部照會召開米統制木木會議，為日本當局議將採收台先米移出日本本土加稅制度。 |
| 民國二十三年 | 一九三四 | 昭和九年 | 二十四 | *一月二十八日父親去世，享年六十五歲。<br>*暑假，於山城南投街（鎮）日本人小學校講堂，聽江文也獨唱會。<br>*調回台北本行工作。由於任職台灣總督府圖書館的友人劉金狗幫忙，得以借閱大量的世界文學名著。此時常去台北的舊書攤。 | | 五月，楊逵加入文藝聯盟任日文欄編輯。十月，楊逵〈送報伕〉刊於《文學評論》一卷八號獲二獎（一獎從缺）。 | 三月，公布臨時米移入調節法施於日本。 |

| 中曆 | 西曆 | 日本 | 年齡 | 生平紀要 | 著作年表 | 國內文壇紀要 | 國內、外時事紀要 |
|---|---|---|---|---|---|---|---|
| | | | | | | 五月六日，「台灣文藝聯盟」於台中成立，賴和出任委員長。<br>十一月，張深切等人創辦《台灣文藝》雜誌。 | |
| 民國二十四年 | 一九三五 | 昭和十年 | 二十五 | 經媒妁之言於三月二十日與李耐結婚，隨後北上租屋樺山町二十一番地。 | | 一月，張文環〈父親的顏面〉入選《中央公論》小說徵文第四名。<br>一月，呂赫若發表處女作〈牛車〉。 | 四月，台灣自治律令公布。<br>十月，台北舉行「始政四十年紀念博覽會」。 |
| 民國二十五年 | 一九三六 | 昭和十一年 | 二十六 | *朝鮮人張赫宙作品〈餓鬼道〉入選《改造》懸賞小說，受此刺激，開始撰寫處女作〈植有木瓜樹的小鎮〉。<br>*四月二十二日，三哥劉榮瑞過世，得年三十四歲。<br>*八月開始，每天上班前提筆爬格子，一天一張、二張，持續四個月。<br>*十二月二十二日，至台北鐵道飯店聽郁達夫演講。 | 五月，詩作〈美麗的威嚇——給某些本島詩人〉刊於《台灣日日新報》。 | 六月，吳濁流以〈泥沼中的金鯉魚〉入選「台灣新文學」佳作候補。<br>十二月，郁達夫應日政府之聘來台。《台灣日日新報》等相繼舉行演講。 | 六月，日政府積極獎勵來台移民，將人口過剩負擔轉嫁殖民地。<br>十二月，西安事變。 |

| 民國二十六年 | 民國二十七年 |
| --- | --- |
| 一九三七 | 一九三八 |
| 昭和十二年 | 昭和十三年 |
| 二十七 | 二十八 |
| ＊四月〈植〉文得到日本《改造》雜誌第九屆日本懸賞小說佳作獎，得獎金五百元。<br>＊六月休假一個月，至東京旅行，與文藝界人士見面，包括作家阿部知二、評論家清野季吉等知名人士。受保高德藏之邀，成為《文藝首都》的會員。與楊逵在京會面談台灣文學。歸台搭乘商船「富士丸」時，始知發生中日戰爭。<br>＊六月二十一日上午寫了〈東京的烏鴉〉隨筆。<br>＊十一月十二日長子劉文甫出生於台北市下奎府町，今南京西路與重慶北路圓環附近。 | ＊新春，與台銀同事至東部太魯閣一帶旅遊。 |
| 四月，〈跟銀行有關的詩人大木和逗子〉刊於《台銀俱樂部》。<br>四月，〈植有木瓜樹的小鎮〉刊於《改造》第十九卷第四期。<br>六月十五日，〈為了年輕的台灣文學〉刊於《台灣新文學》第二卷第五期。<br>八月一日，〈東京鄉下佬〉、〈東京的烏鴉〉刊於《文藝》第五卷第八期。<br>八月，〈夕影〉刊於《大阪朝日新聞》第十九卷第四期。<br>九月，〈詩的鑑賞〉脫稿，後載於《孤獨的蠹魚》。<br>十二月十六日，〈台灣與南支那〉刊於《改造》南方支那號。 | 六月二十三日，〈番人〉刊於《東洋大學新聞》。<br>十月一日，〈明信片隨筆〉刊於《文藝》第六卷第十期。<br>十月一日，〈南方通信〉刊於《改造》第二十卷第十期。 |
| 一月，《台灣新文學》雜誌創刊，由楊逵、楊守愚負責編輯。 | 張文環回國任「台灣映畫株式會社」支配人代理，兼任《風月報》日文編輯。<br>陳奇雲過世。 |
| 四月，漢文書房強制廢止。<br>七月七日，中日戰爭爆發，台灣軍司令對台發表聲明，並對台民發出警告，禁止所謂「非國民之言動」。<br>八月，公布「事變特別稅令」。<br>九月十日，為防叛變，設「國民精神總動員」本部於台北，支部於各州廳。<br>九月，強召台灣青年充大陸戰地軍伕。 | 三月，公布「國家總動員法」。<br>十一月，日政府發表「建設東亞新秩序」之聲明。 |

| | |
|---|---|
| 中曆 | 民國二十八年 |
| 西曆 | 一九三九 |
| 日本 | 昭和十四年 |
| 年齡 | 二十九 |
| 生平紀要 | ＊一月六日與台灣新民報社文藝部的黃得時遊台灣一周。<br>＊四月受黃得時之邀，開始為《台灣新民報》撰寫隨筆、中篇小說。<br>＊八月受西川滿之邀成為「台灣詩人協會」的準備委員。<br>＊九月九日台灣詩人協會成立，成為文化部委員。<br>＊九月二十三日至十月十五日中篇小說〈趙夫人的戲畫〉連載於《台灣新民報》。<br>＊十二月四日「台灣詩人協會」改組為「台灣文藝協會」，仍為會員。<br>＊十一月一日，母親彭足妹過世，享年六十六歲。 |
| 著作年表 | 一月一日，〈我的秋風帖〉刊於《文藝首都》第七卷第一期。<br>二月，〈黑妞〉，刊於《海を越えて》第二卷第二期。<br>三月十一日，〈風俗〉刊於《台灣日日新報》。<br>四月八日，〈熟人之死〉刊於《台灣新民報》。<br>五月一日，〈台灣一周旅行〉刊於《大陸》第二卷第五期。<br>五月，〈地方文化通信——台北市〉刊於《文藝》第七卷第五期。<br>七月，日文〈白鬼〉刊於《台灣日日新報》。<br>八月三日，詩作〈歡鬧河邊的女子們〉、〈在南方的夜晚〉刊於《台灣日日新報》，後收錄於《望鄉》。<br>八月，〈芥川獎之《雞騷動》——《文藝首都》與保高先生〉刊於《台灣新民報》。<br>九月十三日，〈台灣詩人協會——兩三個希望〉刊於《台灣新民報》。<br>九月二十四日，〈戰爭〉、〈年輕士兵之歌——歡送出 |
| 國內文壇紀要 | |
| 國內、外時事紀要 | 五月，總督宣布皇民化、工業化、南進基地化等三大政策。<br>十二月七日，施行「米配給統治規則」。<br>十二月十九日，台中州開始所謂「米穀供獻報國運動」。 |

| | |
|---|---|
| | 民國二十九年 |
| | 一九四〇 |
| | 昭和十五年 |
| | 三十 |
| | ＊一月「台灣文藝家協會」成立，機關誌《文藝台灣》創刊，成為編輯委員之一。<br>＊二月四日次男劉知甫出生。<br>＊三月四日《台灣藝術》創刊，任「讀者文壇」版審稿者。<br>＊三月十三日與楊雲萍同訪西川滿。<br>＊十一月二十三日，至大稻埕二輪電影院觀賞「驛馬車」。 |
| 征軍人〉刊於《台灣日日新報》。<br>九月二十三日至十月十五日，〈趙夫人的戲畫〉刊於《台灣新民報》。<br>十一月二十三日，〈在火車裡〉刊於《台灣鐵道》第三二九號。<br>十二月一日，〈花與痰盂〉刊於《華麗島》創刊號，後收錄於《望鄉》。 | 一月一日，〈村姑娘逝矣〉刊於《文藝台灣》創刊號。<br>一月七日，〈一段回憶——文運再起〉刊於《台灣新民報》。<br>二月三日，〈山上下雪日〉刊於《台灣日日新報》。<br>二月十六日至十七日，〈有城堡的小鎮——憶作家梶井基次郎〉刊於《台灣新民報》，後收錄於《孤獨的蠹魚》。<br>三月一日，詩作〈杜甫之夜〉刊於《文藝台灣》第一卷第二期。<br>三月四日，〈早霞〉、〈照片〉（原題：寫真——龍瑛宗）刊於《台灣藝術》創刊號。<br>四月，〈作家之眼〉刊於 |
| | 一月，西川滿、黃得時等人創辦《文藝台灣》雜誌。<br>一月，葉石濤第一篇小說〈媽祖祭〉，投稿〈台灣文學〉入選為佳作。<br>綜合文藝雜誌《台灣藝術》創刊。 |
| | 二月八日，總督府公告廢陰曆過年。<br>二月十一日，總督府修訂戶口規則，允許台灣人改姓名。<br>十一月，日政府發表台籍民改日姓名促進綱要，強迫執行。 |

| | |
|---|---|
| 中曆 | |
| 西曆 | |
| 日本 | |
| 年齡 | |
| 生平紀要 | |
| 著作年表 | 《台灣藝術》第一卷第二期。<br>五月一日，〈給想創作的朋友〉刊於《台灣藝術》第一卷第三期。<br>五月三十一日至六月十四日，〈果戈里及其作品〉刊於《台灣新民報》，後收錄於《孤獨的蠹魚》。<br>七月，〈宵月〉刊於東京《文藝首都》第八卷第七期。<br>九月七日，〈追悼錄——陳奇雲先生〉刊於《璞玉》第十九卷第九期。<br>十月一日，〈「文藝台灣」作家論〉刊於《文藝台灣》第一卷第五期。<br>十一月，〈黃家〉刊於《文藝》第八卷第十一期。<br>十一月，〈回顧昭和十五年的台灣文壇〉刊於《台灣藝術》一卷九號。<br>十一月二十六日，〈南方之血的溫雅——中村地平的《小小說》〉刊於《台灣新民報》。<br>十一月二十八日，〈《沒有意義的振翅飛翔》——真杉靜枝的隨筆集〉刊於《台灣新民報》。 |
| 國內文壇紀要 | |
| 國內、外時事紀要 | |

| 民國三十年 | |
|---|---|
| 一九四一 | |
| 昭和十六年 | |
| 三十一 | |
| ＊新春，遊覽東勢的明治溫泉，撰寫小說，並執筆總督府情報部囑託之青年演劇劇本。<br>＊結識台北帝國大學教授工藤好美。<br>＊二月十一日「台灣文藝家協會」改組，任台北準備委員會之委員。<br>＊三月與北原政吉、立石鐵臣、西川滿、濱田隼雄於電台召開座談會「漫談文藝」。<br>＊四月八日調至花蓮台銀分行工作。<br>＊十月與濱田隼雄同任「台灣文藝家協會」小說理事。<br>＊十一月初，與體協花蓮港分部健行隊至天長斷崖探勝。<br>＊十一月二十三日長女淑惠出生。 | |
| 一月一日，〈同人日記〉刊於《文藝首都》第九卷第一期。<br>一月一日，〈南方的誘惑〉刊於《台灣新民報》。<br>一月一日，〈關於作家〉刊於《台灣藝術》第二卷第一期。<br>一月，〈對台灣文化界的待望〉刊於《台灣藝術》第二卷第一號。<br>二月，〈台灣文學的展望〉刊於《大阪朝日新聞》台灣版，後收錄於《孤獨的蠹魚》。<br>二月十三日，〈圖南的翅 | 十二月，〈詩二篇：南方初秋、深夜的插話〉、〈關於女性的讀書〉刊於《台銀俱樂部》。<br>十二月，〈兩種狂人日記〉刊於《文藝首都》第八卷第十期，後收錄於《孤獨的蠹魚》。<br>十二月十日，〈美的使徒——西川滿的《梨花夫人》〉、〈歸鄉記〉刊於《文藝台灣》第一卷第六期。<br>十二月十五日，〈驛馬車〉刊於《台灣日日新報》。 |
| 一月，吳濁流赴南京任《大陸新報》記者。<br>五月，張文環、王井泉、黃得時等人組成啟文社。<br>鍾理和遷居台北。<br>十二月，賴和被捕。 | |
| 二月，總督府勒令在台華僑成立新民總公會。<br>四月，皇民奉公會成立。<br>十二月七日，日軍偷襲珍珠港，太平洋戰爭爆發。 | |

|  |  |
|---|---|
| 中曆 | |
| 西曆 | |
| 日本 | |
| 年齡 | |
| 生平紀要 | |
| 著作年表 | 膀〉刊於《台灣新民報》。<br>三月一日，〈新體制與文化〉刊於《文藝台灣》第二卷第一期。<br>三月五日，〈午前之詩〉刊於《台灣藝術》第二卷第三期。<br>三月，〈邂逅〉刊於《文藝台灣》第二卷第四期。<br>四月一日，〈名叫巴爾札克的男人〉刊於《台灣藝術》第二卷第一期。<br>四月十三日，劇本〈美麗的田園〉刊於《簡易青年劇腳本集》台灣總督府情報部。<br>四月，〈熱帶的椅子〉刊於《文藝首都》第九卷第一期。<br>五月二十日，〈雜記〉、詩〈車站〉（原題〈停車場〉）刊於《文藝台灣》第二卷第二期。<br>六月十五日，〈對陽光的隱忍〉刊於《週刊朝日》第三十九卷第二十七期。<br>六月二十九日至七月一日，〈花蓮港風景〉刊於《台灣日日新報》。<br>七月九日至十日，〈何謂文學？〉刊於《台灣日日新報》。 |
| 國內文壇紀要 | |
| 國內、外時事紀要 | |

七月二十日，〈在沙灘上〉刊於《文藝台灣》第二卷第四期。
八月十日，〈文學的本事〉刊於《台灣日日新報》。
八月二十日，〈文藝時評〉刊於《文藝台灣》第二卷第五期。
九月二十日及二十六日，〈努力的繼續〉刊於《大阪朝日新聞》台灣版。
九月三十日及十月一日，〈文學雜記帖〉刊於《台灣日日新報》，後收錄於《孤獨的蠹魚》。
十月，〈貘〉刊於《日本の風俗》第四卷第十期。
十月二十日，〈白色的山脈〉刊於《文藝台灣》第三卷第一期。
十二月，〈回顧昭和十六年的台灣文壇〉刊於《台灣藝術》第二卷第十二號。
十二月二、三、四日，〈新天長斷崖〉刊於《台灣日日新報》，後收錄於《孤獨的蠹魚》。
〈詩人的午睡〉脫稿。

| | |
|---|---|
| 中曆 | 民國三十一年 |
| 西曆 | 一九四二 |
| 日本 | 昭和十七年 |
| 年齡 | 三十二 |
| 生平紀要 | ＊一月十四日辭去台銀工作，退職金二千元。回到台北建成町二丁目一番地居住。<br>＊二月一日中村哲將龍瑛宗列為台灣四人作家之一（西川滿、濱田隼雄、張文環、龍瑛宗）。澀谷精一評〈白色的山脈〉為「可笑的小說」。<br>＊二月六日由皇民奉公會幹部松井氏推薦進入台灣日日新報社③，月俸金九十五元。任國語新聞編輯（後改稱「皇民新聞」）。<br>＊三月三十日澀谷精一再評龍瑛宗〈南方的作家們〉是本島文藝批評的壞典型。<br>＊五月二十日與楊熾昌訪佳里吳新榮。<br>＊六月與濱田隼雄、西川滿擔任「文藝台灣賞」預選委員，並舉行座談會，內容以〈鼎談〉為名，刊登在《文藝台灣》第四卷第二期。<br>＊七月中村哲、竹村猛、松居桃樓舉行「文學鼎談」座談會，於《台灣文學》第二卷第三期刊登，其中批評龍瑛宗文學缺乏勇氣，多愁善感。<br>＊八月十五日〈白い山脈〉被收入大阪屋號書店《台灣文學集》。<br>＊十月十七日林英二於《興南新聞》發表〈「文藝台灣」短評〉，當中論及龍瑛宗的〈不知道的幸福〉。<br>＊十月二十二日與西川滿、張文環、濱田隼雄共同出席第一屆大東亞文學者大會，前往東京，而當時張我軍以華北文學者身分出席。 |
| 著作年表 | 一月，〈對於台灣藝術界的期望〉刊於《台灣藝術》第三卷第一期。<br>二月二十日，〈東洋之門〉刊於《文藝台灣》第三卷第五期。<br>三月一日，〈建設性的要求〉刊於《台灣藝術》第三卷第三期。<br>三月五日，〈薄薄社的饗宴〉刊於《民俗台灣》第二卷第三期，後收錄於《孤獨的蠹魚》。<br>三月二十日，〈南方的作家們〉刊於《文藝台灣》第三卷第六期。<br>四月二十日，〈時間的嬉戲〉刊於《文藝台灣》第四卷第一期。<br>五月，〈審查評〉刊於《台灣藝術》第三卷第五期。<br>八月二十日，〈夜晚與早晨之歌〉、〈花蓮港回想〉、〈插話〉刊於《文藝台灣》第四卷第五期。<br>九月，〈死於南方〉刊於《台灣時報》第二十四卷第九期。<br>九月，〈不知道的幸福〉刊於《文藝台灣》第四卷第六 |
| 國內文壇紀要 | 六月，日本文學報國會特派久米正雄、菊池寬、中野實、吉川英治、火野葦平等人來台，舉行「戰時文藝演講會」。 |
| 國內、外時事紀要 | 四月，台灣特別志願制度實施。<br>九月，施行「國民儲蓄合作社法」。 |

＊十一月，〈知られざる幸福〉由陳添富翻譯為中文〈不知道的幸福〉，刊於香港《新東亞》第一卷第四期。
＊十一月二日參拜靖國神社。三日，大東亞文學者大會開幕。四日，在大會中發言「感謝皇軍」。五日，出席大東亞省召開之宴會。八日，在日比谷法曹會館與張文環主持「大東亞戰爭與在京台灣學生的動向」座談會，會議內容十二月刊載於《台灣時報》第二十五卷第十二期，與張文環同住，首度交談，盡釋前嫌。
＊十一月十日大東亞文學者大會閉幕式於大阪舉行。
＊十一月十三日歸台。
＊十二月二十四日「台灣文學家協會」主辦，「皇民奉公會」協辦的「大東亞文藝演講會」召開，有「感激大會」之語。全島巡迴演講時，龍瑛宗前往台中談其文學論。
＊與吳濁流、張文環、呂赫若等每月聚會於台大，聆聽工藤好美講解近代文學。

期。
十月，〈一個女人的紀錄〉刊於《台灣鐵道》第三六四號。
十一月一日，〈雞肋抄——屠格涅夫的《初戀》〉刊於《台灣公論》第七卷第十一期。
十一月二十日，〈可烈菲特魯陷落〉刊於《文藝台灣》第五卷第二期。
十一月起至一九四三年三月，〈青雲〉刊於《青年之友》第一二五至一二九期。
十二月二十五日，〈新文化建設〉、〈大東亞文學者大會速記抄錄——感謝皇軍〉刊於《文藝台灣》第五卷第三期。

③《龍瑛宗全集》第七冊〈新聞老兵話當年——光復前的台灣新聞界〉，頁七〇開頭表示，「民國三十年我於台灣日日新報社服務，擔任編輯『兒童新聞』。」故此指民國三十一年才進入「台灣日日新報」社服務，說法似有所出入。

| | |
|---|---|
| 中曆 | 民國三十二年 |
| 西曆 | 一九四三 |
| 日本 | 昭和十八年 |
| 年齡 | 三十三 |
| 生平紀要 | ＊一月一日《台灣藝術》第四卷第一期刊載中村氏、龍瑛宗氏對談會內容。<br>＊一月三十一日《台灣文學》首度刊登龍瑛宗的文章〈道義文化の優位〉。<br>＊四月社團法人「日本文學報國會台灣支部」成立，擔任幹事。<br>＊八月底辭去《文藝台灣》同仁。<br>＊十月，擔任皇民新聞中「兒童新聞」四版編輯。負責連載小說和審選全台寄來的兒童作文原稿。<br>＊十一月十二日參加「台灣文學決戰會議」，有「八紘一宇精神」之發言。<br>＊想出小說集《蓮霧の庭》，當中收錄〈蓮霧の庭〉、〈婆娑〉、〈貘〉、〈南海の涯〉、〈邂逅〉、〈午前の崖〉、〈夕影〉、〈宵月〉、〈海の宿〉、〈黃家〉等十篇小說；但因〈夕影〉一篇不合戰時體制，受總督府禁止，後改提〈若い海〉送檢，仍未通過。 |
| 著作年表 | 一月一日，〈獲得可喜的成就〉刊於《台灣藝術》第四卷第一期。<br>一月二十八日，〈夏天的庭院〉、〈南方的女人〉、〈東部斷章〉刊於《台灣繪本》。<br>一月三十一日，〈道義文化的優越地位〉刊於《台灣文學》第三卷第一期。<br>三月，〈雞肋抄——《憶亡夫杜思妥也夫斯基》〉刊於《台灣公論》第八卷第三期，後收錄於《孤獨的蠹魚》。<br>三月六日，〈胡人的味道〉刊於某報「讀書」專欄。<br>四月一日，〈雞肋抄——拉羅斯福哥〉刊於《台灣公論》第八卷第四期，後收錄於《孤獨的蠹魚》。<br>四月，〈龍舌蘭和月亮〉刊於《文藝台灣》第五卷第六期。<br>四月，〈崖上的男人〉刊於《文藝台灣》第五卷第六期。<br>六月一日，〈製煙草〉刊於《文藝台灣》第六卷第二期。<br>七月一日，〈山本元帥悼 |
| 國內文壇紀要 | 一月三十一日，賴和逝世。<br>二月，皇民奉公會賞頒給西川滿〈赤崁記〉、濱田隼雄〈南方移民村〉、張文環〈夜猿〉。<br>張文環獲台灣總督官頒「台灣文化賞」。<br>成立「日本文學報國會台灣支部」，推派長崎浩、齋藤勇、楊雲萍、周金波四人參加第二回「大東亞文學者大會」。四月，《文藝台灣》與《台灣文學》雙雙廢刊。<br>九月，葉石濤應西川滿之聘，任《文藝台灣》助理編輯。<br>十二月，呂赫若、周金波獲第一回台灣文學賞。 |
| 國內、外時事紀要 | 四月，開羅會議。<br>十一月，中、美、英發表「開羅宣言」。 |

歌〉刊於《台灣公論》第八卷第七期。

七月三日，〈蟬〉刊於《台灣文學》第三卷第三期。

七月，〈蓮霧的庭院〉刊於《台灣文學》第三卷第三期。

八月十九日，〈拾錢的問題〉刊於《台灣鐵道》第三七三號，後收錄於《孤獨的蠹魚》。

十月一日，〈作家與讀者〉刊於《台灣藝術》第四卷第十期，後收錄於《孤獨的蠹魚》。

十月一日，〈文學應有的狀態〉刊於《台灣婦人界》第十卷第十期。

十月一日，詩作〈印度之歌〉刊於《台灣公論》，後自譯收錄於《望鄉》。

十月十一日，〈孤獨的蠹魚〉刊於《興南新聞》，後收錄於《孤獨的蠹魚》。

十月，〈在街上〉刊於《台灣鐵道》十月號。

十一月十一日，〈寫於選後〉刊於《台灣藝術》第四卷第十一期。

十二月一日，〈回顧與內省〉刊於《台灣藝術》第四

| | | |
|---|---|---|
| 中曆 | | 民國三十三年 |
| 西曆 | | 一九四四 |
| 日本 | | 昭和十九年 |
| 年齡 | | 三十四 |
| 生平紀要 | | ＊三月二十六日，台灣總督迫台灣全島六報合併為《台灣新報》，由日本「每日新聞社」派員指導以及管制。仍任職於台灣新報社，月俸薪百圓；時吳濁流歸台，常與吳濁流、黃得時等大談文學。<br>＊六月受「台灣文學奉公會」指派至高雄海兵團見習一週，官拜少尉，隨行者尚有呂赫若、張文環、楊雲萍、楊逵、陳火泉、周金波等人。以此經驗寫出決戰小說〈若い海〉（即〈年輕的海〉）。曾遇中曾根康弘。後參加從軍作家座談會。<br>＊八月擔任台灣新報社出版的雜誌《旬刊台新》（或稱《台新旬刊》）之編輯長，除龍瑛宗外，台灣人編輯委員還有王白淵、呂赫若、吳濁流。<br>＊於《台灣文藝》十一月號（第一卷第六號）發表作品，同一專集中發表作品的台灣人作家尚有葉石濤、呂赫若、楊逵、高山凡石等人。<br>＊十二月三十日總督府情報課出版《決戰台灣小說集——乾之卷》，〈若い海〉收錄其中；另收錄濱田隼雄〈爐番〉、西 |
| 著作年表 | 卷第十二期。<br>十二月十一日，出版文學日文評論集《孤獨的蠹魚》，盛興出版部，收錄〈詩的鑑賞〉等文。<br>〈評論橫光利一作品——〈拿破崙與白癬〉〉載於《孤獨的蠹魚》，月份不詳。 | 一月一日，詩作〈寄給南方〉刊於《台灣藝術》第五卷第一期。<br>一月，〈海邊的旅館〉刊於《台灣藝術》第五卷第一期。<br>二月一日，〈學生之戰——北部學生聯合演習記〉刊於《台灣藝術》第五卷第二期。<br>四月一日，〈時間〉刊於《新建設》第三卷第四期。<br>五月一日，〈萬葉集的回憶〉刊於《台灣文藝》創刊號。<br>六月二十七日，〈別具一格的故事〉刊於《台灣時報》。<br>八月，〈戰時下的文學〉刊於《台灣文藝》第一卷第四號。<br>八月，〈年輕的海〉刊於 |
| 國內文壇紀要 | | 三月十三日，因紙張奇缺，《台日》、《台灣》、《台南》、《台灣新民》、《台東》、《經濟新報》共六報廢止附刊晚報。<br>六月，音樂家鄧雨賢過世。 |
| 國內、外時事紀要 | | 一月，總督府「皇民練成所規則」設立五十處皇民練成所，強制執行同化政策。<br>五月，皇民奉公本部發表「全台民眾總崛起運動要綱」。 |

| 民國三十四年 一九四五 昭和二十年 三十五 | |
|---|---|
| *夏天，幾乎成天都在防空洞中生活。<br>*八月十五日於新竹聽到日本昭和天皇親自廣播，宣布無條件投降。<br>*十一月二十六日，以生澀中文似經他人修飾撰寫〈現在及將來之國民黨與中共問題〉一文，刊載於《東寧新報》。<br>*十一月十五日《新風》創刊，擔任贊助員。 | 川滿〈石炭・船渠・道場〉、吉村敏〈築成の抄〉、張文環〈雲の忠〉、河野慶彥〈鑿井公〉。<br>*曾與吳濁流、葉石濤於台北新公園漫談，預言日本敗戰的可能。 |
| 一月，〈歡笑的清風莊〉刊於《いしずゑ》（左示右集）第二卷第一期。<br>一月，〈歌〉刊於《台灣文藝》第二卷第一期。<br>一月三十一日，〈山居故鄉之記〉刊於《台灣時報》第二十八卷第一期。<br>二月，〈結婚綺談〉刊於《新大眾》第六卷第二期。<br>十一月十日，〈民族主義的烽火〉刊於《新青年》第一卷第三期。<br>十一月十五日，小說〈青天白日旗〉、隨筆〈文學〉刊於《新風》創刊號。<br>十一月二十日，日文〈從汕頭來的男子〉刊於《新新》創刊號。<br>十一月二十六日，〈現在及將來之國民黨與中共問題〉刊於《東寧新報》（旬刊）。 | 《旬刊台新》第一卷第三期。<br>八月，〈呂君的結婚〉刊於《台灣新報》青年版。<br>八月二十日，〈告別脂粉的健康勞動女性〉刊於《旬刊台新》第一卷第四期。<br>十一月，〈青風〉刊於《台灣文藝》第一卷第六期。 |
| 五月，吳濁流《胡太明》（即《亞細亞的孤兒》）完稿。<br>八月，日降後，楊逵成立「新生活促進隊」、「民生會」。<br>九月，郁達夫過世。<br>十月十日，《民報》創刊。<br>十月二十五日，《台灣新生報》創刊號發行，吳濁流任該報記者。《政經報》創刊。<br>十一月，台灣文化協進會成立。 | |
| 三月，日本訂立「殖民地政治待遇案」，撥眾議員五席予台人。<br>四月起，台灣全面實施徵兵制度八月至十月，國共重慶會談。<br>十月二十五日，台灣行政長官公署正式成立，陳儀擔任首任行政長官。同時，於台北中山堂舉行台灣區受降式典。 | |

| | | |
|---|---|---|
| 中曆 | | 民國三十五年 |
| 西曆 | | 一九四六 |
| 日本 | | 昭和二十一年 |
| 年齡 | | 三十六 |
| 生平紀要 | | ＊一月《中華》創刊，由陳國柱發行，龍瑛宗主編，共發行二號。<br>＊三月任職《中華日報》編輯部日文編輯員，主編日文版文藝欄。前往台南，住在中華日報社的宿舍。期間因刊登鐵路工人對薪資及待遇不滿之投書，受到當局調查。<br>＊四月，〈白い山脈〉（〈白色山脈〉）由上海永祥印書館改篇名為〈浪花〉，由范泉翻譯中文，發表於中國大陸。<br>＊八月二十六日升任中華日報日文組主任。<br>＊十月二十五日雜誌等日文版廢除，辭去《中華日報》工作。失業。<br>＊大兒子透過葉石濤幫忙，於台南立人國小就讀。 |
| 著作年表 | 〈可愛的仇人〉刊於《台灣新民報》，月份不詳。<br>〈消失的地平線〉、〈日有女人的首都〉刊於戰前，出版處、月份不詳。 | 一月，〈楊貴妃之戀〉刊於《中華》第一、二期。<br>一月二十日，〈中美關係和其展望〉刊於《中華》創刊號。<br>一月二十一日，〈最近文學界一瞥——三三．三四年之事情〉刊於《東寧新報》（旬刊）。<br>一月二十日及四月三十日，〈太平天國〉刊於《中華》第一號、第二號。<br>二月一日，〈兩人共乘的腳踏車〉刊於《新新》第二期。<br>三月十五日，〈個人主義的結束——老舍《駱駝祥子》〉刊於《中華日報》。<br>三月二十日，詩作〈在台南唱歌〉刊於《中華日報》。<br>三月二十一日，〈與生活搏鬥的小孩〉刊於《中華日報》。<br>四月四日，〈台北時代的張炳麟——亡命家的一個插 |
| 國內文壇紀要 | | 二月，《中華日報》（直屬中央宣傳部）發刊。<br>六月，楊逵擔任《和平日報》「新文學」欄編輯。<br>六月十六日，「台灣文化協進會成立」。<br>十月，吳濁流任《民報》記者。<br>十二月，《自由日報》創刊。 |
| 國內、外時事紀要 | | 一月，公布台灣省漢奸總檢舉規則。<br>一月，設立「日產處理委員會」。<br>三月，台灣省編譯館成立。<br>四月，「台灣省國語推行委員會」成立。<br>五月，台灣銀行改組完畢，發行一元、五元、十元新券。<br>六月，台灣省教育會成立。<br>九月，中等學校禁止使用日語。 |

話〉刊於《中華日報》。

四月十一日，〈卡門（梅里美作）〉刊於《中華日報》，後收錄於一九四七年二月大同書局出版的《女性素描》。

四月，日文〈燃燒的女人〉刊於《中華日報》日文版文藝欄。

四月二十六日，〈菊子夫人（彼耶魯・羅逖）〉刊於《中華日報》，後收錄於《女性素描》。

五月二日，〈復活（托爾斯泰作）〉刊於《中華日報》，後收錄於《女性素描》。

五月九日，〈藍德之死（阿志巴綏夫作）〉刊於《中華日報》。

五月十日，〈藍鬍子與七位妻子（阿那德魯・法藍西作）〉刊於《中華日報》，後收錄於《女性素描》。

五月十三日，〈唐・吉訶德（塞萬提斯作）〉刊於《中華日報》。

五月十四日，〈波斯人的信（孟德斯鳩作）〉、〈文學有沒有必要？——時代與文化的問題〉刊於《中華日報》，後收錄於《女性素

|  |  |
| --- | --- |
| 中曆 | |
| 西曆 | |
| 日本 | |
| 年齡 | |
| 生平紀要 | |
| 著作年表 | 描》。<br>五月二十日，〈阿Q正傳（魯迅作）〉刊於《中華日報》。<br>五月二十三日，〈阿道爾夫（康斯坦作）〉刊於《中華日報》，後收錄於《女性素描》。<br>五月三十日，〈少年維特的煩惱（歌德作）〉，後收錄於《女性素描》。<br>六月一日，〈老殘遊記（劉鶚作）〉、詩作〈海涅吻〉刊於《中華日報》。<br>六月五日，〈格列佛遊記（斯威夫特作）〉刊於《中華日報》。<br>六月七日，〈亞爾妮（畢優倫遜作）〉刊於《中華日報》，後收錄於《女性素描》。<br>六月九日，〈女性為什麼要化妝〉刊於《中華日報》，後收錄於《女性素描》。<br>六月十三日，〈我的大學（高爾基作）〉刊於《中華日報》。<br>六月二十二日，〈女人的一生（莫泊桑作）〉刊於《中華日報》，後收錄於《女性素描》。 |
| 國內文壇紀要 | |
| 國內、外時事紀要 | |

六月二十二日，〈擁護文化——祝賀台灣文化協進會的成立〉刊於《中華日報》。

六月二十五日，〈入海濁江、比高（樋口一葉作）〉刊於《中華日報》，後收錄於《女性素描》。

七月二十五日，〈飢饉和商人——悲慘的插話〉刊於《中華日報》。

八月一日，〈娜娜（左拉作）〉、〈婦女與天才〉刊於《中華日報》，後收錄於《女性素描》。

八月八日，〈認識中國的方法〉、〈扼殺人才——關於人事問題〉刊於《中華日報》。

八月十一日，〈女性與學問——現代的文化已失調〉刊於《中華日報》，後收錄於《女性素描》。

八月十六日，〈中國文學的動向〉、〈罪與罰（杜思妥也夫斯基作）〉刊於《中華日報》。

八月十八日，〈女性美的變遷——現代強調健康美〉刊於《中華日報》，後收錄於《女性素描》。

| | |
|---|---|
| 中曆 | |
| 西曆 | |
| 日本 | |
| 年齡 | |
| 生平紀要 | |
| 著作年表 | 八月二十二日，〈理論和現實——要好好觀察現實〉刊於《中華日報》。<br>八月二十五日，〈婦女的能力〉刊於《中華日報》，後收錄於《女性素描》。<br>八月二十九日，〈血和淚的歷史——楊逵的〈送報伕〉〉刊於《中華日報》。<br>八月二十九日，〈初戀（屠格涅夫作）〉刊於《中華日報》，後收錄於《女性素描》。<br>九月五日，〈羅斯查伊德家——變成大富翁的祕訣〉刊於《中華日報》。<br>九月十二日，〈浮生六記（沈復作）〉刊於《中華日報》，後收錄於《女性素描》。<br>九月十二日，〈中國古代的科學書——宋應星的《天工開物》〉刊於《中華日報》。<br>九月十五日，〈女人啊！為何哭泣〉刊於《中華日報》，後收錄於《女性素描》。<br>九月十九日，〈薔薇戰爭——台胞被奴化了嗎？〉刊於《中華日報》。 |
| 國內文壇紀要 | |
| 國內、外時事紀要 | |

九月二十一日，〈男女間的愛情〉刊於《中華日報》，後收錄於《女性素描》。
九月二十八日，〈外套（果戈里作）〉、〈傳統的潛在力量——吳濁流的《胡志明》〉刊於《中華日報》。
十月三日，〈戰爭，還是和平？〉刊於《中華日報》。
十月六日，〈婦女與政治〉刊於《中華日報》，後收錄於《女性素描》。
十月十三日，〈貝特表妹（巴爾札克作）〉刊於《中華日報》，後收錄於《女性素描》。
十月十五日，〈新劇運動的前途——觀看熊佛西作「屠戶」〉刊於《中華日報》。
十月十七日，〈為了知性——離別之言〉、詩作〈心情告白〉刊於《中華日報》。
十月十九日，〈中國現代文學的始祖——於魯迅逝世十週年紀念日〉刊於《中華日報》。
十月二十日，〈貞操問答〉、〈婦女與經濟〉刊於《中華日報》，後收錄於《女性素描》。

| 中曆 |  | 民國三十六年 | 民國三十七年 |
| --- | --- | --- | --- |
| 西曆 |  | 一九四七 | 一九四八 |
| 日本 |  | 昭和二十二年 | 昭和二十三年 |
| 年齡 |  | 三十七 | 三十八 |
| 生平紀要 |  | ＊一月經中華日報社社長盧冠群介紹，進入台灣省行政長官公署民政處任職科員。編輯以原住民為對象的《山光旬刊》，由於薪資微薄，生活困難。<br>＊五月，因行政長官公署廢除，該單位撤銷而離職。<br>＊二二八前，失業舉家遷回台北，依賴大姐。全家暫居於萬華龍瑛宗大姐處，生活窘困，大約住了一年多。 | ＊一月，委任代理民政廳山地行政指導室課員，編輯《山光旬刊》。 |
| 著作年表 | 十月二十三日，〈海燕（高爾基作）〉、〈關於日本文化——今後的心理準備〉、詩作〈停止內戰吧〉刊於《中華日報》。<br>十月二十四日，〈台灣將何去何從〉刊於《中華日報》。<br>十一月，〈可悲的鬼〉刊於《中華日報》日文版文藝欄。 | 一月，〈台北的表情〉刊於《新新》第二卷第一期。<br>二月，〈《女性素描》自序〉刊於《女性素描》大同書局出版。<br>二月，〈新女性〉載於《女性素描》。<br>二月十七日，出版隨筆集《女性を素く》（《女性素描》）大同書局出版。 |  |
| 國內文壇紀要 |  | 四月，楊逵遭扣押。<br>六月，王白淵執筆之台灣年鑑《文化篇》發表。 | 九月，鍾肇政就讀台灣大學中文系，因重聽旋即輟學。<br>林海音由北平回台北。 |
| 國內、外時事紀要 |  | 二月二十七日，菸酒公賣局於台北市大稻埕取締私煙。<br>二月二十八日，警備總司令部發布台北區臨時戒嚴令。<br>五月五日，長官公署撤廢。<br>五月十六日，台灣省政府正式成立，首任主席魏道明。 | 七月，台灣省地方自治協會成立。<br>十二月，台灣銀行發行一萬元券。 |

| | | | | | | | |
|---|---|---|---|---|---|---|---|
| 民國三十八年 | 一九四九 | 昭和二十四年 | 三十九 | ＊一月十八日參加新生報主辦「『天未亮』演出座談會」，會議紀錄刊載於《新生報》橋副刊。<br>＊文甫「修學旅行」，因家中貧困沒去。與知甫走讀萬華老松國小。<br>＊由民政處離職，完全無收入。<br>＊經濟陷入絕境，只有東京帝大畢業友人張冬芳建議向銀行借貸。透過當時合庫理事朱昭陽，向合庫借了舊台幣三千萬元（約新台幣七百五十元）後，存入同鄉所開的錢莊；尚未領到第一次利息，錢莊倒閉。再訪朱昭陽④，說明所借之錢被倒始末，朱知其背景後，要他提出履歷，進入合作金庫，當時在履歷表上介紹人為謝東閔先生。<br>＊六月成為合庫事務員。<br>＊七月二十五日任合庫信託部存款課長，月薪二百圓。 | 五月二日，〈左拉的實現小說〉刊於《龍安文藝》第一卷第一期。<br>五月，〈最初的農倉調查——我的台銀時代序章〉刊於《合作界》。 | 一月，楊逵撰寫〈和平宣言〉，由上海《大公報》轉載。<br>四月，楊逵被捕。<br>九月，朱點人被槍斃於台北。<br>十一月，《自由中國》雜誌創刊。 | 一月，陳誠就任台灣省政府主席。<br>二月，公布實施「三七五」減租，揭開「土地改革」序幕。<br>五月二十日，陳誠宣布台灣地區戒嚴。<br>六月十五日，幣制改革，以舊台幣四萬元兌換新台幣一元。<br>台灣經濟歷經惡性通貨膨脹。<br>六月二十一日，實施「懲治叛亂條例」和「肅清匪諜條例」，以肅清匪諜為名擴散至「白色恐怖」。 |
| 民國三十九年 | 一九五〇 | 昭和二十五年 | 四十 | ＊六月二十一日改派合庫研究室，職別為辦事員，與李登輝曾短暫為同事，月薪二百元，與當時為研究室主任的張我軍合編《合作界》。<br>＊十一月三十日任職研究室，職別為專員，月薪二百二十元。在此工作九年。<br>＊文甫進入成功中學初中。 | | 五月，《中華時報》創刊。<br>七月，呂赫若偷渡至香港，與中共華東局聯絡。<br>十一月二十日，呂赫若失蹤。<br>十二月，《民眾日報》創刊。 | 五月，「二二八」事件審理終結。<br>八月，台灣省新聞刊物日本版禁止。 |

④《龍瑛宗全集》第八冊頁二三九所附年表原應為「張冬芳」，後根據《龍瑛宗全集》第七冊頁五五改為「朱昭陽」。

| 中曆 | 西曆 | 日本 | 年齡 | 生平紀要 | 著作年表 | 國內文壇紀要 | 國內、外時事紀要 |
| --- | --- | --- | --- | --- | --- | --- | --- |
| 民國四十年 | 一九五一 | 昭和二十六 | 四十一 | 常至新公園看張我軍打棒球，遇見謝國城。 | | 楊逵移監火燒島<br>九月十六日，《聯合報》創刊，林海音任聯副主編。<br>九月，葉石濤入獄。 | 六月，公布施行「三七五減租條例」。<br>七月，台灣省養女保護運動委員會成立。<br>七月二十五日。省政府公布第一期徵兵令。 |
| 民國四十一年 | 一九五二 | 昭和二十七年 | 四十二 | | 十二月，〈故園秋色〉未刊稿。 | | 四月，簽訂「中日和約」。<br>八月，公布「本省戒嚴時期戶口臨時檢查辦法」。 |
| 民國四十二年 | 一九五三 | 昭和二十八年 | 四十三 | ＊二哥劉榮殿過世，享年五十四歲。<br>＊文甫考上建中，與白先勇同期。 | | 二月，紀弦成立現代詩社，《現代詩》創刊。 | 一月，「耕者有其田條例」公布施行。 |
| 民國四十三年 | 一九五四 | 昭和二十九年 | 四十四 | ＊一月二十三日兼任統計課長。<br>＊拜訪畫家賴傳鑑⑤。 | 十二月十日，〈日人文學在台灣〉刊於《台北文物》第三卷第三期。 | 三月，藍星詩社成立。<br>十月，創世紀詩社成立。 | |
| 民國四十四年 | 一九五五 | 昭和三十年 | 四十五 | 十一月張我軍肝癌過世，享年五十四歲。遵照遺言，火化遺體，由龍瑛宗及許遠東共同撿骨。 | | | 二月，大陳島住民一萬四千餘人撤退台灣。 |

| | | | | | | | |
|---|---|---|---|---|---|---|---|
| 民國四十五年 | 一九五六 | 昭和三十一年 | 四十六 | 文甫進入政大國貿系。 | | 四月，鍾理和《笠山農場》獲中華文藝獎金委員會長篇小說第二獎（第一獎從缺）。 | 四月，省政府通令實施都市平均地權。 |
| 民國四十六年 | 一九五七 | 昭和三十二年 | 四十七 | 《棒球界》於此年出版，龍瑛宗受謝國城之邀，擔任雜誌編輯，負責文字編排工作。 | | | 二月，行政院公布「台灣省出入境管理辦法」。六月，「蓬萊米之父」磯永吉自省政府農林廳退休，返回日本。 |
| 民國四十七年 | 一九五八 | 昭和三十三年 | 四十八 | | | 五月，胡適演說主張恢復五四文學革命精神。 | 五月，台灣警備總司令部正式成立。八月二十三日，八二三砲戰。 |
| 民國四十八年 | 一九五九 | 昭和三十四年 | 四十九 | 八月二十二日改派人事室專員，兼一（掌提升、調動、賞罰）、二課，月薪四百元。當時的理事長為李連春，亦為台灣省糧食局局長。 | | 楊逵在綠島演出其創作劇本《牛犁分家》。 | 五月，公布「男女勞工同工同酬公約」。 |

⑤賴傳鑑為二〇〇三年第五屆「環球國際藝術貢獻獎」油畫類金獎得主，《夜流》一書的封面即為其畫作並設計。

| 中曆 | 西曆 | 日本 | 年齡 | 生平紀要 | 著作年表 | 國內文壇紀要 | 國內、外時事紀要 |
| --- | --- | --- | --- | --- | --- | --- | --- |
| 民國四十九年 | 一九六〇 | 昭和三十五年 | 五十 | *五月九日人事室，免兼二課。<br>*文甫服役。 | | 八月，鍾理和逝世。<br>鍾肇政完成第一部長篇小說《魯冰花》。 | 三月，國民大會三讀通過「動員戡亂時期臨時條款修正案」。<br>九月，「獎勵投資條例」施行。 |
| 民國五十年 | 一九六一 | 昭和三十六年 | 五十一 | 四月二十三日受當時主任委員王鎮宙的提拔，為人事室副主任（實際上做主任的工作）兼一課，月薪四百三十元。 | | | |
| 民國五十一年 | 一九六二 | 昭和三十七年 | 五十二 | 文甫役畢。 | | | 二月，證券交易所正式開業。 |
| 民國五十二年 | 一九六三 | 昭和三十八年 | 五十三 | 六月《今日之中國》創刊，參與編輯事務。創刊號，翻譯文心〈海の祭り〉。 | | | |
| 民國五十三年 | 一九六四 | 昭和三十九年 | 五十四 | *《台灣文藝》創刊，為編輯委員。<br>*文甫留日進入早稻田大學攻讀碩士。 | 十月，〈美麗島・台灣〉刊於《今日之中國》第二卷第十期。 | 四月，《台灣文藝》創刊，吳濁流為社長。<br>六月，《笠詩刊》創刊。 | 一月，日文電影停止放映。<br>三月，政府聲明台灣是中國的一省。 |

| 民國 | 西元 | 昭和 | 年齡 | 生平 | 作品 | 文壇 | 時代 |
|---|---|---|---|---|---|---|---|
| 民國五十四年 | 一九六五 | 昭和四十年 | 五十五 | *二月十三日，出席《台灣文藝》舉辦的「漢詩座談會」，與會者尚有王詩琅、楊雲萍等人。<br>*五月一日經當時國民黨中央黨部祕書室主任黃鏡峰推薦，受聘為「今日之中國社」編輯委員會主筆，負責譯介台灣小說。<br>*七月十四日任合庫總庫職工福利社主任。 | | 十月，葉石濤以〈青春〉一文，第三次復出文壇。<br>十月二十九日，王白淵逝世。<br>*「今日之中國社」分中文、日文二種版本。 | 六月，美國終止對台經援計畫。 |
| 民國五十五年 | 一九六六 | 昭和四十一年 | 五十六 | 擔任《台灣文藝》第一屆台灣文學獎評審。 | | 七月，葉石濤開始於《台灣文藝》發表台灣作家論。 | 三月，中共文化大革命開始。<br>五月，台灣警備總司令部實施全省保安檢查。 |
| 民國五十六年 | 一九六七 | 昭和四十二年 | 五十七 | *五月十五日調任稽核室副主任，月薪四百九十元。<br>*九月一日，工藤好美教授訪台，出席於台泥大樓舉行的歡迎會。 | 十月，〈澎湖紀行——蔓蔓夏草呦 身經百戰的戰士們無常的夢痕〉刊於《合作界》第五卷第十期。 | 五月，鍾肇政獲教育部文學獎。<br>陳映真以為共產黨宣傳的罪名入獄。 | 七月，台北市改制為院轄市。 |
| 民國五十七年 | 一九六八 | 昭和四十三年 | 五十八 | 於五十歲至六十歲之間，常跑進兒子房間喊著他想自殺。 | 一月，〈台北的今昔〉刊於《今日之中國》第六卷第一期。 | 九月，《中國時報》創刊。<br>吳濁流完成自傳性小說《無花果》。 | 八月，紅葉少棒隊擊敗日本和歌山少棒隊。<br>九月，九年國民義務教育開始實施。 |
| 民國五十八年 | 一九六九 | 昭和四十四年 | 五十九 | | 十一月一日，〈在潮州鎮〉刊於《今日之中國》第七卷第十一期。 | 七月，吳濁流文學獎基金會成立。 | |

| 中曆 | 西曆 | 日本 | 年齡 | 生平紀要 | 著作年表 | 國內文壇紀要 | 國內、外時事紀要 |
|---|---|---|---|---|---|---|---|
| 民國五十九年 | 一九七〇 | 昭和四十五年 | 六十 | ＊長子文甫與古賀典子結婚，因戒嚴仍嚴酷，無法參加婚禮。<br>＊川端康成訪台，龍去聽演講，年底，三島由紀夫切腹自殺，震驚文壇，約此時向兒子保證不會自殺。 | | 九月，王拓以〈吊人樹〉進入文壇。 | 四月，行政院會令國防部公布「台灣地區戒嚴時期出版物管制辦法」。 |
| 民國六十年 | 一九七一 | 昭和四十六年 | 六十一 | | | 吳濁流《無花果》遭查禁。 | 十月，中華民國退出聯合國。 |
| 民國六十一年 | 一九七二 | 昭和四十七年 | 六十二 | ＊六月十九日升任稽核室主任。<br>＊川端康成於此年自殺。 | | | 九月，日本與中共建交，我與日本斷交。 |
| 民國六十二年 | 一九七三 | 昭和四十八年 | 六十三 | 年初，自泰順街遷徙至台北市信義路四段一棟公寓。 | | 十月，楊逵重返文壇。 | 十月，中東戰爭引發第一次石油危機。 |
| 民國六十三年 | 一九七四 | 昭和四十九年 | 六十四 | 二月二十五日任合作金庫專門委員。當時的總經理為馬君助。 | 一月二十五日，〈新春閑談復興國劇〉刊於合作金庫《作業動態簡訊》稽核第八號。 | 十月，《大學雜誌》舉辦日據時代台灣新聞學與抗日運動座談會。 | 四月，中日斷航。 |
| 民國六十四年 | 一九七五 | 昭和五十年 | 六十五 | | 八月二十日，〈從加利福尼亞談到台灣〉刊於《今日合庫》第一卷第七期。 | 九月，張文環長篇日本小說《爬在地上的人》由日本現代文化社出版。 | 四月，蔣中正病逝。<br>八月，中日續航。 |

| | | | | | | | |
|---|---|---|---|---|---|---|---|
| 民國六十五年 | 一九七六 | 昭和五十一年 | 六十六 | 八月三十一日由合庫退休，退休金五十萬元。 | 十月，〈冥想〉刊於《台灣文藝》第五十三期。 | 陳映真小說《將軍族》遭查禁。<br>十月，吳濁流逝世。 | |
| 民國六十六年 | 一九七七 | 昭和五十二年 | 六十七 | ＊夏天，於台北市中山北路中央大樓巧遇日據時代作家北原政吉。經介紹會晤日本熊本市《彼方》雜誌編輯發行人宮崎端先生，邀請龍瑛宗創作小說，後有〈夜の流れ〉自傳性小說的產生。 | 三月，〈無常〉刊於《台灣文藝》革新號第一期。<br>九月，〈馬祖宮的姑娘們〉未刊稿。<br>十月，日文〈夜流〉脫稿。<br>十一月，日文〈月黑風高〉脫稿。<br>〈半世紀前的往事〉於三月十六日完稿，於十二月二十六日刊於《北埔國小八十週年紀念特刊》。 | 二月，《台灣文藝》革新一號出版，主編為鍾肇政。<br>八月，鄉土文學論戰開始。 | |
| 民國六十七年 | 一九七八 | 昭和五十三年 | 六十八 | ＊十月，張良澤翻譯〈植有木瓜樹的小鎮〉刊於《前衛叢刊》第二期。<br>＊十一月《大學雜誌》第一一九期「文學・時代・傳統」專題，刊出多位作家訪談紀錄，其中有龍瑛宗訪談整理成的〈日據時代的台灣文壇〉一篇。 | 十一月，《紅塵》脫稿，刊載於日本《台灣長篇小說集一》。<br>十二月十日，〈文藝評論家的任務——讀夏先生的作品選評有感〉完稿，未刊稿。 | 二月，張文環逝世。<br>七月，鍾肇政擔任《民眾》副刊室主任兼副刊主編。 | 五月，蔣經國就任第六任總統。 |
| 民國六十八年 | 一九七九 | 昭和五十四年 | 六十九 | ＊再推敲《紅塵》至二月底。鍾肇政翻譯，連載於《民眾日報》副刊。<br>＊遠景出版社出版《光復前台灣文學全集》，其中第七集收有先生之〈植有木瓜樹的小鎮〉等七篇小說，由張良澤、鍾肇政翻譯為中文。 | 三月二十日，自譯〈杜甫之夜〉、〈詩人的午睡〉、〈圖南的翅膀〉、〈午前之詩〉、〈車站〉、〈夜晚與早晨之歌〉、〈花蓮港回想〉刊於《自立晚報》。<br>三月二十三日，〈身邊襍記片片〉刊於《民眾日報》。 | 十二月，王拓、楊青矗因美麗島事件被捕。 | 一月，中美斷交。<br>一月九日，開放出國觀光。<br>十二月，爆發高雄美麗島事件。 |

| | | |
|---|---|---|
| 中曆 | | 民國六十九年 |
| 西曆 | | 一九八〇 |
| 日本 | | 昭和五十五年 |
| 年齡 | | 七十 |
| 生平紀要 | | ＊春節遊東南亞：菲律賓、泰國、馬來西亞、新加坡、印尼。<br>＊春天，再遊東北亞，訪漢城街頭。<br>＊七月，受《聯合報》副刊主編瘂弦先生之邀，前往紅毛城憑弔。主編擬創「寶刀集」，故經提議重新提筆創作，而有小說〈杜甫在長安〉之創作。<br>＊八月二十八日，受郭水潭之邀，參加鹽分地帶文藝營，受邀者尚有黃得時、巫永福、楊逵、劉捷、林快青、王昶雄等人。<br>＊十二月十三日出席「台灣光復前詩人作家座談會」。 |
| 著作年表 | 三月二十七日，自譯〈蟬〉刊於《民眾日報》。<br>五月，日文自傳小說〈夜流〉刊於《だめひん》第五期。<br>六月，自譯〈白鬼〉刊載於《民眾日報》。<br>七月，日文自傳小說《夜の流れ》（即《夜流》）刊於日本。<br>八月，自譯〈夜流〉刊於《自立晚報》。<br>九月十七日，〈多些文藝評論〉刊於《民眾日報》。<br>十月二十五日，〈黑與白〉刊於《民眾日報》。<br>十一月二十三日，自己以中文寫成的〈斷雲〉脫稿。 | 一月，〈失落的往事〉刊於《路工》。<br>一月九日，日文〈ちぎれ雲〉（〈斷雲〉）脫稿。<br>一月二十六日，自譯〈斷雲〉刊於《民眾日報》副刊。<br>二月二十二日，〈新春懷古〉刊於《民眾日報》。<br>二月二十七日，〈張我軍之死——高舉五四火把回台的先覺者〉刊於《民眾日 |
| 國內文壇紀要 | | 三月，郭秋生逝世。 |
| 國內、外時事紀要 | | 七月，淡水紅毛城正式歸還我國解禁。<br>十二月，謝國城過世。 |

| | |
|---|---|
| 民國七十年 | |
| 一九八一 | |
| 昭和五十六年 | |
| 七十一 | |
| ＊春節正月初二，與王昶雄、鄭世璠、郭啟賢，訪新莊杜文靖，欣賞古賀大獎錄影帶。<br>＊二月十七日〈名作的誕生〉脫稿。 | |
| 一月二十八日，〈讀書遍歷記〉刊於《民眾日報》。<br>一月三十日，〈《文藝台灣》與《台灣文藝》〉刊於《台灣近代史研究》第三期。<br>五月，〈新文學的先聲〉刊於《台灣文藝》第七十二期。<br>五月十九日，〈荒城之月——聽江文也獨唱會〉。 | 報》。<br>四月，〈走馬看東南亞〉刊於《路工》。<br>八月二十六日生平第一次以中文創作的短篇小說〈杜甫在長安〉完成。<br>十月十日，〈兩個臉龐——往訪鹽分地帶〉刊於《自立晚報》。<br>十月二十五日，〈與舊友話當年〉刊於《民眾日報》。<br>十月二十五日，〈杜甫在長安〉刊於《聯合報》副刊。 |
| 十月，《聯合報》邀集老作家王詩琅、黃得時等人合集出版《寶刀集》。<br>十二月，《日本台灣文學研究會會報》創刊。 | |
| | |

| | |
|---|---|
| 中曆 | 民國七十一年 |
| 西曆 | 一九八二 |
| 日本 | 昭和五十七年 |
| 年齡 | 七十二 |
| 生平紀要 | ＊新春，與王昶雄、郭啟賢等遊明德水庫。<br>＊二月二十七日國民黨文工會主任周應龍在中視貴賓廳宴請多位作家，與會作家包括龍瑛宗、鍾肇政、巫永福、黃得時、楊雲萍、劉捷、王昶雄等人。後輯成作家專訪集《文運與文心——訪文藝先進作家》，中央月刊社編印。<br>＊十月以小說〈勁風與野草〉獲《聯合報》特別獎。<br>＊十月二十二日〈殖民地的讀書人〉送《台灣文藝》。<br>＊十月二十三日，至台北中山堂聽諾貝爾文學獎得主索忍尼辛的演講。 |
| 著作年表 | 一月十五日，〈勁風與野草〉脫稿。<br>二月十五日，〈勁風與野草〉刊於《聯合報》副刊。<br>五月，自譯〈歡鬧河邊的女子們〉，後收入《望鄉》（遠景出版社出版）。<br>五月，〈張文環與王白淵〉刊於《台灣文藝》第七十六期。<br>五月二十三日，〈名作的誕生——評王詩琅「沙基路上的永別」〉刊於《聯合報》。<br>六月二十日至六月三十日，七月五日至七月十一日之間，〈神兵隊〉、〈理髮師〉、〈催繳單〉、〈詩人的華爾滋〉、〈月下瘋女〉、〈強盜〉陸續脫稿。<br>十月二十四日，〈索氏演講所感〉刊於《聯合報》。<br>十二月十六日，〈一個望鄉族的告白——我的寫作生活〉刊於《聯合報》。 |
| 國內文壇紀要 | 一月，《文學界》雜誌創刊，發行人鄭炯明。<br>七月，洪醒夫逝世。<br>八月，陳逢源逝世。 |
| 國內、外時事紀要 | 五月，文化資產保存法完成立法。<br>十月，索忍尼辛訪華，並發表〈告自由中國〉。 |

| 民國七十二年 |
| --- |
| 一九八三 |
| 昭和五十八年 |
| 七十三 |
| ＊三月一日〈聚寶盆〉投稿《聯合報》。<br>＊三月十四日〈談前輩〉送《開南校友通訊》。<br>＊三月二十三日〈回顧日本文壇〉投稿《台灣文藝》。<br>＊四月，以長老的身分回鄉觀看新竹大隘開闢一百五十週年慶。<br>＊八月底，開始歐洲之旅。遊覽埃及、義大利、瑞士、奧地利、法國、德國、荷蘭、比利時、丹麥、英國。 |
| 二月，〈崎嶇的文學路——抗戰文壇的回顧〉刊於《文訊》。<br>二月十七日，〈頌春賦〉刊於《台灣日報》。<br>四月一日，〈憶諸前輩〉刊於《開南校友通訊》第四〇八期。<br>五月，自譯〈青天白日旗〉刊於《路工》。<br>五月二十二日，〈北埔金廣福〉刊於《台灣新生報》。<br>六月，自譯〈從汕頭來的男子〉刊於《路工》。<br>七月四日，〈送鞋子〉、〈黃包車〉刊於《聯合報》副刊。<br>九月十五日，〈回顧日本文壇〉刊於《台灣文藝》第八十四期。<br>十月二十四日，〈新聞老兵話當年——光復前的台灣新聞界〉刊於《台灣新生報》。<br>十二月一日，〈歐非之旅〉刊於《開南校友通訊》。 |
| 六月，《台灣文藝春秋創刊》。<br>八月，王詩琅獲鹽分地帶台灣新文學特別獎。<br>十月，江文也病逝北京。 |
| |

| | |
|---|---|
| 中曆 | 民國七十三年 |
| 西曆 | 一九八四 |
| 日本 | 昭和五十九年 |
| 年齡 | 七十四 |
| 生平紀要 | ＊二月七日〈股東的獨白〉投稿《台灣文藝》。<br>＊八月，參加第六屆「鹽分地帶文藝營」，與會人士尚有楊逵、林芳年、郭水潭、吳昆煌、陳秀喜、王默人、杜文靖、向陽、羊子喬、葉石濤等。 |
| 著作年表 | 二月二十九日，〈新春隨筆〉刊於《自立晚報》。<br>三月四日，〈月下瘋女〉、〈強盜〉、〈狗用食品〉、〈曼谷街頭〉刊於《聯合報》副刊。<br>三月十日〈瞭望海峽的祖墳〉遭《聯合報》副刊退稿。<br>四月十二日〈小小的支那人〉遭《聯合報》副刊退稿。<br>四月二十一日〈夕陽與牧童〉遭《聯合報》副刊退稿。<br>五月一日，〈農婦與日兵〉刊於《聯合報》副刊。<br>五月十四日，〈偶想〉刊於《自立晚報》。<br>五月十八日，〈理髮師〉刊於《中國時報》。<br>五月十八日，〈催繳單〉未刊稿。<br>五月十九日，〈詩人的華爾滋〉刊於《中國時報》。<br>五月二十四日，〈張太炎與芥川龍之介〉刊於《自立晚報》。<br>五月三十一日，〈鄆城故事〉刊於《聯合報》副刊。 |
| 國內文壇紀要 | 八月，楊逵、林芳年獲鹽分地帶文藝營頒「台灣新文學特別推崇獎」。<br>九月，吳濁流傳記出版。<br>十一月，王詩琅病逝。<br>羅成純〈龍瑛宗研究〉筑波大學碩士論文於《文學界》刊出。 |
| 國內、外時事紀要 | |

| | |
|---|---|
| 民國七十四年 | |
| 一九八五 | |
| 昭和六十年 | |
| 七十五 | |
| 五月由蘭亭書局出版《午前的懸崖》，共收十四篇日據時舊作，鍾肇政翻譯。 | |
| 四月，〈懷念楊逵〉刊於《文訊》。<br>五月十五日，〈時間與空間〉刊於《少男心事》。<br>五月十五日，〈《午前的懸崖》自序〉載於《午前的懸崖》（蘭亭出版社出版）。<br>六月，〈小老師〉刊於《大同》。<br>六月二十日，〈淵源、緣分——《新生報》與我〉刊於《台灣新生報》。<br>七月，〈回憶七七抗戰〉刊於《幼獅》。<br>七月六日，〈白鬼的讀者〉刊於《大華晚報》。<br>七月十一日，〈美人魚〉、〈埃及的野狗〉刊於《台灣新生報》。<br>八月十日，〈日本文學的成果〉刊於《大華晚報》。 | 六月，〈電視劇的再肯定〉刊於《商工日報》。<br>七月一日，〈我的足跡〉刊於《開南校友通訊》。<br>七月十六日，〈電視劇本的商榷〉刊於《商工日報》。<br>九月二日，〈遲來的皇帝〉刊於《商工日報》。<br>十二月十六日，〈我讀陳秀喜的詩集《灶》〉刊於《春秋》副刊 |
| 三月，楊逵病逝。 | |
| 二月，爆發「十信事件」。 | |

| | | |
|---|---|---|
| 中曆 | | 民國七十五年 |
| 西曆 | | 一九八六 |
| 日本 | | 昭和六十一年 |
| 年齡 | | 七十六 |
| 生平紀要 | | ＊一月十六日參與益壯會於八條通舉行的聚會。與會人士共十七人。<br>＊二月二十日前往復興南路的文訊作家草稿展覽會場。與會者皆可獲得紀念品原子筆二枝。<br>＊二月二十一日訪皇冠，並與王昶雄、宗福、セイバン前往三水園。<br>＊四月一日至四月三日，與益壯會以及新聞局方面人員共三十人一同旅遊，從台北至南投，再至永康，以屏東為終點站，由葉石濤擔任領隊，杜文靖擔任副領隊。<br>＊秋，遊日本。<br>＊十一月十一日，參加台灣商工學校第十一期校友懇親會。 |
| 著作年表 | 十月二十五日，〈聲音〉刊於《聯合報》。<br>十一月二十九日，〈今年的芥川賞「青桐」〉刊於《自立晚報》。 | 一月五日，〈黑部峽谷秋色〉刊於《大華晚報》。<br>一月二十二日，〈陳千武的「獵女犯」〉刊於《自立晚報》。<br>三月三十一日，〈我為什麼要寫作〉刊於《聯合報》。<br>五月，〈緬懷前輩作家〉刊於《台灣文藝》第八十四期。<br>五月十三日，〈雪丸姐姐〉、〈第一次世界大戰〉、〈長舌婦〉、〈潑婦〉刊於《自立晚報》。<br>七月二日，〈文學隨筆〉刊於《自立晚報》。<br>七月，自譯〈燃燒的女人〉刊於《台灣文藝》第一〇一期。<br>七月十五日，〈怎麼樣看也不懂〉刊於《開南校友通訊》。<br>八月，自譯〈月黑風高〉刊於《文學界》第十九期。<br>八月十五日，〈清岡著小 |
| 國內文壇紀要 | | |
| 國內、外時事紀要 | | |

| | |
|---|---|
| | 民國七十六年 |
| | 一九八七 |
| | 昭和六十二年 |
| | 七十七 |
| | *獲鹽分地帶文藝營「台灣新文學特別推薦獎」。<br>*二月，參加北埔公學校第十一屆聯誼會。<br>*七月《杜甫在長安》出版。<br>*九月九日身體不適，先至和平東路蘇診所看診，經建議轉至國泰綜合醫院。<br>*九月十六日，因攝護腺肥大和膀胱結石開刀，住院半個月。出院後一週，十二指腸潰瘍，緊急徵求血漿急救。 |
| 說「於李杜之國」〉刊於《笠》第一三四期。<br>九月二十日，〈日本芥川賞〉刊於《大華晚報》。<br>十月，〈佐藤恩師和古前輩〉刊於《開南校友通訊》。<br>十一月十五日，〈台商十一期的校友會〉刊於《開南校友通訊》。<br>十一月二十七日，〈獨白〉刊於某報專欄「台北族」。 | 一月，〈旁觀看選舉〉刊於《台灣文藝》。<br>三月十九日，〈悼文心〉刊於《台灣時報》。<br>三月二十五日，〈還鄉記——素描新竹北埔鄉〉刊於《台灣新生報》。<br>四月二十日，〈台灣棒球的功勞者〉刊於《開南商工七十年校慶》。<br>六月十日，〈憶起蒼茫往事——《午前的懸崖》二三事〉刊於《文訊》。<br>六月二十九日，〈由「死靈」想起〉刊於《自立晚報》。<br>七月，〈《杜甫在長安》自序〉載於《杜甫在長安》（聯經出版社出版）。 |
| | 二月十三日，文心（許炳成）過世。 |
| | 七月，台、澎地區解嚴。開放大陸探親，十一月二日起受理申請。 |

| | | |
|---|---|---|
| 中曆 | | 民國七十七年 |
| 西曆 | | 一九八八 |
| 日本 | | 昭和六十三年 |
| 年齡 | | 七十八 |
| 生平紀要 | | *首次赴大陸，遊北京、桂林、南京、上海等地。<br>*十二月十日，於福華大飯店地下室舉行台灣商工第十一期聯誼會。 |
| 著作年表 | 七月八日，〈日本芥川賞候補作品「傑西的脊梁骨」〉刊於《大華晚報》。<br>七月三十日，〈宰相詩人中曾根〉未刊稿。<br>十一月六日，〈回憶——小時候〉刊於《聯合報》。 | 一月一日，〈我的第一篇小說〉刊於《書香廣場》第十四期。<br>一月十九日，〈點亮文化的聖火——張我軍和他的《亂都之戀》〉刊於《台灣新生報》。<br>一月二十四日，〈紙尿褲——住院雜記〉刊於《自立早報》。<br>一月二十五日，〈孤獨的文學路〉刊於《台灣時報》。<br>二月五日，〈難忘的甘露水〉刊於《聯合報》。<br>二月十六日，〈許信良有罪嗎？〉刊於《自立早報》。<br>三月五日，〈歌坊及其他〉刊於《聯合報》。<br>五月十七日，〈神兵隊〉刊於《自立晚報》。<br>七月四日，〈作家返鄉〉刊於《中國時報》。 |
| 國內文壇紀要 | | 一月，解除報禁。 |
| 國內、外時事紀要 | | |

八月，〈歲月遙遠腳步聲〉刊於《文訊》第三十七期。
八月三十一日，〈下酒的月光〉刊於《聯合報》副刊。
十二月二日，〈我的大陸行〉刊於《自立晚報》。

民國七十八年

一九八九

平成一年

七十九

秋天，本擬赴大陸，適逢六四天安門事件，轉赴日本，遊北海道函館、札幌、網走等地。並訪西川滿於杉並區阿佐谷的住宅。

二月，〈文學伙伴王昶雄〉刊於《文訊》革新號第一期。
三月，〈台灣商工十一期聯誼會〉。
四月，〈扶桑姑娘的故事〉刊於《台灣時報》。
四月十三日，〈秀姑巒溪在呼喚〉刊於《自立早報》。
五月二十四日，〈讀「玉蘭花」〉刊於《自立早報》。
七月一日，〈越過幾個山河〉刊於《咿啞》第二十四卷第二十五期，發表於大阪。
九月四日，〈《台灣現代詩集》隨想〉刊於《自立早報》。
九月十日，〈張文環和我的作品〉刊於《台灣春秋》。
十月二十二日，〈從一本舊雜誌談起〉刊於《首都早報》。
十二月，〈杜拜空港〉刊於《台灣春秋》第二卷第二期。

| 中曆 | 西曆 | 日本 | 年齡 | 生平紀要 | 著作年表 | 國內文壇紀要 | 國內、外時事紀要 |
| --- | --- | --- | --- | --- | --- | --- | --- |
| | | | | | 十二月十一日，〈紅葉之旅〉刊於《自立晚報》。 | | |
| 民國七十九年 | 一九九〇 | 平成二年 | 八十 | 初夏再赴大陸，新疆、西安絲綢之旅。 | 二月六日，〈台灣人與馬年〉刊於《首都早報》。<br>六月二日，〈對「雙語教育」的看法〉刊於《台灣時報》。<br>七月三十日，〈渡邊綾子〉刊於《台灣時報》。<br>十二月十六日，〈我讀《憤怒的詩集》〉刊於《自立晚報》。 | | 十月，「亞太經合會」決定中共、香港及台灣（中華台北）同時加入。 |
| 民國八十年 | 一九九一 | 平成三年 | 八十一 | ＊二月一日由前衛出版社出版的「台灣作家全集」《龍瑛宗集》出版發行。<br>＊六月十五日參加寶刀集作家聚餐。 | 二月，〈張文環與《台灣文學》〉刊於《客家雜誌》。<br>九月三日，〈清代的祖先們〉刊於《聯合報》。<br>十二月二十五日，〈楊逵與《台灣新文學》——一個老作家的回憶〉刊於《文學台灣》創刊號。 | | 五月，宣布「動員戡亂時期」終止。<br>五月十七日，立法院通過廢止「懲治叛亂條例」。 |
| 民國八十一年 | 一九九二 | 平成四年 | 八十二 | 七月八日拜訪位於成都的杜甫草堂，之後遊歷長江三峽、黃山。 | 四月六日，〈一個老頭兒的獨言細語〉刊於《自立晚報》。<br>八月九日，〈於嘉峪關〉刊於《聯合報》。 | | |
| 民國八十二年 | 一九九三 | 平成五年 | 八十三 | ＊五月中日對照版《夜流》出版。<br>＊秋，為《文學台灣》封面題字，後刊於一九九四年初《文學台灣》第九期。 | 五月，〈《夜流》自序〉刊載於《夜流》（地球出版社出版）。 | | 四月二十七日，「辜汪會談」首次在新加坡召開。 |

| | | | | | | | |
|---|---|---|---|---|---|---|---|
| 民國八十三年 | 一九九四 | 平成六年 | 八十四 | *由於健康狀況不佳，約於年底由信義路搬至復興南路與次子知甫同住。 | | | |
| 民國八十四年 | 一九九五 | 平成七年 | 八十五 | | | 「鹽分地帶」文學領導者之一的郭水潭過世。 | |
| 民國八十五年 | 一九九六 | 平成八年 | 八十六 | | 四月，〈文學魂〉刊於《台灣文藝》第十一期。 | | 三月，台灣地區舉行首次總統直選，李登輝、連戰當選。 |
| 民國八十六年 | 一九九七 | 平成九年 | 八十七 | *六月由鍾肇政翻譯長篇小說《紅塵》由遠景出版社出版。<br>*八月，行政院文化資產保存研究中心籌備處通過「《龍瑛宗全集》搜集、整理、翻譯、出版計畫」，計畫主持人陳萬益。 | | | |
| 民國八十七年 | 一九九八 | 平成十年 | 八十八 | 日本天理大學教授下村作次郎來訪。陳映真至國泰醫院探視。 | | | |
| 民國八十八年 | 一九九九 | 平成十一年 | 八十九 | 九月二十六日，因肺癌病逝於台北仁愛醫院。 | | | 三月，「地方自治法」開始施行。發生九二一地震，台灣自二戰後傷亡損失最大的天災。 |

| | | |
|---|---|---|
| 中曆 | | 民國八十九年 |
| 西曆 | | 二〇〇〇 |
| 日本 | | 平成十二年 |
| 年齡 | | 九十 |
| 生平紀要 | | 李耐獨居泰順街，知甫每隔一天探望陪伴，因畏懼母親責罵，過一段時間很少再去。李耐常向里長告狀。 |
| 著作年表 | | 鍾肇政，〈一個時代的結束——悼念龍瑛宗先生〉，二〇〇〇年一月《文學台灣》。<br>葉石濤，〈敬悼龍瑛宗先生〉，二〇〇〇年一月《文學台灣》。<br>陳千武，〈懷念前輩作家龍瑛宗先生〉，二〇〇〇年一月《文學台灣》。<br>陳萬益，〈龍瑛宗與「今日之中國」——記六〇年代一段軼事〉，二〇〇〇年一月《文學台灣》。<br>葉笛，〈中外小說上「多餘的人」系譜之探索——龍瑛宗的「植有木瓜樹的小鎮」和「羅亭」「貴族之家」「奧勃洛莫夫」「浮雲」的比較〉，二〇〇〇年一月《文學台灣》。<br>張錡堂，〈雙重失落——論 |
| 國內文壇紀要 | | |
| 國內、外時事紀要 | 此地震造成二千四百一十五人死亡，二十九人失蹤，一萬一千三百零五人受傷，五萬一千七百一十一間房屋全倒，五萬三千七百六十八間房屋半倒。 | 第十任總統、副總統選舉，也是中華民國第二次總統、副總統全民直選，於本年（民國八十九年）三月十八日舉行，共有五組候選人參選；參加這次選舉的選民人數超過一千二百萬，投票率達八二・六九％。最後由民主進步黨總統候選人陳水扁、副總統候選人呂秀蓮當選，達成中華民國行憲以來、也是中華民國政治史上第一次政黨輪替。 |

| | | |
|---|---|---|
| 民國九十一年 | 民國九十年 | |
| 二〇〇二 | 二〇〇一 | |
| 平成十四年 | 平成十三年 | |
| 九十二 | 九十一 | |
| 知甫發現自己罹患攝護腺癌。 | | |
| 八月三十一日，《紅塵》由日本綠蔭書房出版。《台灣長篇小說集》河原功、下村作次郎、中島利郎等人／編選，東京都綠蔭書房，收入幾篇龍瑛宗的小說作品。 | | 龍瑛宗的原鄉意識〉，二〇〇〇年九月《中國現代文學理論》。<br>陳建忠，〈尋找熱帶的椅子——論龍瑛宗一九四〇年的小說〉，二〇〇〇年八月《台灣文藝》。<br>許維育，〈在光復之影下——戰後初期龍瑛宗的文學活動（一九四五・八・十五日本投降至一九四七・二・二十八「二二八」）〉，二〇〇〇年四月《文學台灣》。<br>許維育，〈在光復之影下——戰後初期龍瑛宗的文學活動（一九四五・八・十五日本投降至一九四七・二・二十八「二二八」）（上）〉，二〇〇〇年一月《文學台灣》。 |
| | | |
| 布希總統的反恐之戰主導了二〇〇二年，他在一年一度的《國情咨文》中將伊朗、伊拉克和北朝鮮稱為流氓國家。 | 美國發生九一一恐怖攻擊事件。 | |

| | 民國九十二年 | 民國九十三年 | 民國九十四年 |
|---|---|---|---|
| 西曆 | 二〇〇三 | 二〇〇四 | 二〇〇五 |
| 日本 | 平成十五年 | 平成十六年 | 平成十七年 |
| 年齡 | 九十三 | 九十四 | 九十五 |
| 生平紀要 | | 知甫七月二十二日向北埔鄉公所表示願把祖傳的一公頃多土地，無償提供作為「台灣客家文學園區」並為父親成立紀念館，希望打造「南鍾理和，北龍瑛宗」的聲譽。後因談不攏，知甫自建父親墓園。 | |
| 著作年表 | 柳書琴，〈跨時代跨語作家的戰後初體驗——龍瑛宗的現代性焦慮（一九四五—一九四七）〉，二〇〇三年八月《台灣文學學報》。<br>林積萍，〈我纖細的悲哀，期待著靜靜相對——從「植有木瓜樹的小鎮」談龍瑛宗的文學世界〉，二〇〇三年五月《黎明學報》。<br>程昇輝，〈美麗的哀愁——論龍瑛宗「植有木瓜樹的小鎮」〉，二〇〇三年四月《台灣文學評論》。 | 蔡鈺淩，〈文學的救贖：龍瑛宗與爵青小說比較研究（一九三二—一九四五）〉，國立清華大學／台灣文學研究所／九四／碩論。 | 胡紅波，〈龍瑛宗筆下的寒村和枇杷莊風情畫〉，二〇〇五年七月《成大中文學報》。<br>蔡鈺淩，〈文學的救贖：龍瑛宗與爵青小說比較研究（一九三二—一九四五）〉，國立清華大學／台灣文學研究所／九四／碩論。 |
| 國內文壇紀要 | | | |
| 國內、外時事紀要 | 二月十五日，伊拉克危機，全球反對對伊戰爭大遊行在全球六百多個城市同步上演，有大約六百萬人參與，是有史以來最大的反戰示威活動。三月初嚴重急性呼吸道候症群（SARS）席捲台灣至七月五日才從疫區除名，其間可能病例六百六十四例，SARS病例三百四十六例，死亡病例三十七例，造成極大危害。 | 台北一〇一完工。 | |

| | | | |
|---|---|---|---|
| 民國九十五年 | 民國九十六年 | 民國九十七年 | 民國九十八年 |
| 二〇〇六 | 二〇〇七 | 二〇〇八 | 二〇〇九 |
| 平成十八年 | 平成十九年 | 平成二十年 | 平成二十一年 |
| 九十六 | 九十七 | 九十八 | 九十九 |
| | | | |
| 莊惠甄，〈龍瑛宗小說研究〉，高雄師範大學／國文教學碩士班／九五／碩論。李秋慧，〈龍瑛宗及其小說研究〉，國立台南大學／國語文學系／九五／碩論。 | 林惠萍，〈小說與人生：龍瑛宗〈趙夫人的戲畫〉之析論〉，國立交通大學／客家文化學院客家社會與文化教師碩士在職專／九六／碩論。 | 郭昭妤，〈龍瑛宗《紅塵》及其美學研究〉，東海大學／中國文學系／九七／碩論。沈妍，〈龍瑛宗小說的男性形象研究〉，國立中正大學／台灣文學所／九七／碩論。 | 陳建忠，〈熱帶的憂鬱——談龍瑛宗文學中的幾種植物〉，二〇〇九年四月《新地文學》。胡紅波，〈龍瑛宗〈夜流〉版本和篇名釋義〉，二〇〇九年七月《台灣文學評論》。 |
| | | | |
| 雪隧通車。 | 高鐵通車。 | 美國聯準會拒絕提供資金支持援助後提出破產申請，而在同一天美林證券宣布被美國銀行收購。消息傳出後，全球股市出現恐慌性拋售，由此引發全球金融危機。國民黨馬英九再當選總統連任。再次政黨輪替。 | 前總統陳水扁涉及國務機要費案、扁家洗錢疑案等重大弊案遭羈押期限屆滿，台北地方法院駁回其提出之撤銷羈押聲請。 |

| | | |
|---|---|---|
| 中曆 | | 民國九十九年 |
| 西曆 | | 二〇一〇 |
| 日本 | | 平成二十二年 |
| 年齡 | | 一〇〇 |
| 生平紀要 | | |
| 著作年表 | 陳祈伍，〈調適與轉化——龍瑛宗戰後初期的文學創作（一九四五－一九四六）〉，二〇〇九年五月《南榮學報》。<br>徐麗霞，〈台灣日治時期知識分子的精神異化——以龍瑛宗小說為例〉，二〇〇九年一月《實踐博雅學報》。 | 王惠珍，〈第一回大東亞文學者大會的虛與實：以龍瑛宗的文藝活動為例〉，二〇一〇年四月《台灣學誌》。<br>陳祈伍，〈激越與戰慄：台南地區的文化發展——以龍瑛宗、葉石濤、吳新榮、莊松林為例〉，中國文化大學／史學系／九九／博士。<br>吳昱慧，〈日治時期台灣文學的「南方想像」——以龍瑛宗為例〉，國立清華大學／台灣文學研究所／九九／碩論。<br>吳心妤，〈龍瑛宗小說中的夫妻像——以一九四五年以前的小說為中心〉，淡江大學／日本語文學系碩士班／九九／碩論。 |
| 國內文壇紀要 | | |
| 國內、外時事紀要 | | 五都市長及市議員選舉舉行投開票，郝龍斌、朱立倫、胡志強、賴清德、陳菊分別當選為台北、新北、台中、台南、高雄市市長。 |

| | | | | | | | |
|---|---|---|---|---|---|---|---|
| 民國一〇〇年 | 二〇一一 | 平成二十三年 | 一〇一 | 陳萬益、陳建忠等人／編選，《台灣現代作家研究資料彙編七：龍瑛宗》，台南市：國立台灣文學館，二〇一一年初版。 | 王慧芬，〈龍瑛宗戰爭期小說（一九三七－一九四五）中台灣知識分子的形塑與省思〉，二〇一一年二月《仁德學報》。<br>林巾力，〈帝國底下的兩個「南方」：從西川滿與龍瑛宗的詩作看起〉，二〇一一年二月《台灣文學研究集刊》。<br>王惠珍，〈殖民地文學的傷痕──論龍瑛宗《蓮霧的庭院》的禁刊問題〉，二〇一一年二月《台灣文學研究集刊》。 | | 聯合國宣布的國際化學年和國際森林年。世界人口突破七十億。 |
| 民國一〇一年 | 二〇一二 | 平成二十四年 | 一〇二 | 年已九十六的李耐，又要到里長家告狀，在路上跌一跤，髖骨斷裂，被送進加護病房。 | | | 現任總統兼執政黨中國國民黨主席馬英九以六百八十九萬一千一百三十九票當選連任。 |
| 民國一〇二年 | 二〇一三 | 平成二十五年 | 一〇三 | 李耐於三月二十七日下午六點五十二分因肺炎病逝於新北市耕莘醫院，享年九十八。 | | | 台灣與日本簽署台日漁業協議。 |
| 民國一〇三年 | 二〇一四 | 平成二十六年 | 一〇四 | 文甫參與《龍瑛宗傳》校訂，完工。 | | | 太陽花學運，香港雨傘革命。馬公空難。 |
| 民國一〇四年 | 二〇一五 | 平成二十七年 | 一〇五 | | 周芬伶，《龍瑛宗傳》，印刻文學出版。 | | |

註：其文學創作尚有〈台灣文學的諸問題（下）〉，其年代不詳，出處不詳，或疑為《東寧新報》，缺（上）。

INK PUBLISHING 文學叢書 462
龍瑛宗傳

作　　者　周芬伶著・劉文甫修訂・劉知甫口述
總 編 輯　初安民
責任編輯　鄭嫦娥
美術編輯　陳淑美
校　　對　周芬伶　呂佳真　鄭嫦娥

發 行 人　張書銘
出　　版　INK印刻文學生活雜誌出版有限公司
23586新北市中和區建一路249號8樓
電話：02-22281626
傳真：02-22281598
e-mail：ink.book@msa.hinet.net
網　　址　舒讀網 http://www.sudu.cc

法律顧問　巨鼎博發法律事務所
施竣中律師
總 代 理　成陽出版股份有限公司
電話：03-3589000（代表線）
傳真：03-3556521
郵政劃撥　19000691　成陽出版股份有限公司
印　　刷　海王印刷事業股份有限公司

港澳總經銷　泛華發行代理有限公司
地　　址　香港新界將軍澳工業邨駿昌街7號2樓
電　　話　852-2798-2220
傳　　真　852-2796-5471
網　　址　www.gccd.com.hk

出版日期　2015年11月　初版
ISBN　978-986-387-064-7

定價　390元



國家圖書館出版品預行編目(CIP)資料

龍瑛宗傳／周芬伶著；劉文甫修訂；劉知甫口述，-- 初版．-- 新北市：INK印刻文學, 2015.10
360面；17×23公分．--（文學叢書；462）
ISBN 978-986-387-064-7（平裝）
1.龍瑛宗　2.台灣傳記
783.3886　　104020095



本書照片由劉知甫提供、授權使用。